沃尔特·惠特曼传

WALT WHITMAN

【美】布利斯·佩里 著

佘卓桓 译

辽宁人民出版社

图书在版编目（CIP）数据

沃尔特·惠特曼传 /（美）布利斯·佩里
（Bliss Perry）著；佘卓桓译 . — 沈阳：辽宁
人民出版社，2019.3
ISBN 978-7-205-09483-6

Ⅰ . ①沃… Ⅱ . ①布… ②佘… Ⅲ. ①惠特曼
（Whitman, Walt 1819-1892）— 传记 Ⅳ .
① K837.125.6

中国版本图书馆 CIP 数据核字（2018）第 270557 号

出版发行：辽宁人民出版社
　　　　　地址：沈阳市和平区十一纬路 25 号　邮编：110003
　　　　　电话：024-23284321（邮　购）　024-23284324（发行部）
　　　　　传真：024-23284191（发行部）　024-23284304（办公室）
　　　　　http://www.lnpph.com.cn
印　　刷：辽宁新华印务有限公司
幅面尺寸：145mm×210mm
印　　张：12.5
字　　数：265 千字
出版时间：2019 年 3 月第 1 版
印刷时间：2019 年 3 月第 1 次印刷
责任编辑：阎伟萍　顾　宸
装帧设计：留白文化
责任校对：高　辉
书　　号：ISBN 978-7-205-09483-6
定　　价：58.50 元

沃尔特·惠特曼（1819—1892）

布利斯·佩里（Bliss Perry, 1960—1954）

作者简介

布利斯·佩里，美国文学评论家、作家、编辑、学者和教育家。

佩里出生于美国马萨诸塞州的威廉斯敦，毕业于美国著名的威廉姆斯学院，之后又在德国的柏林大学和斯特拉斯堡大学深造。1886—1893 年任教于威廉姆斯学院，之后任教于普林斯顿大学，并在普林斯顿大学结识了美国总统伍德罗·威尔逊、安德鲁·韦斯特主任以及时任美国总统格罗夫·克利夫兰，期间开始传记写作。1907—1930 年间，任教于哈佛大学，1909—1910 年间，作为哈佛大学的访问学者，任教于巴黎大学。1899—1909 年间曾是《大西洋月刊》编辑。

佩里因对法国教育的贡献，获得了法国政府颁发的最高荣誉勋章——法国荣誉军团勋章。他先后编辑了爱尔兰哲学家埃德蒙·波克，苏格兰著名历史学家、作家及诗人沃尔特·斯科特和美国思想家、作家及诗人拉尔夫·爱默生的作品。在 1905—1909 年间，他是《剑桥》杂志总编辑，负责编辑美国重要诗人的诗歌作品。佩里重要的传记作品是《沃尔特·惠特曼传》《约翰·惠蒂尔传》《托马斯·卡莱尔传》和《爱默生传》，并编辑了《埃德蒙·伯克全集》《沃尔特·司科特全集》《拉尔夫·爱默生全集》以及 18 卷本的《大师经典微系列》等，同时他也是位多产的作家，长篇小说、短篇小说、随笔、散文、诗歌研究作品等都有涉猎。

"飞蝇钓"是佩里的最大爱好，并在这方面写了一本专著。1954 年在美国的新罕布什尔州埃克塞特去世。

前　言

　　多年来，这本书的出版商都希望沃尔特·惠特曼多年的好友约翰·巴勒斯[1] 先生能够撰写惠特曼的人生传记。因为巴勒斯先生有其他创作计划在身，因此无法腾出时间来进行这本书的创作。最后，出版商希望我能够接下这个任务，创作惠特曼的人生传记。在我创作的过程中，巴勒斯先生给予我许多慷慨的帮助，并且允许我使用他收藏的一些关于惠特曼的第一手资料。惠特曼的朋友威廉·道格拉斯·奥康纳[2] 先生的遗孀，来自普罗维登斯的艾伦·M.考尔德夫人也非常爽快地将奥康纳先生当年与惠特曼之间的通信以及交流的一些手稿交到我的手上，这些资料都是奥康纳先生多

---

[1]约翰·巴勒斯（John Burroughs，1837—1921），美国博物学家、散文家，美国环保运动中的重要人物。美国文学的自然散文领域中最重要的实践者。

[2]威廉·道格拉斯·奥康纳（William Douglas O'Connor，1832—1889），美国诗人、作家，惠特曼的朋友。代表作：《鬼》《白发好诗人》《沃尔特·惠特曼的支持者》等。

年来积累下来的。J. T.特洛布里治①先生与爱德华·道顿②教授也允许我自由地使用惠特曼写给他们的信件。对此，我深表感谢。

我要感谢E. C.斯特德曼③先生、维尔·米切尔④博士、R. W.吉尔德⑤先生的大力帮助。我要感谢来自费城的塔尔科特·威廉姆斯⑥先生对我的鼎力支持，他允许我自由地使用他所收集的关于惠特曼的许多材料。我要感谢惠特曼遗稿保管人之一的贺拉斯·特劳贝尔⑦先生、来自斯莫尔地区惠特曼作品的出版商劳伦斯·梅纳

---

①J. T.特洛布里治（John Townsend Trowbridge, 1827—1916），美国作家。代表作：《古战场》《邻居家的妻子们》《农场之夜》等。

②爱德华·道顿（Edward Dowden, 1843—1913），爱尔兰文学评论家、诗人。代表作：《莎士比亚的思想与艺术》《文学研究》《雪莱传》等。

③E. C.斯特德曼（Edmund Clarence Stedman, 1833—1908），美国诗人、文学评论家、散文家、银行家和科学家。代表作：《维多利亚时代诗歌选集》《老友威廉·温特传记》等。

④维尔·米切尔（Silas Weir Mitchell, 1829—1914），美国医生、作家、诗人。因发现红斑性肢痛病而闻名。文学代表作：《华盛顿的年轻时代》《红城》等。

⑤R. W.吉尔德（Richard Watson Gilder, 1844—1909），美国诗人和编辑。代表作：《新的一天》《两个世界及诗歌选集》《谈音乐》等。

⑥塔尔科特·威廉姆斯（Talcott Williams, 1849—1928），美国记者和教育家。代表作：《新闻人》《土耳其：今日世界之难题》等。

⑦贺拉斯·特劳贝尔（Horace Traubel, 1858—1919），美国散文家、诗人、作家、杂志出版人和乔治主义者。代表作：《普世的爱》《工人的灵魂》《心之门》等。惠特曼晚年时期的朋友，并经常照顾晚年的惠特曼的起居生活，记录与惠特曼的谈话，这些记录后来都收录在《与惠特曼在卡姆登的岁月》这本回忆录中，于1906年出版。

德①先生等人在各方面给予的帮助。我要感谢来自波士顿的查尔斯·H.埃姆斯②先生指出萨缪尔·沃伦③与惠特曼各自创作的《百合花与蜜蜂》以及《草叶集》在写作风格方面的不同之处。我要感谢来自达特茅斯的查尔斯·F.理查德森④教授创作的一篇讲述惠特曼在1872年前往汉诺威的旅行游记。我要感谢来自阿尔巴尼的约翰·博伊德·泰勒⑤先生允许我使用他所保存下来的手稿，这些手稿包括了惠特曼当年对自己创作的一些诗歌的有趣评论。

我要感谢威廉·斯隆·肯尼迪⑥先生，感谢密歇根大学的F.N.斯科特教授，感谢来自新奥尔良的阿尔伯特·菲尔普斯先生，感谢哈佛大学的乔治·H.帕尔默⑦教授，感谢威廉·罗斯科·泰

---

①劳伦斯·梅纳德（Laurens Maynard，1866—1917），美国出版商。

②查尔斯·H.埃姆斯（Charles H. Ames，1859—1927），美国作家、诗人。

③萨缪尔·沃伦（Samuel Warren，1807—1877），英国专门律师、小说家、诗人和国会议员。

④查尔斯·F.理查德森（Charles F. Richardson，1851—1913），美国作家。代表作：《美国文学》《选书》《大学书》等。

⑤约翰·博伊德·泰勒（John Boyd Thacher，1847—1909），美国纽约州参议员、制造商、作家和藏书家。

⑥威廉·斯隆·肯尼迪（William Sloane Kennedy，1850—1929），美国传记作家、编辑、文学批评家，惠特曼的朋友。代表作：《奥利弗·霍尔姆斯传》《回忆沃尔特·惠特曼》《约翰·惠蒂尔评传》等。

⑦乔治·H.帕尔默（George Herbert Palmer，1842—1933），美国学者、作家、教育家，哈佛大学教授。代表作：英译版《奥德赛》《新教育》《未尽的荣耀》等。

勒①先生、珍妮特·吉尔德②小姐、伊丽莎白·波尔特·古尔德③小姐。他们都为我的写作提供了许多极有价值的信息。在我创作这本书期间，有两本关于惠特曼生平的书籍出版了，分别是 H. B. 比恩④所著的《沃尔特·惠特曼的人生》以及贺拉斯·特劳贝尔先生所著的《与惠特曼在卡姆登的岁月》。他们这两本书在很多方面都给予了我许多参考与借鉴。

我的朋友 M. A. 德沃夫·豪伊⑤先生非常热情地亲自阅读了这份手稿，让我有机会亲自接受他提出的许多充满善意的意见。对此，我深表感谢。

布利斯·佩里

写于剑桥，1906 年 6 月

---

①威廉·罗斯科·泰勒（William Roscoe Thayer, 1859—1923），美国作家、编辑，意大利史专家。代表作：《爱默生的影响》《乔治·华盛顿传》《西奥多·罗斯福评传》等。

②珍妮特·吉尔德（Jeannette Leonard Gilder, 1849—1916），美国女记者，也是这个行业的女性先锋人物。代表作：《文学女性画传》《在家的作家》等。

③伊丽莎白·波尔特·古尔德（Elizabeth Porter Gould, 1848—1906），美国作家、诗人和改革家。

④H. B.比恩（Henry Bryan Binns, 1873—1923），美国作家。代表作：《林肯传》《沃尔特·惠特曼的人生》等。

⑤M. A.德沃夫·豪伊（M. A. DeWolfe Howe, 1864—1960），美国作家、编辑。

目 录

第一章
勇往直前的男孩

从鱼形的巴门诺克①开始，我在那里出生，了不起的父亲和出色的母亲生养了我。

——《草叶集》

要想探寻沃尔特·惠特曼的出生地，我们就必须要沿着纽约市以东 30 英里去追寻，一直来到长岛铁路附近。这是一片土地肥沃、景色美丽的乡村地带。即便是现在，这片土地也看上去更像郊区，而不是纯粹的农村。长岛湾在这个乡村的左边，但从这个乡村却无法直接看到长岛湾。后来，铁路的建设慢慢延伸到这里，穿过树林茂密的山丘。这里还有一个名叫冷泉的城镇，是萨福克县的比邻城镇，火车接下来的一站就是亨廷顿，会有一些乘客选择在这个站点下车。火车沿线的一个主要村落在铁路以北的

---

① 巴门诺克（Paumanok），为美国纽约长岛的印第安语称呼，意为"鱼形"，位于纽约东南部。开篇两行诗歌译文选自邹仲之翻译的惠特曼《草叶集》（上海译文出版社出版）。

1 英里左右，很多房屋都坐落在港口附近。长岛湾有一个很深的水湾，这里是很多货船抛锚的好地方。水湾附近就是一片肥沃且灌溉条件非常好的农田。这片土地最早吸引从新英格兰地区前来的殖民者。按照当地一位历史学家的话来说，"这些新来的殖民者都非常刻苦耐劳，展现出基督教精神的良好善意。"早在1653年，亨廷顿就出现一群从马萨诸塞州桑威治前来的殖民者在这里定居。为了获得6平方英里的肥沃土地，他们必须要给土著印第安人支付"6件外套、6个水壶、6把短柄斧头、6件衬衫、10把小刀；30个捕捉鳗鱼的叉子，还有30根针"。三年之后，这座城镇的面积因为购买了东部的一些地方而大大扩展。这次购买花费了"2件外套、7夸脱的牛奶与11盎司的火药①"。然而，在那些不断释放出基督教精神善意的殖民者当中，也没有惠特曼家族的任何祖先。直到1660年，亨廷顿当地的一些殖民者担心附近西部荷兰定居者的侵扰，于是希望能够纳入康涅狄格州的保护之内。大约是在这一年，约瑟夫·惠特曼②，这位沃尔特·惠特曼第一位可以考究到的祖先，从康涅狄

①出自《亨廷顿城镇记录》第一卷。

②约瑟夫·惠特曼（Joseph Whitman），R. M.布尔克博士以及后来的许多传记作者，其中包括惠特曼本人，都认为约瑟夫·惠特曼是撒迦利亚·惠特曼牧师的儿子。撒迦利亚·惠特曼当时是康涅狄格州米尔福德地区的一名牧师，1635年从英国移民过来，是约瑟夫·惠特曼的兄弟——这也是美国后来的惠特曼家族最早的祖先了——在后来的1640年，他们搬到了马萨诸塞州的米尔福德居住。但是，撒迦利亚·惠特曼在去世的时候没有子女，因此将他的财产都留给了他的侄子，撒迦利亚·惠特曼二世。关于这方面，可以查看C. H.法鲁安姆所著的《约瑟夫·惠特曼的后代》一书，1889年在纽黑文出版。

格州的斯特拉特福德穿过了长岛湾来到亨廷顿，开发了一个农场。显然，约瑟夫·惠特曼是土生土长的英国人，因为纽黑文的普通法庭的记录表明，早在1655年，他是斯特拉特福德的居民。亨廷顿这座城镇上的居民于1655年任命他担任治安官，后来又选举他担任其他官职。关于他孩子的名字，至今已经无法追溯了，但是他的孙子尼希米则是沃尔特·惠特曼的曾祖父。约翰·惠特曼可能是在1728年加入亨廷顿当地的第一教堂，并在1718年到1730年间担任了城镇政府机构的其他官职。他就是约瑟夫的儿子与尼希米的父亲。不管怎么说，惠特曼的家族还是慢慢庞大起来了。1694年，"惠特曼的山谷"就作为划定亨廷顿这座城镇的边界，出现在亨廷顿一份财产所有权的记录文件里了。在亨廷顿这座城镇内，出现了很多小村落，比如冷泉这个地方就在城镇的西北角落里，那里居住着凡·威尔瑟这个荷兰家族。在距离亨廷顿港口以南三四英里的地方，是另一个被称为西山的小村落。这里有一大片宽阔的草地，在冬天的时候会被冰川砾石所包围——可以说，这是长岛地区最高的土地了——我们可以看到长岛湾北面的景色，或是南方十多英里之外大西洋汹涌的海浪。

惠特曼家族正是在这片土地上慢慢繁衍生息，他们的农场也慢慢拓展到了一片肥沃的草地，一直延伸到树林。据说，尼希米·惠特曼在某个阶段曾拥有将近500英亩的土地，这些土地都是由奴隶来耕种的。他的妻子，也就是沃尔特·惠特曼的曾祖母则是一个严格的监工，经常会骑在马背上吆喝奴隶们干活。她可以随意地使用烟草，并且还活到了九十岁。在沃尔特·惠特曼对埃

惠特曼出生地，美国纽约长岛亨廷顿

利斯·希克斯^①，这位著名的贵格会传教士的描述里，他提到了"我的曾祖父惠特曼"，还谈到他们俩在独立战争爆发之前一起度过了非常愉悦的时光。虽然埃利斯·希克斯（1748—1830）要比尼希米·惠特曼年轻四十来岁，但在沃尔特·惠特曼看来，他的祖父杰西·惠特曼（1749—1803）几乎与这位传说中的传教士在年龄上是相当的。杰西·惠特曼后来继承了其父亲的农场，尼希米一直居住在祖屋里。直到现在，这座祖屋的部分建筑依然还在——这就是尼希米·惠特曼当初出生与去世的地方。杰西在1775年娶了一位女教师汉纳·布拉什，他们所生的孩子包括老沃尔特·惠特曼^②（1789—1855），也就是诗人沃尔特·惠特曼的父亲。

老沃尔特·惠特曼从事的工作与祖辈们很不同，他转行做了木匠与房屋建造工人。他是一个身材魁梧，为人沉默，看上去一脸忧愁的人，很容易被别人的一些言语激怒。虽然他在当地没有做出什么特别的成绩，却也受到邻居们的尊重。与亨廷顿地区大多数古老的家族一样，惠特曼的家族成员在18世纪就已经放弃了前往教堂礼拜的习惯。但是，他们"倾向于贵格会"。据说，老沃尔特·惠特曼对埃利斯·希克斯始终保持着一种盲目的忠诚。惠特曼在60年后的1888年描述他在布鲁克林度过的童年时期这样

---

①埃利斯·希克斯（Elias Hicks，1748—1830），美国著名的贵格会传教士。

②老沃尔特·惠特曼（Walter Whitman，1789—1855），沃尔特·惠特曼父子同名，后来为了区分，在英文名中，父亲给儿子取个昵称叫"Walt"，在这部中文译著中，我们为了区分父子，在诗人惠特曼父亲姓前加个"老"字。

惠特曼母亲——路易莎·范·韦尔索·惠特曼
（Louisa Van Velsor Whitman, 1795—1873）

写道："我的父亲每天在黄昏时候做完木匠的工作后，会从厨房的地板上拿出一些点火的木块，对他母亲说：'母亲，埃利斯今晚要过来发表布道演说。'接着，我的祖母会叫大家赶快吃完晚饭，清理好桌子，然后他们就会赶去参加聆听这场布道演说。"

惠特曼的母亲在年轻的时候"是一位喜欢骑马的勇敢女性"——她是一个身体强壮，经常穿着格子花纹长袍的安静主妇。保存下来的银版照片就可以印证这点。惠特曼母亲的全名是路易莎·凡·威尔瑟（1795—1873），出生在冷泉。她的父亲是科尼利厄斯·凡·威尔瑟上校，他是一个说话声音洪亮、面容粗犷的养马人。凡·威尔瑟家族是纯正的荷兰血统，但是，"上校"却娶了有威尔士血统的年轻女人为妻，这个女人也是贵格会的支持者，名叫艾米·威廉姆斯。艾米·威廉姆斯的父亲是约翰·威廉姆斯船长，曾经是一位随和的水手。她的母亲是玛丽·伍利。根据一些人的说法，她是一个"不求上进，安于现状的人"。因此，我们可以看到路易莎·凡·威尔瑟家族是一个有着荷兰与威尔士混合血统的家族，具有英国人那种随和的品格。惠特曼的母亲可以说是一个文盲，但她的儿子却经常称赞她是一个"完美的母亲"。与很多诗人一样，他似乎将自己的文学天赋更多地归功于母亲的遗传，而不是父亲的遗传。他对现在早已经消失的凡·威尔瑟家族庭院的描述充满了魅力。惠特曼曾回忆说："漫步在用墙面板覆盖的深灰色房子附近，可以看到一些小木棚，谷仓还有一大片开阔地带。……宽阔的厨房与庞大的壁炉，还有相距不远的客厅。客厅里摆放着简朴的家具，还有美味可口的食物，家里有很多有趣的人，我的外祖母艾米斯总是带着贵格会的帽子，脸上露出笑容。我的外祖父'上校'也是一个天性快活的人,脸上总是红彤彤的,身强体壮,声音还是那么响亮,给人留下极为深刻的印象。"

当我们读到惠特曼对自己母系旁支的描述,就会发现使用了很多诸如"天性快活""真诚""安于现状"与"甜美"等形容词,这就像一阵阵愉悦的铃声,让我们相信凡·威尔瑟家族的人在性情与品格方面都要比惠特曼家族更有趣且多元化。在惠特曼出生前长达一个半世纪的时间里,惠特曼家族基本上都是居住在亨廷顿地区,从来没有在公共服务或是个人名声方面取得过任何显眼的成绩。虽然他们过着比较富足的生活,但他们似乎从来就没有智趣层面上的追求,没有想过要将在新英格兰地区生活的后代送到哈佛与耶鲁就读,也没有什么道德层面上的热情激发沃尔特这一辈的后代们,向活跃在俄勒冈地区的马库斯·惠特曼[1] 这样的惠特曼家族中的楷模学习。在独立战争之前,惠特曼家族似乎是处于经济状况最好的阶段。在独立战争期间,亨廷顿遭到了巨大的破坏,惠特曼家族的很多年轻人都被征收入伍。在独立战争结束之后所进行的应纳税财产的评估里,赛亚·惠特曼、尼希米·惠特曼与史蒂芬·惠特曼这三个家族的家长,都被认为是拥有许多土地的大地主,而尼希米的儿子杰西·惠特曼要缴纳的税则很少。在这之后,整个家族的命运就似乎不断衰落,最后只是养育了一个文学天才。用新英格兰地区很多人所说的一个词汇,就是整个家族慢慢地"淡出这个地区了"。

当木匠老沃尔特·惠特曼在 1816 年将新娘路易莎·凡·威

---

① 马库斯·惠特曼(Marcus Whitman, 1802—1847),惠特曼家族中的传奇人物,美国俄勒冈地区著名医生和传教士。

尔瑟娶回家的时候，这是一间 6 年前建造的"新家"。直到今天，这座"新家"几乎都没有发生过任何变化。这座房子的位置紧靠着一个十字路口，靠左边就是过去一条从亨廷顿南面穿过岛屿的主干道。这条老路现在已经改名为"纽约大街"。很快，这条大街也将会出现电动车。但是，那个十字路口却依然没有什么改变，只是旁边多了许多冬青栎、刺槐与雪松，仍然保存着过去的一些魅力。道路两旁那些用灰色墙面板做成的房子已经是饱经风霜了——通常来说，这些房子前面会有一个鸭子池塘与一棵没有人修剪过的苹果园——这些都是 18 世纪时期典型的建筑风格。惠特曼家的房子几乎不到 20 平方英尺，甚至比"L"字形的房子还要小。这座房子的屋顶看上去很别扭，上面有很多地用全新的墙面板覆盖着，但其他部分都没有任何变动。路旁的一块大理石上刻着这样的铭文：

此处是沃尔特·惠特曼的出生地，

这位白发好诗人

生于 1819 年 5 月 31 日。

这篇铭文由亨廷顿殖民地协会

于 1905 年竖立。

惠特曼在家里 9 个孩子中排行老二，9 个孩子中有 7 个是男孩。他的名字与父亲的名字是一样的，但在他童年的时候，别人总是称他为"沃尔特"，从而与他的父亲区别开来。不过，在他早年进行写作的时候，他就将自己的名字署为"沃尔特·惠特曼"。

在1855年，他改变了过去使用笔名的做法，依然使用"沃尔特·惠特曼"这个最让他感到亲切的名字，并且一直沿用到去世。他有一个比他大一岁的哥哥杰西。另外两个孩子是他的妹妹，其中他的第五个弟弟在幼年时期夭折了。另外3个弟弟的名字都与美国著名爱国人士的名字相同，分别是安德鲁·杰克逊、乔治·华盛顿与托马斯·杰弗逊。他最后一个弟弟是在他14岁的时候出生的，因此他也非常疼爱这个弟弟，会经常照顾他。他最年幼的弟弟爱德华是一个低能儿，而最年长的哥哥却又死于精神错乱疾病。可以说，在沃尔特的兄弟姐妹当中，除了他之外，其他人都没有表现出比较鲜明的智慧与道德活力。

惠特曼家族的家庭生活与19世纪初期的美国乡村家庭生活一样，都是非常简朴的。惠蒂尔要比沃尔特·惠特曼早出生十几年，他就说过自己童年时期在农场度过了艰苦而又快乐的时光。倘若我们对惠特曼的家庭生活进行一番研究，就会发现惠特曼一家人其实过得并不是很拮据，他们能够享受更多的自由，可以随性地做自己喜欢做的事情，拥有健康的身体。沃尔特小时候看上去肯定像一个身体结实、性情愉悦的荷兰孩子，有着柔软的皮肤，如"焦油"一样的乌黑头发——正如惠特曼后来告诉奥康纳夫人的那样——他从小就知道如何用自己那双蓝灰色的眼睛去观察别人的目光。他对孩童时期的记忆也表明了西山地区的景象与声音给他留下的深刻印象：

早起的丁香花成为了孩子的一部分。
白色与红色的花朵沐浴在早晨的荣光里，

白色与红色的三叶草沐浴着阳光，还有菲比鸟的歌声。
三个月大的羔羊与母猪生下来的那头粉红色的幼崽，
母马生下来的马驹与母牛生下来的幼牛。
畜舍与池塘边的泥潭不时传来嘈杂的孵化声响。

沃尔特对他母亲的描述就是一幅典型的荷兰人的肖像：

母亲在家安静地将碟子摆放在晚餐桌上，
母亲说着温柔的话语，整理好帽子与长袍。
当她走过我们身边的时候，
我们总能闻到一股芳香的味道。

沃尔特对父亲的描述则似乎缺乏多少怜悯心了。当然，沃尔特在下面这些句子里所表达出来的情感，并不能视为沃尔特·惠特曼对父亲的真实感受：

父亲是一个身强体壮、自力更生、具有男人气概的人，但他也是一个小气、容易愤怒且不公正的人。
他经常会大发雷霆，大声地说话，与人争夺着蝇头小利。
家里人都不怎么喜欢父亲使用的这些语言，但是整个家庭还是非常温馨的。

但是，在沃尔特的木匠父亲的这个家，事情并不总是一帆风顺的。孩子们内心渴盼安慰的心灵需要安抚。我们需要注意一点，很多诗人在童年时期所受到的一些处罚，会让他们对理想世界产生一种神奇的感觉，但是沃尔特·惠特曼则没有这样的感受。在他们家，几乎就没有任何形式的宗教信仰的仪式。沃尔特的父亲虽然是一个勤奋工作的工人，却也是一个躁动不安且对生活不满足的人，但他似乎无法找到如何赚取更多金钱的"窍门"。

当沃尔特只有 4 岁的时候，他们家搬到了 30 英里之外的布鲁克林地区。在接下来的几年里，他们分别在福伦特、蔓越桔地区、约翰逊地区、蒂勒里大街等地方居住。"我们经常换房子住，但这些房子后来都被抵押了，我们失去了这些房子。"惠特曼在晚年的时候这样写道。但是，他对布鲁克林的印象总的来说是非常美好的，因为他在这里度过了非常快乐的童年。这座"村庄"在法律层面上一直存在到 1834 年。当惠特曼一家搬到这里的时候，当时只有 7000 居民左右。对沃尔特来说，这与生活在乡村地区没有什么区别。年轻的沃尔特经常与他的弟弟们一起远足到他们在西山的老家，甚至还去过皇后区与萨福克县等地。长岛靠近大海一侧的景象，大南湾以及那里出现的风暴与船难事故，都给沃尔特·惠特曼幼小的心灵留下了难以磨灭的印象。但是，更多充斥在他当时脑海里的，是一种健康运动的有益精神，这样的精神夹杂着一种对这些风景一知半解的情感。惠特曼在《典型的日子》[1] 散文随笔集里的回忆内容就说明了这点：

---

① 《典型的日子》（*Specimen Days*），惠特曼于1882年出版的一部随笔集，为自传性内容。

在大南湾外围的沙滩上，我们可以看到到处都是浅滩。在寒冷的冬天，浅滩的表面上会覆盖着厚厚的坚冰。在我还是一个孩子的时候，我经常会与一两个好朋友来到这片结冰的土地上，有时还会带上手动雪橇、斧头与捕捉鳗鱼的叉子，想要专门在这里抓一条鳗鱼。我们会在冰面上凿一个洞，要是运气好的话，就能抓到许多鳗鱼，将鳗鱼放到我们提前准备好的篮子里……无论是冬天还是夏天，这个海湾的海浪所形成的美丽风景都给我留下了难以磨灭的印象。这样的印象后来我也在《草叶集》一书里进行了描述。

沃尔特特别喜欢的一项游戏活动，就是在夏天的时候，在海滩的沙地上收集海鸥蛋。他不喜欢用枪去打猎，对钓鱼也一点都不感兴趣，但他喜欢划船，对走路始终都不会感到厌倦。在他很小的时候，他就曾走到了巴门诺克，这样荒蛮的地方，也就是印第安人所说的长岛。宽阔的亨普斯特德平原特别吸引他的注意力："在日落时分，我经常会来到这个平原尽头的地方，欣赏羊群沿着平原走过去的景象，聆听远近发出的锡铁与铜器发出的叮当声，呼吸略带芳香的空气，欣赏无比美丽的夕阳下山景象。"

在这个时候，除了乡村，城市的景象也开始给沃尔特留下深刻的印象。当拉法耶特侯爵 ① 在 1824 年在美国进行胜利演说的时候，他来到了布鲁克林，并且为一间图书馆进行了奠基仪式。很

---

①拉法耶特侯爵（Marquis de La Fayette，1757—1834），又译拉法叶，法国将军、政治家，同时参与过美国革命与法国革命，被誉为"两个世界的英雄"。他一生致力于各国的自由与民族奋斗事业。

多孩子都聚集在奠基典礼附近，想要看看这位著名人物。拉法耶特侯爵本人从那辆淡黄色的马车上下来，选中了当时只有5岁的沃尔特·惠特曼——显然，沃尔特当时肯定是一个圆胖可爱的男孩——然后，亲了沃尔特一下，接着将他放在一个安全的地方。美国的这些全新贵族表现出来的方式与过去的世界是那么的不同，这给年幼的沃尔特留下了第一个印象。在拉法耶特侯爵这次访问的几年之后，1月份寒冷的某天里，在纽约市哈德逊大街上，沃尔特看到了"一个有点驼背，身体虚弱却又看上去很结实的老人。这位老人蓄着胡子，穿着昂贵的皮衣，头戴一顶貂皮帽子，身旁有十几个朋友或是仆人都争着要扶他走上一辆名贵的雪橇。这辆雪橇车被我当时所见到过最为名贵的马匹拉着。那位马夫手上拿着鞭子，似乎在抽打马匹的时候也是非常小心的。直到现在，我依然还记得那位老人的容貌，他就是约翰·雅各布·阿斯特[1]"。

　　沃尔特·惠特曼没有接受过多少正规的教育训练。当时的布鲁克林普通学校刚刚成立没多久，因此他们所教授的课程都非常有限，仅限于阅读、写作与算术——还包括一点点的语法知识与地理知识。沃尔特对于教过他的老师都没有留下什么深刻的印象，因为他后来连这些老师的名字都忘记了。在13岁的时候，他就彻底离开了学校。他所学习到的语言只有英语，而根本没有条

---

[1]约翰·雅各布·阿斯特（John Jacob Astor，1763—1848），德裔美国商人、投资家，阿斯特家族第一位杰出成员，美国第一批白手富翁之一，亦是美国第一个托拉斯的创始人。后来，成为了知名的艺术家赞助人。

件去学习任何其他外语。后来，沃尔特在创作的时候经常会借用其他国家的语言，有时借用法语或西班牙语的一些词汇，有时则会自己创造一些词汇。但是，他非常喜欢阅读，后来误打误撞进入了一位律师办公室做起了跑腿。这位身为两个孩子父亲的律师给了沃尔特许多鼓励。沃尔特后来说："当时，我拥有一张干净的桌子，还有属于我自己的窗口角落。爱德华·C.先生也非常友善地教我如何写字与创作（这是我人生中最为重要的一件事），并且还为我注册成为一间流动图书馆的会员。在那个时候，我每天都沉浸在阅读各种小说故事当中。一开始，我阅读的是《一千零一夜》，还有其他我所能找到的图书，这让我的内心感到无限满足。后来，我又开始阅读其他方面的一些书籍，还阅读了沃尔特·斯科特①的每一本小说以及他创作的诗歌。"

没过多久，沃尔特就离开了这个让他感到舒适的环境，前往一位医生的办公室工作。在他还是一个少年的时候，就开始在《长岛爱国者报》的印刷办公室进行文字排版的工作。《长岛爱国者报》是一份由布鲁克林邮政局长负责的周报。当时，沃尔特与其他学徒以及一位年长工人的孙女住在同一个地方，他非常喜欢这样全新的工作环境。在这段时间里，沃尔特得到了迅速的成长。在他15岁的时候，身高与精力就几乎与成年人没有什么区别了。读者朋友们可能会认为沃尔特是一个比较懒散的学徒，因为沃尔特自己曾这样写道："在每个夏天，我都会不止一次前往长岛，有

---

①沃尔特·斯科特（Walter Scott, 1771—1832），英国著名历史小说家及诗人。代表作：《湖边夫人》《威佛利》《撒克逊英雄传》《十字军英雄记》等。

时是前往长岛的东边，有时则是去西边，有时甚至连续去一个多月的时间。"

一段时间之后，沃尔特离开了《爱国者报》前去《星报》工作。与富兰克林以及其他年轻的印刷工人一样，他也开始对创作产生了浓厚的兴趣。"这是我人生中第一次产生了要创作出一些永恒作品的念头。"沃尔特在年迈的时候这样说，"当时，我就像一艘挂着风帆的轮船，想要在大海上航行一样。我的内心产生了要将自己见到的一切都描述出来的冲动。"之前，沃尔特为《爱国者报》写了一些"充满情感的简短文章"。在这之后，他就在乔治·P.莫里斯①当时任职的纽约市那份比较著名且流行的《镜报》上发表了一两篇文章。"我还记得，当我看到一辆老式的英国送报车在布鲁克林地区分送报纸的时候，我的内心充满了难以抑制的兴奋。我打开这份报纸，用颤动的双手将印有自己的那篇文章裁剪下来。当我看到自己的文章用非常美丽的字体印刷在报纸上的时候，我的内心简直跳得飞快！"在16岁的时候，沃尔特就拥有了斯科特的诗歌全集。在他看来，"这是一个充满无限魅力的矿场与宝库"。在接下来的半个世纪里，他一直都珍藏着这些诗集。沃尔特渐渐喜欢上了辩论协会举办的活动。在17岁的时候，他已经成为布鲁克林与附近村落多个辩论协会的会员。在他很小的时候，戏院的表演就让他感到深深着迷。因此，当他在纽约从事自由创作的时候，他有机会去满足自己的这些激情。

---

①乔治·P.莫里斯（George Pope Morris, 1802—1864），美国编辑、诗人和作曲家。

在大约 18 岁的时候，他的内心又开始躁动起来了，他想在皇后区与萨福克县的一些乡村担任老师。他经常在不同的地方寄宿。他后来认为，这是他人生中最为美好的经历之一。关于惠特曼在学校担任老师的事情，可以从 1894 年对查尔斯·A. 洛[1] 的一篇采访上看到。当时，查尔斯是在长岛法拉盛读书的一个学生。虽然此时距离他当年读书的时候已经过去半个世纪，但是他依然对当时脸上充满笑容、双眼明亮且极为亲切的惠特曼老师记忆深刻。看来，年轻的惠特曼对于教授学生如何学习心算是有一套独特的方法的，也非常喜欢教授他的学生以怎样的方式去描述问题或是一件事情。根据查尔斯的描述，惠特曼是一个不怒自威的老师，平时不需要采取什么惩罚的手段让学生服从他的管教，而是以循循善诱的方式引导学生学习。惠特曼当时对男女学生都一视同仁，对任何人"从未表现出特别的宗教情感"，对于给他提供住宿的人的 4 个女儿，他也是一律严格对待。当时，他在创作诗歌方面已经小有名气了。他经常穿着整洁的黑色双排扣长礼服，显得非常英俊、健康，并且很少待在室内。简而言之，在查尔斯看来，"惠特曼老师是一个不同寻常的人，能够以特别的方式赢得我们的尊重与爱戴。"

但是，表面平静且自力更生的年轻老师，内心却有着许多自己的想法。他很快就再次感到内心的躁动与愤懑。也许，这是他内在灵魂的深层次本能推动他必须要去进一步拓展自己的人生

---

[1] 查尔斯·A.洛（Charles Arthur Roe，1841—1926），美国新英格兰地区殖民局长官和地区法官。

经验。祖祖辈辈在长岛农场的生活对他来说没有任何吸引力。对他来说，教书的工作还算是比较有趣的。他就想着如果能够专心于写作，岂不是更好的事？他一直都希望能够掌握排字出版方面的手艺，并且也品尝过作为创作者所带来的乐趣。现在，对于年轻、独立又渴求上进的惠特曼来说，还有什么比成为一个乡村报纸的编辑、创作者与发行人更美好的呢？惠特曼在晚年曾对这一段经历进行了深入的描述：

我第一次真正的尝试是在《长岛日报》，时间是1839年，地点是纽约长岛的亨廷顿地区。当时，我大约20岁左右。我之前已经在萨福克县与皇后区教了两三年书，但我依然非常喜欢印刷。在我还是个少年的时候，就已经开始从事印刷方面的工作了，我学会了成为创作者的窍门。因此，我想在自己出生的地方创办一份报纸。我前去纽约，购买了一些印刷设备与打字机，雇用了一些人帮忙，但大部分工作还是由我一人全部承办，包括要进行印刷方面的工作。当时，一切都进展得非常顺利（只是我内心的躁动，让我渐渐放弃了要成立一间长久的报社）。我买了一匹良马。每个星期，我都要骑马到各个乡村派送我的报纸，几乎将每天的精力都投进去了。可以说，这是我人生中最快乐的短途旅行了——我经常会前往南边，前往巴比伦，前往南路，穿过史密斯镇与卡马克，然后回家。这些短途旅行的经历，让我看到过去老派的农民与他们的妻子，看到了许多干草地，体验到了他们的热情，还吃了不少丰盛的晚餐。我有时会在他们家睡一晚。我在沿途还看到许多美丽的少女，看到其他人骑马穿过灌木丛，闻到南路海湾那边吹来的带着海水味道的空气。直到今天，这些美好的记忆依然深刻地存在我的脑海里。虽然已经过去40年了，但我仍然忘不了当初创办《长岛日报》的美好岁月。

　　此时，惠特曼的少年时期正式结束了。当我们审视惠特曼当时的容貌时，可以看出他已经表现出一个成年人应具有的一切特征。他是一个有着荷兰与威尔士血统的强壮年轻人，过着自力更生的生活，懂得欣赏周围事物的美感。他还有一个让他感到温馨的家，虽然读书不多，但他收集了一些书籍。他们的家族总的来说虽然没有取得什么成功，但却养成了经常迁徙的习惯。惠特曼没有读过多少书，在很多印刷工厂当过学徒，最后想要做生意。之后，他体验了教书的感觉，最后在他20岁的时候，想要创办一份报纸。在这样的外部环境下，他每一年的生活都充满对人生的实验，而这样的实验也让他的人生变得更加丰满。虽然他经常更换工作，或是更换自己所处的环境，但是在这些多变的环境背后，我们可以看到惠特曼形成的一种明确的个性。这位头发乌黑、一脸愉悦的年轻人，有荷兰人的沉稳与英国人的活力，有健康的心智与强大的意志力。他对户外事物的美感是极为敏感的，对诗歌与想象世界里呈现出来的那种浪漫特性有一种特殊的感知。在他还是一个孩子的时候，就已是一个情感非常丰富的人。当然，惠特曼的一些人生经历表明，他可能是有点神经过敏，但他本人也许并没有意识到这点。惠特曼的母亲后来对诺顿上校说："他是一个非常善良，却又有点古怪的孩子。""我的童年时光是比较躁动的，过的不是很开心。当时，我不知道自己应该去做些什么。"惠特曼曾对安妮·吉尔克里斯特夫人[1]这样说。也许，惠特曼内心的躁动与不安，可能只是每个青少年都会出现的一种正常现象。但是，惠特曼对安妮·吉尔克里斯特夫人说过一个故事，讲他在童年时期看见一个男人从户外的干草堆上掉下来的场景给他内心带来极大的惊恐。"我当时吓得一口气跑了几英里路。"这表明惠特曼的确是一个有点神经过敏的人。也许，他哥哥的去世与两个弟弟的夭折给他的心灵带来太过强烈的影响。惠特曼从小就有一种想要前往户外活动，与那些独立且身强体壮的人接触，这是他的幸运之处。当然，他是一个天生多愁善感之人，还有与生俱来的自私本性，但他却仍然是父母眼中孝顺的儿子，也是弟妹们眼中的好哥哥。他喜欢与人交往，喜欢到处游玩，喜欢体验不同的感受。他所接受的正式教育训练与他同辈的尤利西斯·格兰特[2]是没有什么区别的。不过，与格兰特一样，他同样有着强大的自控力、足够的耐心以及对内心愿望的执着追求。因此，在他20岁这一年，他下决心勇往直前，并且在这条路上一直走下去。

---

[1] 安妮·吉尔克里斯特夫人（Anne Gilchrist, 1828—1885），也称格蕾丝·吉尔克里斯特或"G夫人"，英国作家、文学评论家，因批判惠特曼的《草叶集》而闻名，后与惠特曼建立了良好的友谊。

[2] 尤利西斯·格兰特（Ulysses S. Grant, 1822—1885），美国军事家、政治家，美国第18任总统。

第二章
人生的爱抚者

无论我去哪里，都能感受到人生的爱抚。

——《草叶集》

在惠特曼的遗稿保管人出版的备忘录里，就有惠特曼所写的这样一段没有标明日期，看似随意的内容："一首诗歌，要有一个主题。要让人读起来感到快乐。勇敢前进，领略所有美好的事物。"惠特曼的这些文字表明了他许多作品一个共同的主题，这也可以表明他早期一种充满浪漫情怀的思想。正如我们所看到的，他在这个时候已经掌握了印刷方面的技术。与很多中世纪时期喜欢漫游时光的学徒一样，惠特曼也是专门找自己感兴趣的工作来做。虽然他的手脚不是特别灵活，但如果有必要，他还是能够圆满地做好农活，并能熟练使用木匠的工具。他对于以这样的方式来养活自己感到非常满意。他已经做到了经济层面上的独立。在他看来，要是放弃这些工作，选择去承担一些社会责任，这并不是他愿意去做的事情。事实上，在惠特曼30岁之前，要想找到他这个时期有什么明确的目标，是比较困难的。他在进行每一个选择的时候，始终都是紧跟着自己内心的本能指引。他的很多选择也能展现出他那段漫长的青年时光经历带给他人生的各种影响。至于惠特曼有什么明确的目标，我们根本无法找到。他只是想要找寻那种"纯粹的身心乐趣"的感受。年轻时期的华兹华斯①就曾非常喜欢这样的感受，甚至在他只有 10 岁的时候，就成了一个"少年老成"的人。与华兹华斯一样，惠特曼在这段时间里，也慢慢试图对自身的许多冲动情感进行引导，使之通过文学的形式进行表达。

　　正如大家预期的那样，《长岛日报》年轻的编辑惠特曼在过了一两年之后，很快就对这项工作感到厌倦了。之前一直在经济上支持他的人也失去了耐心。之后，他又回到了纽约。在 1841 年，他成为了《每日极光》的编辑，这是泰勒②政府的一个喉舌报。他当时的一位同事曾对他进行过一番描述，说他虽然只有 22 岁，但看上去却像 25 岁，"他是一个身材魁梧，举止优雅的人，穿着整洁的衣服，有着一双明亮的眼睛，脸上总是露出愉悦的微笑。他经常穿着一件礼服大衣，戴着一顶高顶硬礼帽，手上拿着一根手杖，外套上还有一个翻领，翻领上总是带有襟花作装饰……在他认真审阅了报纸与修改之后（他一般是在晚上 11 点到 12 点回到

---

①华兹华斯（William Wordsworth, 1770—1850），英国浪漫主义诗人，与雪莱、拜伦齐名，代表作：与柯勒律治合著的《抒情歌谣集》、长诗《序曲》《漫游》。曾当上桂冠诗人，湖畔诗人之一，文艺复兴以来最重要的英语诗人之一。

②泰勒（John Tyler, 1790—1862），美国第10任总统。

自己的小房间），会有一个习惯，就是沿着百老汇大街慢慢走到巴特利大街，然后在树丛间坐上一两个小时，欣赏大海的景色。有时，他会在下午2点或是3点回到办公室。"遗憾的是，《每日极光》资深的所有人认为惠特曼"是所有城市报纸编辑中最为懒惰的人"，并且他与惠特曼在报社社论政策方面产生了分歧。最后，惠特曼只能选择离开。

但是，英俊的沃尔特·惠特曼似乎没有因此感到沮丧，他依然戴着那顶高顶硬礼帽，提着那根手杖，翻领上依然别着襟花。他就是以这样乐观的人生态度面对一切困难。在这之前，他就定期为《茶余饭后》这份晚报投稿。更重要的是，他证明了自己可以成为《民主评论》杂志的合格撰稿人。在那个时候，《民主评论》杂志是纽约地区最重要的文学期刊。当时，霍桑、布莱恩特 ①、朗费罗、罗威尔 ②、梭罗、惠蒂尔与爱伦·坡等作家都曾为这本杂志撰稿。在当时很多人看来，惠特曼并不是一位诗歌创作者，而只是一名创作故事的人。1841年8月，惠特曼创作了《教室里的死亡》。1841年11月，他创作了《狂野的弗兰克的回归》以及在当年12月创作了《父亲与儿子》。他这个时期的很多文章都与布莱恩特、惠蒂尔与朗费罗等作家同期发表。在1842年1月，惠特曼创作了《坟墓花开》，当年3月，创作了《最后的神圣军队》，当

---

① 布莱恩特（William Cullen Bryant，1794—1878），美国浪漫主义诗人、记者、《纽约晚报》编辑。

② 罗威尔（James Russell Lowell，1819—1891），美国浪漫主义诗人、文学评论家、编辑和外交家。代表作：《一年的生活》《对话古诗》《我的学习之窗》《于书中漫步》等。

年5月，创作了《小鬼头，最后忠诚者的故事》。1842年9月，他创作了《天使的眼泪》，这是一篇很有趣的故事，证明了年轻的惠特曼如果想要创作的话，也可以创作出类似于埃德加·爱伦·坡那样的故事。下面就是这个故事里的部分内容：

在高高的天空上，天使阿尔扎在飘浮着，他不是控制宇宙神灵的人物，也不是一个起眼的人物，无法控制世人与后世人的命运。但是，世人却羡慕阿尔扎这样完美的存在。很多人都希望能够成为像阿尔扎那样的天使。天空中有无数双无形的眼睛在时刻观察着地球——每个阳光的孩子都有属于他们各自的使命。阿尔扎只是众多眼泪天使中的一个罢了。

在接下来的3年里，我们无法找到惠特曼在《民主评论》杂志上的任何文章。但在1845年8月，他出版了《复仇与救赎：一个逃脱的谋杀者的故事》。现在，这个故事收录在他名为《一个邪恶冲动》的散文集里。

惠蒂尔的《制鞋匠》——是他的《工人之歌》系列中的一篇。惠特曼希望他在接下来的10年里，继续赞美美国的工人。当年11月，惠特曼创作了一篇名为《对话》的文章，反对死刑的存在。文章里，他借用人民的权威与颤抖的罪犯之间的对话来表达自己的思想："以上帝的名义去扼杀别人！哦，这就是《圣经》所宣扬的核心思想吗？不知有多少人以你的名义，犯下了难以计数的愚蠢与可怕野蛮的行径！"罗威尔在这个问题上也与惠特曼有着相似的立场。早在1842年5月，他的十四行诗《关于阅读华兹华斯为死刑辩护的十四行诗的感想》就在《民主评论》上发表了。《对话》这篇文章是惠特曼为《民主评论》杂志所投的最后一篇稿，虽然后来，该杂志那位精明的编辑又在1851年发表了惠特曼《最后的神圣军团》的文章，却没有署上惠特曼的名字。1855年9月，《民主评论》杂志为了表达对惠特曼的尊重，允许他以匿名的方式为自己的《草叶集》写一篇充满溢美之词的评论[①]。

惠特曼在这个时期的其他投稿则可以在《乔纳森兄弟报》这份纽约周报上看到，时间是1842年到1843年间。1842年7月9日，该周报再次刊登了一个简短的故事《生命与爱意的传奇》，并附上"惠特曼曾发表在《民主杂志》上"的字样。惠特曼更有趣的一次投稿发生在1842年2月26日，他在投稿的文章中为狄更斯辩护——当时，狄更斯开始了第一次访美行程。惠特曼对华盛顿的《全球时报》批评狄更斯的社论进行了反驳。在这篇名为《博兹[②]与民主》的文章里，惠特曼这样写道：

　　我认为，所谓的"民主作家"就是在文章里表露出要摧毁过去一切让荣耀与等级依附的古老制度，不再对人类大家庭的每个人进行阶级的区分……我认为狄更斯先生就是这样的民主作家。他对底层民众的艰苦生活有着深刻的体会，这让他的读者在阅读

[①]惠特曼一共在《民主评论》杂志上发表了四篇文章，分别是《教室的死神》《狂野的弗兰克的回归》《最后的忠诚者》与《一个邪恶的冲动》。这四篇文章后来都收录在《散文集》里，其他文章则没有收录在内。

[②]博兹（Boz），查理·狄更斯早期的笔名。

他的作品时会产生强烈的共鸣……我想借这个机会表达我对他的敬意与尊重，因为他的作品给我本人带来了巨大的影响。

《美国评论》的第一卷（纽约韦利与帕特南联合出版公司在1845年出版）里就收录了惠特曼写的两篇文章，分别是《少年情人》（5月份出版）与《风足的死亡》（6月份出版）。惠特曼曾在后来写下这段有趣的话："我当时唯一的想法，就是让那些充满稚气思想的文章渐渐被世人遗忘。"但是，收录这些文章的编辑却没有这样做。看来，纽约期刊的编辑在19世纪40年代的时候，就已经看出惠特曼在诗歌与散文创作方面所显露出来的天赋[1]。

惠特曼曾经尝试过创作小说，他创作的这篇小说于1842年11月发表在《新世界》周报上，该周报的编辑是帕克·本杰明[2]。这篇小说的名字是《戒酒协会的朋友！富兰克林·埃文斯，或者说是醉酒者：一个关于时代的故事》，当时的署名是一个大众接受的作家名字。惠特曼的这篇小说是献给禁酒协会以及美国各地那些支持禁酒运动的朋友们，希望能够形成全社会禁酒的风气。当时的惠特曼不仅有这样的能力，而且对这个主题也非常感兴趣，因此他认为这样的小说会受到很多读者的欢迎。这篇小说是他专门为《新世界》周报创作的，希望能够推动美国的改革，避免让更多年

---

[1] 无法找到《孩子与放荡者》《林格福的诱惑》《小珍妮》与《愚蠢的凯特》等文章第一次出版的日期与地点。这些文章后来都收录在《散文集》里。

[2] 帕克·本杰明（Park Benjamin, 1809—1864），美国诗人、记者、编辑及报人。

轻人陷入过度酗酒的魔鬼控制当中。惠特曼认为，这篇小说的情节是非常贴近实际的，而且表达了强烈的道德情感以及善意，因此应该能够得到禁酒改革协会那些朋友的兴趣，从而进一步推动这篇小说的传播。

如果惠特曼那些禁酒协会的朋友们知道惠特曼竟然通过创作小说的方式去这样做，肯定会感到很难受。惠特曼一位终生朋友这样写道："惠特曼几乎是在坦慕尼协会的阅读间创作这篇小说的。那个阅读间有点像波西米亚那里的度假胜地。之后，惠特曼告诉我，他经常是一边写这个故事，一边喝着鸡尾酒，手上拿着白腊杯，然后经过云杉大街。"惠特曼去世前，他的一位崇拜者告诉他，他一直以来都在找寻《富兰克林·埃文斯》这篇小说。惠特曼当时激动地说，他"希望上天有眼"，千万不要让他的找寻取得成功。

事实上，惠特曼早期创作的文章几乎都没有很高的文学价值。但是，他的文章里却饱含对穷人与受苦难民众的深切同情与怜悯心。虽然惠特曼当时的许多文章都因为表现出一种过分强烈的悲哀与夸张的手法而显得矫揉造作，但这是19世纪40年代到50年代大多数作家的一个通病。惠特曼在创作的故事里，表现了他憎恨残忍与不公平的暴行，对普通大众怀着尊重的心理。这可以表明惠特曼当时真实的内心世界。爱伦·坡是惠特曼当时唯一想要模仿其风格的当代作家。惠特曼的《一个邪恶的冲动》与《孩子与放荡者》也许就是模仿爱伦·坡风格中最为典型的两个故事了。但是，他早年的这些创作与他后期的作品相比，却显得暗淡无光了。

读者朋友们很自然地会将目光投到惠特曼早年的创作，希望能够发现惠特曼在日后创作《草叶集》一书中显露出来的天才。但让人遗憾的是，惠特曼早期的创作根本没有显露出他日后能够创作出《草叶集》的任何文学天才的端倪。在惠特曼《散文集》的附录里，就收录了惠特曼早期创作的四首诗歌。惠特曼的《面具之歌》出版时，署名是"长岛"。根据惠特曼自己的说法，这首诗歌最初刊登在《纽约晚报》上。这首诗歌包括了十二节的六行诗节，诗中表达了他对政治的讽刺。整首诗歌的韵律比较轻快：

我们没有要求勇敢之人走上前线，
我们绝对不会这样做。
这会让风暴降落在我们头上，
带来一场充满耻辱的疯狂暴雨，
兄弟们，躲避这场暴雨吧！
"妥协"将会成为最后的答案。

上述这首诗歌就可以作为惠特曼早期创作诗歌的一种固定模式。在他为《乔纳森兄弟》创作的另外两首诗歌里，他认为这两首诗歌都是不应该继续刊登的。其中第一首诗歌是在1842年1月29日刊登的，诗名是《野心》。这首诗歌是由十一行无韵诗句组成的，描述了一个孤独的年轻人自问自答的典型形象：

在未来的日子里，我能够成为一个伟大的名人吗？

关于这个问题，惠特曼以九段四行诗进行了模糊地回答：

晚上，去看看天空上明亮的星星，

它们似乎在无限的时空中不断转动，

最大的力量与之相比都不值一提，

最为世人骄傲的名字都是黯然失色的！

无论是富贵还是卑贱之人，

无论是愚蠢还是智慧之人，

都似乎在这样混沌的世界里沉睡，

一个世纪就这样过去了。

在接下来更多行的无韵诗里，惠特曼在结尾处对诗歌进行了一番哲学方面的思考。几周之后，《乔纳森兄弟》的编辑刊登了沃尔特·惠特曼的第二首诗歌《热爱自然之人的死亡》，并且还附上了这样的前言："这首诗只需要半个小时的润色，就能使之迸发出不同寻常的美感——埃德。"前面两段诗节是这样写的：

让人泪如泉涌，让爱人叹息的，

不是骄傲的蛮横。

他希望，当黑暗时刻最终到来之时，

能够放下肉身，从容死去。

在炮声隆隆的战斗中，

战争的鲜血已经染红了天际。

锋利的刀剑已经出鞘，旌旗在飘扬，

战场上全是呻吟流血的伤兵。

惠特曼创作的这些诗歌所展现出来的意义，并不在于诗歌本身具有的内在价值，而在于证明了惠特曼对英语诗歌已经有了深入的了解。那些批评惠特曼《草叶集》的评论家们经常会指出一点，那就是惠特曼所创作的诗歌根本没有什么韵律与节奏可言，只是像一个非常普通的工匠那样制作出比较马虎一般的作品而已。但是，我们必须要明确一点，那就是此时的惠特曼才 23 岁。他创作的只是无韵诗，这种无韵诗是不需要讲究韵律与节奏的。事实上，若是以这个阶段的惠特曼的造诣来说，他可以与 40 岁之前的罗威尔、N. P. 威利斯 [1] 以及惠蒂尔相比了。

惠特曼的另外 3 首诗歌也收录在《散文集》里。他的《午夜的密西西比河》是在 1848 年创作的，这是一首比较常规却又带有鲜明特色的四行诗。他的《在朋友家的伤员》这首诗充满许多政治因素。这首诗的灵感出自先知撒迦利亚，读上去就与伊丽莎白一世或是詹姆士一世后期时代的戏剧作家的无韵诗差不多。此时，惠特曼希望通过这样的诗歌作品来争取比普通的十个音节的诗歌更加自由的创作空间。在惠特曼看来，诗歌本身所要求的限制会带来一种倒退的作用，而不是促进诗歌进一步发展的因素。

---

[1] N. P. 威利斯（Nathaniel Parker Willis, 1806—1867），美国作家、诗人和编辑。代表作：《旅行罗曼史》《素描》《我遇到的伟人》《名人和名地》等。

关于惠特曼这方面的创新，我们必须要认真研究他的《血腥的金钱》这首强烈反对奴隶制的诗歌，惠特曼说"这种制度是违背人性与上帝的"。

第一诗节

在很久很久以前，上帝派耶稣来到世间，
让他在这个世界完成他的旨意。
接着出现了犹大，他背叛了神性的耶稣，
让耶稣为使命殉道。

在耶稣手上的鲜血尚未流干之前，
这种邪恶的行径是应该被谴责的。
当黑暗降临在出卖上帝之人的头上，
世人似乎都在咒骂叛变者，
天国的大门对他也是始终紧闭的。
他只能孤苦一人，自生自灭。

在经过漫长的黑暗之后，
生命的循环依然在悄悄地流转，
从古至今，有无数人提着装满烟草的袋子，
他们希望通过以这样的方式向玛丽的儿子赎罪。

但是，我们依然能够听到这样的声音：
"你能够给我什么？我将会给你什么！"

他们订下了契约，偿还了银条。

第二诗节

拯救者，看看吧！

看看第一个做出行动的人吧！

穿越了天堂的树梢，

看到你仍受到这些契约的约束，

过着艰苦而贫穷的生活，

你却依然展现出一个人应有的模样。

你遭到辱骂、鞭打，身陷囹圄，

但是，你仍然无所畏惧，仍然梦想着拔出宝剑，

摧毁一切权威的奴役。

他们再次包围了你，

表现出极为恶毒的怨恨。

无数人都向你伸出了拳脚，

他们向你吐口水，咒骂你。

你浑身都是瘀青，遍体鳞伤，

但是，你的灵魂要比死亡的痛苦更加痛苦。

我那些奴隶兄弟们，你们每天体验着这样的痛苦，

你们的价码绝对不能代表你们的全部。

那些从事奴隶贸易的人，

全部都是人类的叛徒！ ①

　　总的来说，我在上面列举出惠特曼早年创作的一些诗歌，只是为了证明惠特曼作为作家与诗人，正在慢慢形成属于自己鲜明个人特色的写作风格。不过，对于这位来自长岛的健康的年轻人来说，写作还是将生活中的一些见闻与体验浓缩起来，然后表达出自己对自由与美好的一种情感。每个阅读惠特曼的《典型的日子》这本书的读者，都肯定能够感受到惠特曼在描述百老汇美好一面时所表现出来的热情，他还充满热情地描述了纽约港口的美丽景象，描述了豪华的马车在纽约市中心宽阔的大道上来回穿行，谈到了那些马车夫都是"目光锐利，手脚麻利的人"。

　　可以说，即便是伦敦与巴黎这样的城市，也无法培养出像沃尔特·惠特曼这样在农村土生土长的人。惠特曼就像一个着了迷的孩子，认真观察着他所见到的一切。每小时，每一天，每一年，他都会坐在渡船上认真地观察，与他那些开渡船的朋友们聊

①在《散文集》里，这首诗歌标明的日期是1843年4月，诗歌的名称是"巴门诺克"。惠特曼后来在一段文字里表示，这首诗歌一开始刊登在《纽约先锋报》。但我手上有一封惠特曼的亲笔信。他在信里这样写道：《血腥的金钱》这首诗歌肯定是在1852年到1853年间出版的，并且说这首诗歌首先是刊登在《纽约晚报》上，当时的署名并不是"巴门诺克"，而是"沃尔特·惠特曼"。除此之外。我所收集到的这份剪报也可以证明，这首诗歌出自他之前的《散文集》里。了解这首诗歌首次出版的时间应该是很有趣的事情，但我至今仍无法找到准确的时间。

天。他"看着自己所看到的一切，与朋友的交流，洞察着身边的事物"。他所坐的座位就与那些马车夫的座位没什么区别，那些马车夫经常被人们称为"百老汇的杰克""爆米花""强壮的比尔"或是皮特·卡拉汉。当他走在人行道上时，他经常会看到一些那个时代著名的人物，其中包括安德鲁·杰克逊①、丹尼尔·韦伯斯特②、亨利·克雷③，那位喜欢阻挠国会议事程序的议员沃克等人。有时，他也会见到威尔士王子、查尔斯·狄更斯或是第一位日本驻美国大使。他曾看见过詹姆斯·芬妮莫尔·库珀④在法庭上的表现。他曾前往《百老汇期刊》的办公室去拜会这份期刊的编辑埃德加·爱伦·坡。爱伦·坡认为惠特曼的一首诗歌"充满着人性的善意，但情感的表达不够充分，还有一点多愁善感的成分"——当然，爱伦·坡的这段评价是从他的日记里找到的。

惠特曼就是这样一位着了迷的观察者，他始终认真观察人们的每个行动与表现，因此他对戏剧表演也极为着迷。在那间老公园戏院与包厘街戏院、百老汇剧院以及查特汉姆广场戏院，他欣

---

① 安德鲁·杰克逊（Andrew Jackson, 1767—1845），美国军人、政治家，第7任美国总统。

② 丹尼尔·韦伯斯特（Daniel Webster, 1782—1852），美国政治家、曾两次担任美国国务卿。

③ 亨利·克雷（Henry Clay, 1777—1852），美国政治家、演说家。曾担任美国国务卿，美国经济现代化的倡导者。

④ 詹姆斯·芬妮莫尔·库珀（James Fenimore Cooper, 1789—1851），美国最早赢得国际声誉的作家。代表作：《拓荒者》《最后的莫西干人》《大草原》《开路人》《杀鹿人》等。

赏过亨利·帕拉希德①、芬妮·肯布尔②、谢里丹·诺里斯③、艾伦·特里④、年轻的基恩⑤、马克雷迪⑥以及年迈的布斯⑦、福里斯特、夏洛特·库什曼⑧以及其他当时红极一时的戏院演员的表演。在这些年里，他几乎欣赏了这些戏院里上演的所有意大利歌剧，非常欣赏诸如阿尔伯尼⑨、格里希⑩与马里奥⑪等歌手。作为一名报业人员，惠特曼经常可以免费出入这些戏院，免费欣赏这些演出。在这个时期，惠特曼对演说与抒情诗歌展现出一种孩童般的强烈激情，这也让他对乡村地区的辩论协会不那么上心了。因此，他觉得演说与创作更能够让他的身体与灵魂处于一种兴奋的状态。

他在乘坐"强壮的比尔"或是皮特·卡拉汉所驾驶的马车前

①亨利·帕拉希德（Henry Placide，1799—1870），美国戏剧演员。
②芬妮·肯布尔（Fanny Kemble，1809—1893），英国著名戏剧女演员、作家。
③谢里丹·诺里斯（James Sheridan Knowles，1784—1862），爱尔兰戏剧家、演员。
④艾伦·特里（Ellen Tree，1805—1880），英国著名女演员。
⑤基恩（Charles Kean，1811—1868），爱尔兰戏剧演员。
⑥马克雷迪（William Macready，1793—1873），英国演员。
⑦布斯（Edwin Booth，1833—1893），美国戏剧演员，因饰演莎士比亚剧作中的角色，当时红遍全美及欧洲，也是纽约布斯剧院的创办人。
⑧夏洛特·库什曼（Charlotte Cushman，1816—1876），美国著名舞台剧演员。
⑨阿尔伯尼（Marietta Alboni，1826—1894），意大利著名歌剧演唱家。歌剧史上最伟大的女低音歌手之一。
⑩格里希（Giulia Grisi，1811—1869），意大利著名歌剧演唱家。歌剧史上最伟大的女高音歌手之一。
⑪马里奥（Giovanni Matteo Mario，1810—1883），意大利著名歌剧演唱家。歌剧史上最伟大的男高音歌手之一。也是格里希的对手歌手。

往包厘街的戏院的路上时，会在马车上对马车夫发表慷慨激昂的演说，演说所谈到的主要人物是恺撒或是理查德大帝（在乘坐马车经过川流不息的街道时，你可以非常尽情地表达自己的想法）。有时，惠特曼在进行这些演说时，会有许多不同的陪伴。因为在天气温和的时候，惠特曼每个月都会前往康尼岛，"在那个时候，那里是一个没有多少人会前往的海岸，我感觉自己仿佛是这一个海岸的主人。我非常喜欢在海水里泡澡，喜欢在坚硬的沙子上跑来跑去，然后大声地面对海浪与海鸥发表自己关于荷马或是莎士比亚的激情演说"。

　　与形形色色的人进行深入接触之后，这也慢慢地塑造了惠特曼内心的怜悯心。他经常会前去戏院观看著名的戏剧演出与演说，这样的经历慢慢地弥补了他所缺乏的审美教育。那些歌剧的歌手与演员的表演，似乎对他日后诗歌创作的韵律也产生了深远的影响。当然，惠特曼本人也下了一番苦功，阅读了他所能找到的一切古典文学作品。虽然他在少年时期因为没有接受多少教育而造成了无法弥补的缺陷，让他对除了英语之外的其他语言都没有任何了解，但是他喜欢沃尔特·斯科特爵士的作品与《一千零一夜》这样的作品。这也为他日后走进诗歌这一充满梦幻色彩的领域打下了基础。关于惠特曼这个时期的人生经验，我们最好用他自己的话来进行阐述：

　　在每年的夏天与秋天之间，我经常会在乡村地区待上一周的时间，或是前往长岛的海边。我喜欢感受户外带给我的种种良好的影响。在这些时候，我会全神贯注地阅读《圣经·旧约》与《圣经·新约》这两本书，认真吸收里面的知识（也许，我可以说，阅读这两本书给我带来了比阅读任何书都更为强大的影响）。我还阅读了莎士比亚、奥西恩（传说中的爱尔兰诗人）以及其他著名作家最好的英文译本。还有荷马、埃斯库罗斯①、索福克勒斯②，以及德国在中古时期的《尼白龙根之歌》，古印度的诗歌和另外的一两本杰作。当然，这其中肯定也包括但丁的作品。事实上，后来我几乎都是在一个古老的森林里阅读这些作品的。当我在长岛东北端的东部半岛上，第一次深入彻底地阅读了《伊利亚特》这本书。（当时，我还经常会感到奇怪，为什么我不会被历史上这些伟大的作家强烈地震撼。可能是因为阅读他们的作品时，我是处在自然环境里，感受着太阳，欣赏着美丽的风景以及开阔的视野，看着海水潮起潮落吧。）

不过，要是我们将这个时期或是之后一个时期的惠特曼说成一个系统性的阅读者，这就是一种误解了。惠特曼的阅读方法基本都比较随意，主要以自己所感受到的印象为主。当时，他将自己大部分精力都投入到了报纸与杂志上，因此其实也没有那么多空闲时间可以去进行系统的阅读。他经常会阅读期刊上面的文

---

①埃斯库罗斯（Eschylus，公元前525—公元前456），古希腊悲剧诗人，与索福克勒斯和欧里庇得斯一起被称为是古希腊最伟大的悲剧作家，有"悲剧之父"的美誉。

②索福克勒斯（Sophocles，公元前497—公元前406），古希腊悲剧诗人，与埃斯库罗斯和欧里庇得斯一起被称为是古希腊最伟大的悲剧作家。代表作：《俄狄浦斯王》《安提戈涅》等。

章，会将一些他最喜欢的内容裁剪下来，然后对这些文章进行一番评论。"我发现我需要一个很大的剪贴簿，才能将我对罗马以及罗马人的看法完全说出来"，他的这句话就是最好的注解。他经常会去纽约古埃及文物博物馆参观，这样的参观经常激发起他对东方文化与历史的强烈兴趣。事实上，无论他去什么地方，他都跟随自己的兴趣。他经常会去商店或是工厂，与那里的职员或工人一起聊天。他这样的一个习惯，与他所在城镇的另一位名人亨利·沃德·比彻 [1] 非常相似。虽然惠特曼并不是一个喜欢去教堂的人，但他却非常喜欢沃德·比彻的布道演说以及其他牧师的演说。有时，当比彻在教堂里发表演说的时候，他也会专门前去聆听。他还非常喜欢听温德尔·菲利普斯 [2]、加里森 [3]、约翰·P.哈勒 [4] 以及其他反奴隶制演说者的演说。在他之后参与政治的一个阶段里，曾为总统候选人詹姆斯·波尔克 [5] 发表助选演说，正如他之前发表支持马丁·范布伦 [6] 担任总统的演说。1848 年 8 月，他成了

---

[1] 亨利·沃德·比彻（Henry Ward Beecher，1813—1887），美国公理会传教士、社会改革家、演说家、废奴主义者。美国著名作家斯陀夫人的弟弟。

[2] 温德尔·菲利普斯（Wendell Phillips，1811—1884），美国废奴主义者、演说家和律师。

[3] 加里森（William Lloyd Garrison，1805—1879），美国废奴主义者、记者、妇女参政权者和社会改革家。

[4] 约翰·P.哈勒（John P. Hale，1806—1873），美国政治家、律师，参议院议员，废奴主义者。

[5] 詹姆斯·波尔克（James Knox Polk，1795—1849），美国第11任总统。

[6] 马丁·范布伦（Martin Van Buren，1782—1862），美国第8任总统。

自由士兵委员会委派的一名成员，因此他可以自由地参加在布鲁克林与纽约举办的各种活动。"我经常在女士举办的社交活动上见到他。"舒马赫先生这样说，"我认为，无论是年老的女士还是年轻的小姐，她们都会认为他是一个有着深厚教养的随和的年轻人。"持同样想法的，还有百福公司在百老汇大街上那间著名的酒店管理人员。在一段时间里，惠特曼曾是波西米亚圈子里的著名社交人物，"并且从来不会喝醉或是撒酒疯"。在之后一个时期，惠特曼的确是从他在百福酒店的文学圈朋友那里借了一些钱，但他始终是一位非常讲信誉的人，一旦有了钱，马上就还。惠特曼身上有一种温和、休闲且吸引人的特质，这让他非常受朋友们的欢迎。无论遇到的是男是女，他都会表现出仿佛置身于一个美好世界那样去与他们接触。他忠诚的朋友约翰·巴勒斯在1867年写了《关于作为诗人与个人的沃尔特·惠特曼的笔记》，他在里面用非常谨慎的言语这样写道："在这段时期（大约是1840—1855年间），惠特曼没有特别地研究某个领域。可以说，他似乎在感受生活的各个领域，体验自己的激情、快乐与放浪不羁。当时，他是一个身体健康的年轻人，生活在繁华的纽约，身边有许多机会。我认为惠特曼正是在这个时期创作了《亚当的孩子》，甚至还开始创作《菖蒲》诗集的部分内容。"

惠特曼似乎在纽约过着极为悠闲的生活，对许多事依然充满好奇，怀着一颗包容心，根本没有将自己写下来的感想进行时间的标记。如今，他当时的许多感想都已经收录在他的诗集里，成为永远都抹不去的印记了。但是，我们却始终无法找到惠特曼到底是在哪一年的哪个月写下这些诗集的资料。正如很多研究布朗宁的《立像与胸像》的人所说的"对他们来说，一个星期仿佛变成了一个月或是一年"。但是，惠特曼那颗年轻的心所追求的勇敢与秘密的荣耀却始终都不会褪去。

在他二十七八岁的时候，准确的日期已经无从考证——惠特曼变成了布鲁克林地区《鹰报》的编辑。《鹰报》是一份只有 4 页纸的小报，编辑的工作量也不是非常繁重。此时，惠特曼与他的父母一起住在莫特尔大街的一栋木制小屋里。直到现在，这栋木屋依然还在。他经常会慢悠悠地从家里步行到办公室，慢走也成为了他的终生习惯。当时，他的办公室靠近富尔顿渡轮码头，距离他家只有一英里半左右。每个下午，他几乎都会离开办公室，去码头附近游泳，有时还会带上办公室一些熟练的排字工人一起去。他在《鹰报》的一位继任者就曾对惠特曼进行了有趣的评价。在这份乡村报纸担任编辑，给了惠特曼很大的好处。他可以自由地呼吸新鲜的空气，在大海里游泳，还可以进行身体锻炼。除此之外，他还可以通过报纸的社论反对死刑、奴隶制、决斗以及尚武的精神。他们经常会在报纸上报道一艘刚刚停泊在东海码头上的轮船，或是对贸易联盟表达出不信任的态度。还经常会在报纸上表达对当地的一种自豪感，一种强烈的国家情感以及对普通民众权利的强烈拥护。当然，惠特曼所负责的这份报纸在当时是非常不起眼的。作为民主政治的拥护者，惠特曼拥有一种善意的诚实，没有任何党派的狭隘观点。当他所支持的候选人在城市选举中被辉格党候选人击败，他平静地表示，这次选举失利的最大原因，就是"我们原本就不大可能获得足够的票数来赢得选举的胜利"。

整个 1847 年，惠特曼都在《鹰报》担任编辑。1848 年初，惠特曼做了一次有意义的转变。关于这次转变，最好还是用惠特曼自己的话来描述：

在担任《鹰报》编辑的两年时间里，我度过了人生中最愉悦的一段时光——我的老板非常好，我也获得了不错的薪水，工作相对比较轻松，有很多空闲时间。问题就在于民主党在这个时候出现了分裂（大约是在 1848—1849 年间），我也与民主党内那些激进分子分道扬镳了，这让我与老板以及'民主党'出现了裂痕，因此我也失去了编辑的工作。在我失业之后，我受邀在纽约市珍珠街的老百老汇剧院发表了一场即兴演说。这让我有机会前往新奥尔良的《新月报》工作，这是一份财力相当雄厚的报纸，这份报纸的立场与《五分钱报》是相反的。而《五分钱报》的老板之一是麦克卢尔①先生，他当时正在北方采购材料，在大厅的走廊上见到了我。这应该是我们的第一次见面。在进行了 15 分钟的闲聊之后，我们达成了正式的协议。麦克卢尔先生答应支付我 200 美元的薪水，并且承担我前去新奥尔良的车费。我在两天之后出发了，度过了一段悠闲的时光。因为当时这份报纸要在三四周之后才正式出版。我非常享受这段旅程，还在路易莎安娜旅行了一番。

惠特曼在这趟旅程中最好的兄弟是"杰夫"，杰夫当时只有 15

---

①麦克卢尔（Samuel Sidney McClure，1857—1949），美国著名出版人、记者、调查员和"扒粪运动"的先驱。《麦克卢尔杂志》等多家报纸杂志的联合创办人。

岁。他们一起乘坐火车经过宾夕法尼亚州与弗吉尼亚州，穿过阿利根尼山脉，之后乘坐蒸汽船沿着俄亥俄河与密西西比河前行。当时，墨西哥战争刚刚结束，在新奥尔良到处都能够看到喧嚣的人群以及刚刚返程的士兵。在圣查尔斯剧院里，惠特曼有机会第一次见到了泰勒将军①："他是一个天性愉悦的老人，身板看上去相当健壮，看上去很普通，额头上有皱纹，一张黄色的脸庞。"泰勒将军的容貌让他想起了芬妮莫尔·库珀。关于惠特曼在新奥尔良这段《新月报》的经历，他没有特别提到什么，只是说这是"一段非常愉悦的旅程"。我们可以想象，惠特曼的这次工作经历绝对要比他之前在《每日极光》以及《鹰报》都要更好一些。但是，他还记得在周日早上所看到的那个法国集市，一个黑白混血的女人经常递给他一杯咖啡，他觉得这杯咖啡要比他之后喝过的任何咖啡都好喝。他喜欢在这个地方到处转悠，感受这个地方的风情，他经常会品尝"美味的酒"，"感受完美的法国白兰地"，还有圣查尔斯与圣路易斯等地方宽阔休闲的酒吧间。他喜欢在码头上转悠，与那些船夫进行交流。有时，为了找寻全新的感受，他会在周日前去法国人聚集的天主教教堂，并且养成了在这个地方漫步的习惯。不过，几个月之后，"杰夫"就开始想家了，因为不适应这里的气候。后来，杰夫乘坐"密西西比号"蒸汽船向北方前进，绕了一圈经过芝加哥与北美五大湖，在尼亚加拉大瀑布前停留一段时间后，在6

_____

① 泰勒将军（General Taylor，1784—1850），美国政治家、军人，第12任美国总统。

月返回了纽约的家。

此时，惠特曼已经30岁了。他在南方的旅行与当时在西部地区的见闻，极为丰富地拓展了他的人生视野，让他更加坚信作为美国人的自豪感。如果一个人本质上是一个流浪者，那么无论他是在康科德的农场游荡，然后在半夜回到自己的家；还是欣赏密西西比河汹涌的河水或是内陆的大海，这都关系不大。但是，对惠特曼来说，这次远离曼哈顿与长岛的旅行，对他日后以诗人的角色去解读美国民众的生活产生了深远的影响。当然，他身上出现的其他转变也需要我们去关注。此时，惠特曼的内在世界已获得了全新的视野。

我在上文已经引述了约翰·巴勒斯先生的话，他在这段话里谈到"惠特曼所感受到的快乐以及过着放荡不羁的生活"，这些都是惠特曼在40年前的行为。对很多立志要从事文学创作的人来说，他们很可能将这样的经历视为创作人生自传的一个基础。但是，关于惠特曼的创作阶段总是会引发很多人的争议，因为这个时候的惠特曼似乎根本没有进行比较正式的创作。事实上，因为缺乏证据，我们在很多方面都误解他了。因此，我认为有必要拿出一些确定的证据来阐述这个问题。

当惠特曼的英国朋友与崇拜者 J. A. 西蒙德斯第一次阅读《菖蒲》这本讲述惠特曼与亲密朋友之间友情的诗集时，他对诗歌中的一些句子表达了怀疑之情，而对诗歌中部分古希腊的内容则充满了好奇。他写信给惠特曼，希望惠特曼能给予更为详细的阐述。惠特曼为了避免别人任何错误的理解，就在回复里坦诚地说明了自己早年与女性之间的关系。这封信标明的日期是1890

年 8 月，当时惠特曼已经 72 岁了。这封信的部分内容当时也已经出版了 ①。惠特曼在信中所写的这段话可以非常清楚地表明他的想法：

　　我的人生，包括年轻时期、成年时期、中年时期以及在南方度过的时期，在生理方面都是比较愉悦的，这显然会遭受很多人的批评。虽然我当时没有结婚，但是我却有 6 个孩子，其中两个孩子去世了，一个孩子现在居住在南方，他有了自己的孩子，这个孙子偶尔会给我写信。因为环境的限制（主要是为他们的命运以及为他们着想），我与他没有保持非常亲密的关系。

　　当这封信第一次公开发表的时候，很多与惠特曼做了 60 年朋友的人纷纷站出来质疑这封信的真实性，他们宁愿相信惠特曼的这封信是虚构出来的。但是，对于惠特曼在卡姆登生活时期的一小群朋友中，他已经成了父亲，并且在晚年的时候还有孙子前去看望他，这些都是不容争辩的事实。惠特曼在临死前曾对他的一个朋友承诺，一定要告诉他全部的内情。但是，惠特曼在说出这方面真相之前，就去世了。

　　从某种意义来看，有关惠特曼这个时期生活的评论似乎太多了，并且充斥着太多负面的评论。违背了贞洁的罪恶通常都会带给人一定的惩罚。但是，因为我们对惠特曼这方面的事情根本就

①这是由爱德华·卡朋特于1902年2月在《伦敦改革者》中出版的。这封信的内容变成了《与惠特曼在卡姆登的岁月》的部分内容，这本书后来在纽约由麦克米兰出版公司出版。

是一无所知的，因此我们最好的做法，还是在内心深处相信惠特曼的品格。惠特曼的一个性格特点，就是对女性始终充满敬意。惠特曼在华盛顿的一位经常相处的朋友告诉我，他从未听过惠特曼对母亲有任何不敬之词。即便是 30 年后，惠特曼有时说话变得粗鲁一些，但却始终保持着对女性的尊重，这也是强有力的证明。从 1862 年到他人生的终点，我们可以找到许多证据来证明，惠特曼在性关系方面始终保持纯洁的状态。关于惠特曼在一些诗歌中表露出来的堕落思想所引发的争议，让很多评论家都想当然地认为惠特曼是一位性关系放荡不羁的人。但是，倘若我们对惠特曼早年在布鲁克林、纽约以及新奥尔良的生活进行一番研究，就会发现他从未在这方面有过什么不检点的行为，绝对不是评论家口中所说的喜欢与那些水性杨花的女性在一起。至于到底是哪个女人怀上了惠特曼的孩子，或是他到底在什么样的情况下做出这样的行为，我们永远都无法知道。对于很多创作惠特曼传记的作家们来说，关于惠特曼这一方面是他们不愿意涉及的，但他们却必须要这样做，因为这方面的内容对于谈论他日后创作《草叶集》是极为重要的。

因为没有哪位诗人能够"以全部的激情、快乐以及放荡不羁，全身心地感受生活的各种体验"，然后当他沉浸其中的时候，将自己的想象力都放在身后。如果沃尔特·惠特曼真的如他的朋友约翰·巴勒斯说的那样"是一个纯粹且简朴的隐居者"，那么文学界肯定也不会在乎他在自己穴居的山洞里到底过着怎样的生活。埃阿斯（特洛伊战争中的希腊英雄）可以将塔美莎（埃阿斯的妻子）带回他的帐篷里欢度良宵，但这丝毫不会让埃阿斯变成一个更好或是更糟的武士。但是，当诸如歌德、彭斯①、大卫等著名作家将他们的塔美莎带回家，那么这肯定会引发很多人微妙的想象，对其中的内情产生无限的猜测。惠特曼的杰作《草叶集》就是一本反映他内心思想的诗集，谈到了个人与世界和谐统一的思想。如果这样的思想不是发源于一种性爱情感，那么这肯定会让其中的思想给读下读者留下更加深刻的印象。可以说，《草叶集》充分展现出了惠特曼孩子般热烈的激情。里面的思想根源于一个年轻人的身体与灵魂的深处：这是一个纯洁且充满感官感觉能力的身体，还有一个不受任何黑暗神秘困扰的灵魂。

但是，倘若我们将惠特曼视为一个习惯性的放荡不羁者，或是至少认为年轻时期的惠特曼是这样的人，那么我们就是误解了惠特曼的本性。切斯特顿②先生在最近的一篇文章里这样表示，对于任何一种快乐的情感，都需要"某种程度的羞涩、模糊的希望和一些男孩子气的期望。可以说，纯洁与简朴是感受这些激情最重要的前提条件——没错，即便是要感受那些邪恶的激情，也是如此。即使是邪恶的念头，本身也存在某种纯洁的思想"。惠特曼就像那个害羞的男孩，远离了布鲁克林大街街角的肮脏，然后本能地躲避任何会影响他

①彭斯（Robert Burns，1759—1796），苏格兰诗人，浪漫主义运动的先驱。代表作：《自由树》《苏格兰人》《友谊地久天长》《往昔时光》等。
②切斯特顿（Gilbert Keith Chesterton，1874—1936），英国作家、文学评论者以及神学家。热爱推理小说，所创造最著名的角色是"布朗神父"，首开以犯罪心理学方式推理案情之先河，与福尔摩斯注重物证推理的派别分庭抗礼。文中引文选自切斯特顿随笔集《持非正统见解的人》。

感知能力的事情，并且在某个时期因为对性爱的渴求所引起的躁动，他赞美裸体，宣称人的身体绝对不是普通或是可玷污的。惠特曼表示，"每个人都应该追求身体层面的快乐，对身体要有一种舒缓的柔和情感，最后在老年时保持长久的贞洁与平静的心态。这些组合成了某类人的必备元素。"

惠特曼从南方回来之后，乍一看，他似乎没有什么变化。"他跟之前没有什么区别，只是看上去老了一些，聪明了一些。"他的弟弟乔治这样说。

惠特曼在 15 岁的时候就已经发育成熟了，现在他 30 岁，头发与胡子都很茂密了。他继续与父母住在一起，每当拿到薪水，他都会马上支付房租。在 1850 年到 1851 年间，他产生了要在布鲁克林创办一份名为《自由民》周报的想法。他的政治主张从早期的民主党，慢慢转向支持"自由土地、自由言论、自由劳动与自由人"的党派，这个党派就是后来形成的共和党。①

"我认为，就是在这些年里，"惠特曼的弟弟乔治说，"惠特曼产生了要发表演说的念头。他写了曾被我母亲称为是一大叠的演说稿。我们不知道他当时在写什么。与过去一样，他似乎没有什么异样。他习惯很晚才睡。早上起床之后，如果他有什么想法，就会创作几个小时——也许，在这一天剩余的时间

---

① 出自《媒体之音》，1850年在纽约出版，这是一本由印刷工人与记者投稿而集结成的书，书中包括了惠特曼创作的《坟墓花开》。在"投稿人名单"里，就特别简短地谈到了沃尔特·惠特曼："惠特曼先生是一位坚定支持激进民主党的政治活动人士，最近在布鲁克林创办了《自由民》周报，宣扬他所信仰的'自由土地'以及其他改革的政策。"

里，他都不会再去写作了。当时我们其他人都去外面工作，只有沃尔特依然在家里思考着什么。"关于演说的活动，惠特曼在之后的人生里经常会参加，直到他去世。在这一时期，惠特曼的演说频率并不高，但是演说活动似乎给他带来了一个可以找寻志同道合之人的机会。关于惠特曼的演说，最早的记录是在1851年3月31日他在布鲁克林艺术联盟的演说。这篇演说后来刊登在1851年4月3日出版的布鲁克林《每日广告报》上。这篇演说只有部分内容收录在《散文集》里。惠特曼在演说中的第一段就非常有趣，因为这段话所谈论的内容显然脱离了当时美国民众关切的现实问题。

对我们这些美国人来说，绝大多数人都是以金钱利益来衡量事物的——很多人都想获得更多的东西，而很少想过去好好享受他们已经得到的东西——从某种意义上来说，这是对物质的需求远远大于智慧层面上的需求。他们根本没有想过要去追求所谓的理想事物。对一个国家来说，蒸汽引擎的发明绝对不是一个坏的象征。因为蒸汽引擎能够帮助我们更好地工作，让我们以更高的效率去做之前的事情。但是，我们应该去追求比衣服、餐桌、商业或是政治更加美好的目标。

几百年前，一个懒惰的波斯人写下了几首诗歌，他后来收到了一个相信节约才能过好人生之人的引导。"你这样过有什么意义呢？"那个目空一切的人说道。诗人转过身，摘下一朵玫瑰花，说："那这朵玫瑰花的存在又有什么意义呢？""这朵玫瑰花很美啊，散发出香气。"目空一切的人回答说。"那我存在的意义，"这位诗人回答说，"就是好好地欣赏这朵玫瑰花的美感，闻到它所散发出来的香气啊。"

艺术作品以及所有真正的艺术家的光荣使命，就是将一切阻碍人们感受美感或是培养观察美好事物的能力的东西全部扫除掉，让人们感受到世界的真善美。

在描述了一番上帝的创造之后，他在演说中接着说：

当上帝在地球上创造完了之后，他所创造的事物都是充满美感的。比如，现在已经是春天了，阳光照在这片古老而年轻的大地上，让这个地球的血液仿佛都流动起来了，让复苏的树木开始慢慢地生长，让花朵慢慢地长出花蕾。整个地球没有失去任何一丝美感。在地球的胸怀里，经历了难以计数的世纪之后，依然保持它一开始的年轻活力。地球所展现出的这种活力，就是造物主所说的善意。真正的艺术家必须充分感受且运用这样的善意。每个人都有成为艺术家的能力，这是一个充满美感的真理。也许，即便是最伟大的艺术家，在度过了辉煌的创作期后死去，世人也会忽略他们曾拥有的。但是，当后世人看到那些壮观的宫殿，看到里面各种精美的雕塑与充满美感的画作，感受着过去那些伟大艺术家的心血与付出的时候，谁能够平复内心澎湃的激情与涌动呢？难道这样一个事实会让你们萌发出悲伤的情感吗？是的，这的确会给我们带来一种悲伤的情感。因为对于那些过着奢侈豪华生活的国王来说，这些东西都被他们视为理所当然，认为他们天生就应该拥有这样的东西。可以说，在古代的帝王中，没有一个人能够真正感受到这些宫殿与画作的美感与荣耀！

关于艺术家，我要说的是，历史已经赋予你们光荣的使命："勇敢地前往世界各地吧，宣扬美感的价值吧！"完美的人其实就代表完美的艺术家，反之亦然。因为当我们对自然与艺术之间进行了太多的讨论之后，要是将这两者仍然视为两个不同的事物，那这就是一个荒唐的错误。卢梭本人一开始就是以错误的思想去观察自然的，但是他最后获得的是对自然的赞美以及对艺术愚蠢的嘲讽。

惠特曼在演说中表达着自己的想法，当然这段话是没有任何历史依据可以证明是惠特曼说的。这段话的大致内容是说卢梭在临死前说的一些话，这与惠特曼所要表达的思想惊人的相似。通过虚构卢梭在临死前的场景，惠特曼希望听众能够对古希腊艺术中的死神形象进行一番思考。之后，惠特曼在演说中对古希腊生活充满高尚的艺术尊严进行了一番赞美。当然，惠特曼引用的论据，是他"在之前一个晚上在附近一个城市听到的演说内容"。人的完美理想与1851年普通的美国人的对比引发了惠特曼写出这样充满讽刺精神的文字。这也表明1840年那位戴着高顶帽子、别着襟花与1855年穿着法兰绒衬衫、塞入裤子的惠特曼有很大的区别。

此时的惠特曼穿着由裁缝专门定制的时尚衣服，高跟的靴子，和可以盖住踝关节的裤子，展现出不同以往的形象。他穿的衬衫有很大的袖口，外套则有厚厚的硬领——他经常穿着专门定制的外套，参加一些舞会。他的衬衫衣领总是翘出来，给人一种仿佛可怕的敌人就要到来的感觉。这些就是当时比较流行的衬衫领，就像勇敢的哥伦布那样，敢于去追寻未知的世界。除此之外，他一般都会戴着一顶时尚的帽子，这使他给别人一种尚未说话，就可以感受到他是怎样的人的感觉。我们的确可以让雕刻家为他塑造这样的形象。

最后，惠特曼在演说中表示，真正英雄的行为展现了"艺术家精神的最高境界"。

年轻的艺术家，不要过分谈论那些只会绘画或是雕刻的过去艺术家。你们不要单纯研究他们的作品。还有一种更为崇高且美好的东西是他们去追求的，这能够点燃他们内心的火焰，让他们去追求最为崇高且纯粹的艺术。这是一种代表行动、美德与英雄主义的情感，让人不惧怕任何困难，抱有一种为艺术殉道的勇气。在人类历史上，不少伟大的艺术家都曾有过光辉的榜样。他们做出许多大无畏的牺牲，表现出忠诚与坚毅的品格。我们可以去阅读一下苏格拉底去世时的表现，就会发现这样的精神要比苏格拉底展现出来的人格更加伟大。你们可以阅读一下讲述奴隶如何反抗奴隶主的故事——了解受压迫的人如何起来反抗那些君主的暴政。在人类历史上，从来不缺乏这些为追求正义而献身的人！

在那片充满阳光的半岛上，艺术的发展从古希腊萌发，在经过数十代人的努力之后，焕发了全新的生命。现在，我们甚至能看到这样的艺术发展可以为普通人所感知，让他们懂得欣赏与热爱美感。在那不勒斯、罗马、威尼斯等地方，对自由的热爱始终都是一位真正意义上的艺术家必须要坚守的一个元素，要是没有这样的追求，那么他的任何创作必有缺陷，也必然会让人感到困惑。无法用言语解释的命运其实已经说明了这点。死去的人已经埋在坟墓里，但是他们生前表现出来的巨大热情与追求美感的决心却不会随着他们躯体的腐烂而消失：

这些年轻人的尸体，

那些在绞刑架上殉道的人，

那些曾被无数次刺穿心灵的人，

他们看上去是那么的冷漠与动弹不得，

却在另一个世界展现出永不消逝的活力。

哦，国王，他们的生命在其他年轻人身上延续下来，

他们再次与其他准备反叛你们的年轻人在一起。

他们因为死亡而变得更加神圣，

他们得到了更好的教育与提升。

真正给予他们力量的，

不是这些被屠杀者的坟墓，

而是他们所播下的自由种子。

自由的种子已经发芽，

当风吹过之后，将会带着更多种子在其他地方发芽。

接着，天下了雨，

滋润着这些种子。

任何专制的武器都无法抵抗

这样无所畏惧的精神。

这样的自由种子将会在这个世界上

生长出挺拔的参天大树，

低声向世人诉说自由的可贵。

　　我在此可以总结一点，倘若没有真正自由的思想，就没有真正的艺术家——因此，自由能够让艺术家获得更多的创作空间，让他们更好地发挥自己的想象力与才华去进行创作。只有在这样的前提下，艺术才能变成一种高尚且完美的作品。

　　当时，惠特曼对成为演说家是那样充满激情，因为他认为演说可以通过更直接的方式来表达自己的思想。但是，他之后却没有选择往这条路继续前行。他一直对工作只是为了谋生的念头持一种冷漠的态度，但现实的压力迫使他不得不从事他父亲当年的工作。此时，他父亲已经是一个年过六旬的老人，依然有着一双让人看不透的眼睛。他开始在布鲁克林郊区那一片迅速发展起来的地方建造与销售一些小型的木制房屋。约翰·巴勒斯告诉我，他没有看过惠特曼到底在操作锯子与锤头方面熟练到成为一个合格的木匠。不管怎样，惠特曼还是在这一行干了三四年左右，直到他有了更好的工作。当时的环境让建造房子成了一项有利可图的生意，他的弟弟们都认为惠特曼现在终于等到机会了。但很多时候，当惠特曼在干木匠活的时候，脑海里却思考着自己的诗歌。他无法将体力劳动与精神层面上的思考很好地结合起来。因此，惠特曼进行一番深思熟虑后，他认为继续从事木匠的工作已经不再适合自己。他的全新想法就是创作一本能够表现出自己与这个国家精神的书。他会将自己之前所体验到的一切都写入这本书，将他度过的轻狂岁月都写进去，将自己的得失成败也都写进去，让这本书充满更多的生命活力，让这本书变成一本关注人内心的作品。

白天工作的时候，他脑海里总是思索着如何创作这本书。当他手里拿着饭盒吃饭的时候，口袋里却始终放着爱默生写的一篇文章，利用午休去阅读。但是，他对创造出一种全新的诗歌体裁并不感兴趣，正如他对自己经历的很多事情都不感兴趣一样。惠特曼是一个喜欢舒适、快乐且自由生活的人，因此这个喜欢读书的木匠认为布鲁克林这座城市所颁布的法令是非常糟糕的。1854年，他在一封写给市议会与市长的信件里，就以一个应该更为自由的市政府来反对周日的各种限制。这封信不仅在表达的思想方面极为深刻，而且还表明了许多代表常识重要性的管理思想，直到今天依然有其意义。这封信的部分节选内容如下：

在周日这一天，关闭城市铁路的做法，给普通百姓的交通出行带来了严重不便。事实证明，民众在周日的出行最为频繁，但是布鲁克林市政府所执行的这些死板的行政命令却给市民的生活带来了很多麻烦，因为很多公共设施、车站、雪茄商店、面包店、糖果店、饭馆以及其他地方都关门了。事实上，周日根本没有什么特殊的意义。在这一天关闭火车站，会给很多家庭带来诸多不便，特别是从布鲁克林东部、威廉斯堡、格林波特、布伦维克、新布鲁克林、贝德福德以及格林伍德等地想要过来的民众。这样的停运措施根本无法带来任何正面的意义。但是，在这些糟糕的行政命令背后隐藏着更深层次的东西，这些限制只是美国市政府发布的很多糟糕行政命令中的一项而已，这背后代表市政府根本没有顾及与关心民众……

肤浅之人对某些事情充满热情，这让他们在某些禁忌所控制的范围去追求所谓的特殊价值，这是我们在许多房子与大街上都能够见到的一种柔弱的罪恶行为。呜呼，先生们，文明世界已经被这样的禁令控制了数百年之久。我们并不需要这样的禁令。我们真正需要的，是一些精力充沛、具有理智且务实精神的诚实之人去负责这些事情。真正能够代表安息日这天所传递出来的高尚且纯洁意义的人，都是目前进行着各项深刻改革的人，他们并不是一群自以为是的人，不认为通过罚款或是关押一些违反禁令的人就能实现这样的目标。相反，真正代表这种纯洁且高尚精神的人，都是那些拥护改革与追求最大限度理性自由的人。因为，真正的自由精神具有一种充满生命力的防腐能量，这能够不断增强我们趋向善意的一面，让我们规避那些所谓的恶意。

现在，市政府与州政府都想要通过这样所谓的禁令，命令民众应该在什么时间做什么样的事情，想要成为民众的保姆，强迫他们去做我在上面提到的那些事情。这会让民众在出行与日常生活方面受到极大的限制，让他们无法更好地利用一周七天时间的每一天。这会让他们感到自身的自由受到了限制。因此，这样的禁令无疑会让人们变成非常可怜的人——在这些问题上，美国民众应该要求各级政府都尊重他们的意愿，而不是让民众遵循政府的意愿。每个公民都必须拥有自由活动的空间，而这些空间是不能因为政府的禁令而受到限制的。每个公民都必须学会成为一个勇敢且冷静的人，更多地依靠自身理性的限制，而不是依靠法律、城市规定或是警察的规定。只有当我们每个人都拥有这样的情感，才能造就充满活力的男性与优秀的女性。才会让我们这座城市拥有更多具有高尚且鲜明品格的男女，让他们的铁路交通更加顺畅，让轮船自由航行，让报纸与书籍的出版自由不受政府的干预……

先生，我对你们怀着深厚的敬意，希望在这方面提醒你们，也希望你们能够提醒其他人，包括那些想要成为你们的继任者的人，或是任何担任重要或是次要官职的人，都必须要遵守这个共和国的立国之本，那就是人人生而平等的基本原则，从而以更多的善意、更为纯洁的动机与更为周全的方式去管理好城市的事务。只有当我们的政府作出这样的姿态，我与布鲁克林市的其他纳税人才会发自内心地支持政府开展的相关工作。

我们认为，这座城市绝大多数人的利益或是他们的生活与财富都应该得到保障，而绝对不应该成为某些党团或是利益集团内部斗争的牺牲品……我从未认为那些在首都华盛顿或是阿尔巴尼的政客做出的行为有多么重要，真正重要的是我们在布鲁克林地区的民众必须要发出自己的呼声，表达出强大的民意，这才是最重要的。可以说，没有比我们将布鲁克林打造成一座更自由且让人骄傲的美国城市，更能充分展现出美国这个国家的伟大理想了。我国绝大多数的城市都有不少的居民，他们过着比较富足的生活，都是有上进心的人。这些城市的街道、大厦与市民的房子都非常美丽。但是，这些城市本身具有怎样的品格呢？大力鼓励贸易与商业的发展，这是值得赞扬的，但是我们同样应该鼓励那些投身政治领域的人要具有更高的视野与风度，而不是那些浮于事或是喜欢勾心斗角的人。

布鲁克林这座城市的规模、市民数量以及城市面貌都是值得赞扬的，但是这座城市或是这座城市每个社区的持久荣耀，却取决于每个生活在这座城市的人所具有的品格与道德水平。倘若我们回顾历史，就会发现在古代，一个只有数千人的城市都可以在历史上青史留名。真正让这些小城市青史留名的，并不是这些小城市的居民人数，不是他们的建筑有多么的辉煌，而是因为古代的这些小城市展现出了一种自由且开放的民主精神。虽然这些小城市的人数可能不及我们这座城市的三分之一，但是他们却可以与许多强大的帝国相提并论，并且在人类的文学历史上永垂不朽，受到后世人的尊重。

接着，惠特曼继续对布鲁克林这座城市进行了一番热情洋溢的描述，谈到了要是这座城市每个市民都能展现出恰当的市民骄傲，那么这座城市的发展潜力将难以估量。惠特曼在这封信的结尾处，进行了一番比较典型的描述：

综上所述，打造一座城市的品格以及提升市民的品格，归根到底还是源于每个市民自身的努力。从严格意义上来说，当这些时机成熟，这样的事情自然而然会出现。也许，市民们也根本没有权利去抱怨自身的活动受到了限制、欺骗或是承受过高的赋税，因为他们手上就有解决这些问题的良方。只有当他们每个人都切实认识到这点，才能更好地解决这个问题。我做出这样的表态，绝对不是要奉承任何人。不过，我必须要说，

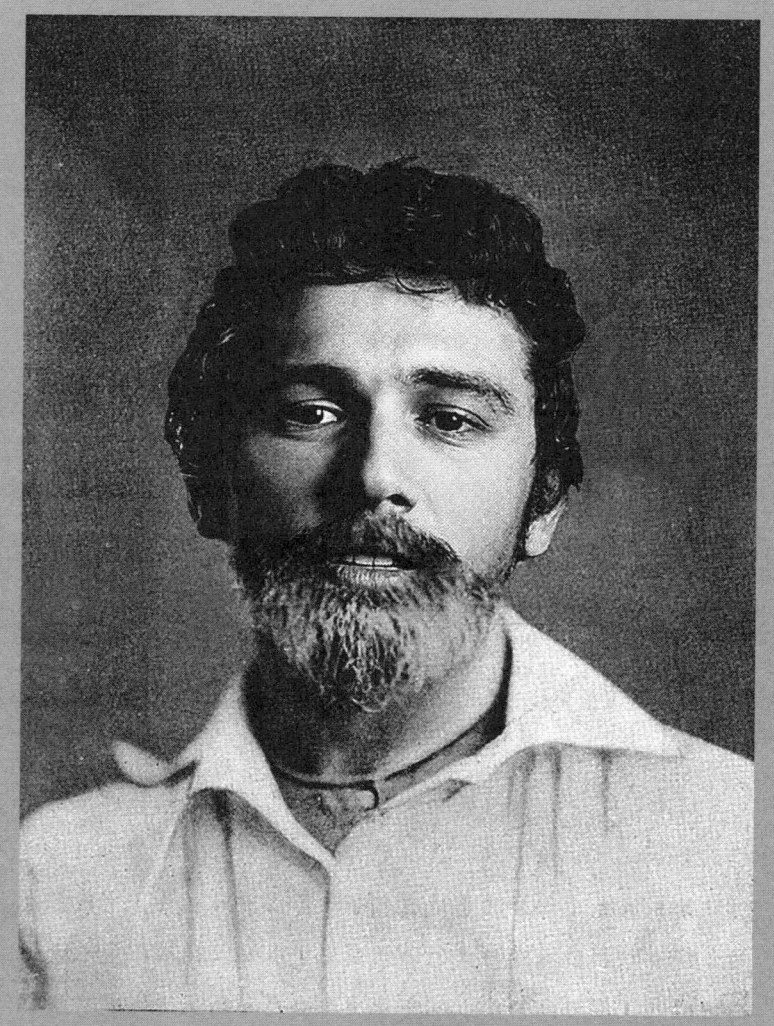

惠特曼

市民对政府官员的信任与信赖，这些都是我们这个国家国民品格中高尚的一面。

据我所知，这是惠特曼在当年 7 月出版《草叶集》之前写的最后一篇署名文章。在这封信里，惠特曼赞美了每个个体所具有的崇高价值与存在的意义，可以算是他过去多年来漫游生活的一个思想总结了。当年在《长岛日报》担任编辑，充满孩子气且打扮得像花花公子的人，充满了强烈的精神追求，充满了无限的生命活力，现在终于变成一个性情安静、脚步缓慢、头发灰白的工人了。自他第一次为《民主评论》撰稿到现在，已经过去了十几年的时间。当年同期与他发表文章的还有惠蒂尔、布莱恩特与朗费罗。这些作家加上霍桑、罗威尔以及 19 世纪 40 年代的其他杂志撰稿人，他们已经慢慢成为具有公众影响力的人。此时的惠特曼却早已经被大众遗忘。这个时候涌现出很多新杂志，比如《哈帕杂志》成立于 1850 年，《帕特南杂志》成立于 1853 年，这些杂志都在培养新一代的作家。

关于美国在 19 世纪 40 年代至 50 年代所出现的那种躁动不安的思想发酵运动，惠特曼其实没有做任何推波助澜的贡献，虽然他从这样的思想运动中获益良多。无论是人们对宗教领域、智慧领域、社会领域还是经济领域的观念，都受到这股来自于英国思潮的影响，这股思潮的代表人物有纽曼[1]、蒲塞[2]、卡莱尔、狄更

①纽曼（John Henry Newman, 1801—1890），英国神学家、诗人，罗马天主教枢机。代表作：《我为我的一生辩论》《大学的理想》等。
②蒲塞（Edward Bouverie Pusey, 1800—1882），英国神学家。

斯、金斯利①、科布登②以及布莱特③等人。这股思潮最主要的目标是要不断提升每个个体存在的价值。同样的情况也发生在美国，在这十来年的时间里，美国社会也出现了许多不同的思想改革运动。先验主义的核心思想是摆脱外在世界对人类身心的枷锁，从而更好地确立人作为主体的价值。先验主义思想的传播范围远远超过了其发源地康科德与剑桥。与此同时，共产主义与社会主义等思潮也在慢慢流行起来，废奴主义与至善论的思潮也得到了进一步的推广。爱默生与罗威尔对先验主义思想以及当时其他形形色色的思潮进行了一番睿智的总结，说"这是40年代的激进主义"。当时，布里斯班④与格里利⑤都是宣扬傅立叶主义的坚定推广者。诸如霍桑、雷普利⑥与柯蒂斯⑦等才华横溢的人则选择在布

---

①金斯利（Charles Kingsley, 1819—1875），英国文学家、学者和神学家。代表作：《水孩子》等。

②科布登（Richard Cobden, 1804—1865），英国制造商、贸易商、政治家和作家。

③布莱特（John Bright, 1811—1889），英国贵格会成员、演说家、政治家，主张自由贸易政策。

④布里斯班（Albert Brisbane, 1809—1890），美国空想社会主义者、作家。代表作：《人的社会命运》《金钱哲学》等。

⑤格里利（Horace Greeley, 1811—1872），美国著名报人，编辑。《纽约论坛报》的创办者。自由共和党的资助人之一，政治改革家。1840年到1870年论坛报在其主持下取得巨大成功，成为美国新闻史早期著名的"三大便士报"之一。

⑥雷普利（George Ripley, 1802—1880），美国社会改革家、记者。

⑦柯蒂斯（George William Curtis, 1824—1892），美国作家、公众演说家，共和党人。

鲁克农场① 过着隐居的生活。很多"新思潮的门徒"，包括惠特曼本人，也深受这些思想的影响。"一些人选择出国，到欧洲那边生活，之后就没有什么音讯了。还有一些人继续留在家里，也没有取得什么突出的成就。还有一些人则与上述两种人相反，他们依然为了自己的目标付出艰辛的努力，不断地奋斗。一些人浑浑噩噩地过着缺乏道德的生活，从不思考自己的人生激情是如何慢慢退去的，也从不思考放纵激情可能带来的罪恶行径。因此，在所有这些思潮尘埃落定之前，要想评判谁的追求是具有英雄色彩的，是比较困难的一件事。我能够想象到，那些深受这个时期思潮影响的人，肯定都想知道生活中最恶劣的一面，且知道后还愿意为他们的认知付出沉重的代价，而他们的同辈也付出了更大的代价……一些人消失了，直到今天也无法追寻。相比于当时各种思潮的狂热分子，真正能够坚持自己最初梦想的人寥寥无几。因为，这些人往往都承受着巨大的压力。普通人会将他们说成是神经病，教会则会将他们说成是无法获得救赎的人②。"

还没等惠特曼放下手中的木匠工具，反对先验主义思想——美

①布鲁克农场（Brook Farm），1841年在美国马萨诸塞州西罗克斯伯里（West Roxbury）建立的合作公社，全称为布鲁克农业和教育协会农场。布鲁克农场是1900年之前美国最著名的社会主义实验产物，目的在于实践一种文学和哲学理论，即超越主义。布鲁克农场的主要发起人是一神教牧师乔治·雷普利，支持者包括纳撒尼尔·霍桑、玛格丽特·富勒及查尔斯·安德森·达纳等知识分子。因缺乏资金，公社于1847年解散。

②托马斯·温特沃斯·希金森在1904年1月出版的《大西洋月刊》上这样写道："这是先验主义思想全盛时期的阳光一面。"现在，这篇文章收录在《一个人的部分人生》一书里。

国国内对来自英国与德国浪漫主义思想的回潮——就开始了。这两股思潮的运动与发展都可以追溯到3个与惠特曼同年出生的年轻人。这3个年轻人都生于1819年。其中一个年轻人是W. W. 斯托里①，他在23岁时结婚，在接下来的6年时间里担任律师，还写了几本畅销的法律书籍。之后，他突然放弃这个充满前途的职业，在没有进行什么准备训练的情况下，于1847年乘船前往意大利，想要成为一名艺术家。当然，他后来成了一名艺术家，但却是一名身居他乡的艺术家。另外一个年轻人则是查尔斯·A. 达纳②，在1841年的时候，他在布鲁克农场过着隐居的劳动生活，当时还会为玛格丽特·富勒③女士主编的《日晷》杂志撰稿。但在1847年，他与当年一起在布鲁克农场生活的朋友雷普利一道，一起创办了《纽约先锋报》。第三个年轻人则是詹姆斯·罗素·罗威尔，他同样生于1819年。在沃尔特·惠特曼购买打印设备、准备创办《长岛日报》的时候，他的爱情正遭受挫折，甚至想要以自杀来结束自己的生命。但在接下来的15年时间里，罗威尔却安然度过了许多人生的风浪，创作了许多广受欢迎的诗歌，渐渐对那些所谓的社会改革家失去了热情，后来在哈佛大学担任教授一职。

　　若是从智慧热情与才华本身来看，这3位与惠特曼同年出生

①W. W.斯托里（William Wetmore Story，1819—1895），美国雕塑家、艺术评论家、诗人和编辑。

②查尔斯·A.达纳（Charles Anderson Dana，1819—1897），美国记者、作家、编辑和政治家。

③玛格丽特·富勒（Sarah Margaret Fuller Ossoli，1810—1850），美国记者、文化批判家、超验主义运动者、女权社会活动家，俗称"玛格丽特·富勒"。代表作：《夏日湖区》《十九世纪的妇女》等。

的年轻人都超过了沃尔特·惠特曼。在 36 岁的时候，他们对先验主义思想的热情都慢慢消退了，各自拥有比较明确的人生事业。但是，惠特曼在这个时候却依然像一个顽固的孩子，似乎仍在无限期地延长他的童年光阴。与英国作家萨克雷一样，在 36 岁的时候，他似乎仍然是"生命的爱抚者"。在这个时候，他已经被很多同辈的年轻人超越了。但是，一个更加深刻的事实却是，惠特曼从来没有想过要与任何其他人进行竞争，从来没有想过去追求什么物质层面上的奖励。他仍然在探寻。对于惠特曼这位浪漫主义者来说。在找寻到任何神奇的"蓝花"之后，他的内心都会产生要去追寻"更加美好且完美的事物"的感想。当然，他也发现自己错过了一些完美的事物。在他选择踏足的这条人生道路上，他遇到了许多美好与邪恶的东西。但是，他依然保持健全且理智的品格，不再变得那么敏感或是简朴。他仍然怀着平静的心态去接受美好与邪恶，仍然像仁慈的母亲那样怀抱这些东西。可以说，惠特曼身上展现出一种母性，也展现出一种强烈的男性气概。要想真正了解惠特曼的人生体验以及他所沉思的事情，就必须要看到他的那些先验主义同辈们都慢慢失去热情，看似将他甩在身后的时候，惠特曼的一些做法。因此，我们必须要将目光转向他的作品《草叶集》。

第三章
《草叶集》

就像一种类型的字体，诗歌也必须要立足于本土化，与美国的当代社会与民主机构的精神相一致。

——沃尔特·惠特曼在 1888 年为《纽约先驱者报》撰写的一篇文章里的内容

是的，沃尔特·惠特曼经常跟我谈论他的一些作品。我会跟他说："我不知道你想要通过这些作品取得什么样的成就！"每次我得到他的回复之后，我的内心依然充满了这样的困惑。世界上很多著名文人都在文学领域有各自的代表作。惠特曼应该也想拥有属于自己的代表作。他的目标就是要将真实的人写入一本书里。因为，这样的创作是之前的任何作家都没有做过的。

——皮特·道尔① 在 1895 年出版的《电车司机与铁路人》里的节选片段

---

① 皮特·道尔（Peter Doyle），与惠特曼保持长年亲密关系的男性朋友。

每一页内容都饱含真实且深刻的意义，却又像山丘那样平静沉稳。阅读这本书就像欣赏大自然美丽的景色，让你可以欣赏美丽的花朵、青绿的叶子。你会感受到这些叶子在微风的吹拂下，发出充满怜悯心的沙沙声，这样的沙沙声会在你的脑海里永远存在。在阅读这本书的时候，你仿佛能够感受到臭菘在春天里茁壮生长。要是当我路过一处神圣的地方，我绝对不会因为臭菘发出的气味而心生任何不悦，因为你能够在一阵大风吹袭之后，感受到一种永恒的念想。在一个局部的世界里，你会在什么时候才能感受到上帝的存在呢？我很快就会将这棵植物移植到波利尼西亚，或是将其视为紫罗兰植到天国。

——梭罗 1850 年的日记，1906 年出版

1855 年春天，惠特曼放下了手中的锯与锤子，开始创作《草叶集》。当时，他使用在克兰伯里与富尔顿大街街角的安德鲁与詹姆斯·罗马的印刷工具。他的第一份手稿可能是在戏院、渡船、马车或是他认为方便进行创作的地方写成的，但他对这份手稿进行了修改与润色。正如他后来告诉他的朋友巴克博士[①]的——他修改手稿的次数不下五次。惠特曼在《典型的日子》里这样写道："我在修改的过程中，为了删除一些诗意过分浓重的部分，耗费了巨大的心力，但最后还是取得了成功。"

[①]巴克博士（Richard Maurice Bucke, 1837—1902），加拿大著名精神病学家。因爱好诗歌，并被《草叶集》吸引，后来与惠特曼成为朋友。除了专业著作外，他还出版了三部非专业代表作：《人的道德本质》《沃尔特·惠特曼》《宇宙意识：论人类思维的进化》等。

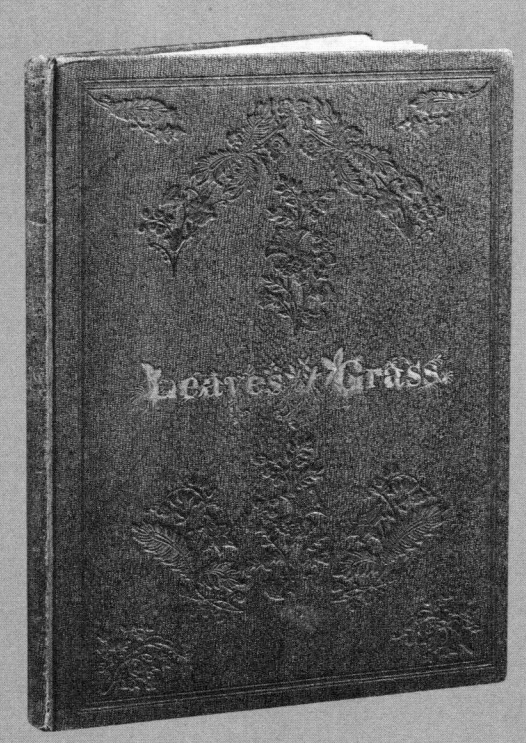

《草叶集》1855 年首版封面

因此，我们可以肯定地说，《草叶集》绝对不是惠特曼心血来潮之作。这是他多年来的人生经历与个人思考慢慢形成的思想结晶。关于惠特曼有意识要创作这本书的想法，最为明确的证据可以在《回首往事》这篇文章里看到：

作为一个年轻人，在追求个人梦想与付出努力之后，想要在政治、商业或是文学领域内有所成就——加入这场参与者众多的混战——不仅为了胜利者可以获得的奖赏，还能做出一些有意义的成就——在对这些目标进行多年的追求之后，我发现自己在31岁到33岁时，依然保持着冷静的心态，依然怀着一种强烈的信念与决心。或者准确地说，我有一种要梳理过去生活的点点滴滴的想法，或是思考一些最不明确的目标，然后慢慢让这些目标浮上水面，然后再明确目标，尽自己最大的努力去实现这个目标。这样的情感与目标可以通过文学或是诗歌的形式来清晰且忠诚地表现出来。当时，我的身体能量、情感能量、道德能量、智慧能量以及审美个性都在进行着权衡，对当时的那个时代以及美国的现状进行思考——我想要探寻人性，以一种比现有的诗歌形式或是任何书籍更真诚且全面的方式去展现出人的特性[1]。

上面这段话会让读者们想到卢梭的《忏悔录》里那段著名的开场白。事实上，惠特曼并不喜欢卢梭的这本书，虽然他对卢梭

---

[1] 出自《草叶集》。

本人有着深厚的敬意。但是，我们根本没有理由去猜测惠特曼会有意识地选择模仿某位文学作家的写作风格。至少在美国的文学领域里，这是一片从来没有人开拓过的处女地，他怀着要成为先驱者的精神勇敢地开拓这片处女地。

"写一本讲述全新内容的书。"这是这个时期的惠特曼在日记本里所写的一句话。除此之外，惠特曼还在日记里这样写道："在书中不要引述任何人的话，不要提及任何其他作家的名字。""不，我绝对不会选择描述女士们喜欢的麻雀，不会模仿卡图卢斯 ①，也绝对不会模仿奥维德 ②的写作风格——我更不会像阿克那里翁 ③那样去创作爱情诗歌。我更不会像荷马那样去创作史诗，也不会像塔索 ④那样描述有关耶路撒冷被围困的故事——我不会模仿……不会模仿……莎士比亚的写作风格！那些著名作家所描述的文学主题与美国当代社会有什么关系呢？或者说，那些作家的作品除了给我们带来一种充满美感的研究或是念想之外，还能给我们带来什么实质性的影响吗？当然，那些伟大作家的作品都是极为杰

---

①卡图卢斯（Gaius Valerius Catullus，约前87—前54），古罗马诗人，生于山南高卢的维罗纳。现在所有卡图卢斯的诗歌版本均源自14世纪在维罗纳发现的抄本。他继承了萨福的抒情诗传统，对后世诗人如波特拉克、莎士比亚等产生了深远的影响。

②奥维德（Ovid，前43—前17），古罗马诗人，与贺拉斯、卡图卢斯和维吉尔齐名。代表作：《变形记》《爱的艺术》和《爱情三论》等。

③阿克那里翁（Anacreon，前520—前485），希腊著名诗人，以饮酒诗与哀歌闻名。

④塔索（Torquato Tasso，1544—1595），意大利诗人，代表作：《里纳尔多》《阿敏塔》《被解放的耶路撒冷》等。他的作品对欧洲文学产生了重要的影响。

出的，但是他们的作品就是属于他们的作品——我知道他们的作品都有所不同——我不敢说我会创作出比他们更好的作品——但是，我的目标是要创作出永垂不朽的作品——美国！一种代表着生命活力、更为包容且更加具有男人气概的品格——描述完美的女性——将男性女性的优秀特点表现出来，并且对此大力讴歌赞美。莎士比亚与沃尔特·斯科特在刻画形象与记录方面都是高手——正如在他们之前，荷马是人类历史上最伟大的文字记录者。所有这些伟大的作家都懂得如何去刻画人物形象与品格，如何记录事情，他们都是各自领域的大师。我同样希望自己能够成为自己所创作的文学作品的大师，创作出充满情感的诗歌，赞美自由精神的诗歌以及展现出人类真实个性的作品——歌唱民主与新世界的美好。①"

　　要是我们将沃尔特·惠特曼在日记中写的上面这段话视为"夸夸其谈"，那就是一种错误的解读。正如华兹华斯那样，惠特曼对这件事是充满严肃认真的态度的。这样的想法必然会让惠特曼偶尔露出微笑，让他怀着足够强烈的幽默感去进行关于自我主义的危险这篇文章的创作。(在 1845 年 3 月出版的《格拉汉姆杂志》上)："参看上面的内容，要保持警惕。"但是，惠特曼深刻意识到华兹华斯作为诗人所感受到的那种对自身想法自视甚高的念头所带来的危险，然而他与华兹华斯一样，都将精力投入到了对诗性风格理论的研究之上。他于 19 世纪 50 年代早期所写的一篇《创

---

① 巴克博士在日记里写道："这段话应该是在沃尔特·惠特曼在1850年之前写的。"

作的法则》一文里，就这样写道："要追求一种如同平板玻璃那样绝对透明的写作风格，让读者看不到任何艺术雕琢的痕迹，不需要人为地进行修饰，或是有试图修饰的痕迹……不要引述古代或是经典著作的内容……不要引述欧洲皇家或是贵族机构的事例。除了与当代美国国民品格以及利益相关的事情之外，不应该涉及其他事情。只要认为是合适的，就应该使用美国的成语与句子——展现出美国气质，或是使用粗俗话语都没有关系。"在他日后所写的一篇文章里也谈到了相似的观点："绝对不能在作品中使用任何修饰性的明喻——一个都不能用；必须要展现出完美透明的理智与健康特性——这就是神性的写作风格——假如这样的写作风格是可以实现的话。"

关于创作的原创性与古怪性，惠特曼这样写道："所谓的原创性，必须要将精神与表现形式以一种全新的方式结合起来，表达出全新的意义、伟大性以及和谐性，而且这样的方式在之前都不会被视为伟大的创作。表达的方式必须要避免使用任何夸大其词、炫目或是修饰性的东西——作者必须要怀着严谨之心将所有那些古怪的联想都清除掉。"在谈到他阅读我相的诗集时，惠特曼这样告诫自己："绝对不能陷入我相式的写作风格。"当他从对单纯的外在写作风格进行的讨论转移到对心理层面基础的分析之后，他就不再是一个看上去很有趣的人了，而是一个非常严肃的人。在谈到自己之后的创作时，他说："最好的诗歌都有一个最为简单的特点，那就是表现出最完美的美感——这会让我们的耳朵、大脑、心灵都感受到美感，让我们感受到某个时间与地方的美感。"

最后，在读到惠特曼为《草叶集》所写的一些准备性笔记时，我们可以看到爱默生于 1837 年在《美国学者》发表的一篇著名文章里的影子。这篇文章的开场白是这样的：

你必须明白，在你写作的时候，扪心自问，你所写下的任何内容都是你感兴趣的。你必须要明白，你无法避免你的作品展现出任何邪恶或是肤浅的倾向。如果你在吃晚餐的时候，喜欢有仆人在身边伺候你，那么这样的想法就必然会出现在你的作品里。如果你对女性有着一种邪恶的念头，或是如果你怨恨什么事情，或是质疑永恒性的存在，那么这些念头都会在你的作品中流露出来，即使你在字面上没有这样写。在你的写作中，不存在任何欺骗读者与别人的技巧或是伎俩。你内心有怎样的念头，就必然会在作品中有所体现。

正是出于这种严谨的自我审查、对诗人的本性以及创作方法进行了长时间的思考之后，惠特曼才开始动笔创作《草叶集》。作为诗集，它有点像抒情诗集，但又比之前已经出现的那种批判性理论没有好多少或是坏多少。但是，这本诗集作为文学历史的一个记录，获得了许多尊严和意义。

《草叶集》的封面是非常独特的，是一本又长又薄的四开本，封面的背景是深绿色，上面装饰着一些花朵。在面封和底封都印有这本诗集的名字"草叶集"字样。这些字都有着镀金的颜色。幅面尺寸很大，足有 11 英寸 ×7 英寸（279.4 毫米 ×177.8 毫米）。在这本书的第 29 页，才出现对作者的介绍"沃尔特·惠特曼，

惠特曼，1854

美国人"。版权页上写着"沃尔特·惠特曼著"。当时，这本书的封面并没有写作者的名字，只是写"《草叶集》，纽约布鲁克林，1855年出版"等简单字眼。不过，在这个封面页之后，则是用钢凹版写上的作者的名字，这是 G. 哈里森[①]在1854年用银版照相法拍摄的。惠特曼肖像中比较著名的屈指可数，可这张肖像确是最为著名的一张。肖像中的惠特曼头戴黑色宽边软帽，身体的姿态表现得非常镇定。他的左手插入裤子口袋，右手则轻轻地放在腰部左右。他穿的法兰绒衬衫的顶部纽扣没有系紧，露出他明显的喉结。惠特曼的头部微微向左边倾斜，表现出一个处于沉思状态的英俊男人形象。他的目光非常锐利，充满情感，他的嘴巴似乎有很多话要说。脸上的发白胡子显然是精心修剪过的。如果说他是一个面容粗犷的人，那么这张肖像画显然可以否定这点。这张肖像画表明惠特曼穿着工人们常穿的衣服，法兰绒衬衫与宽边软帽显然与乔治·福克斯[②]的皮革裤子，或是托尔斯泰伯爵的农民服都具有符号意义。

在少数一些阅读第一版《草叶集》的人当中，几乎没有谁会认真阅读前言——大约以双栏形式出现的10页文字。不过，要是不去认真阅读这10页内容，就很难明白这本书的真正内涵。

---

①G.哈里森（Gabriel Harrison，1818—1902），美国摄影家、演员、剧作家、画家和作家。

②乔治·福克斯（George Fox，1624—1691），英国重要的反对国教派人士。普遍认为他是贵格会的创始人。他生活在一个社会剧变的时代，为了他不寻常和不妥协的基督教信仰，坚持与宗教和政治的舆论势力相抗衡。

在前言里，惠特曼耗费了很大篇幅来说明他对诗歌本质的看法。我们很难找到比他在前言里以更加强烈的情感谈论这个问题的文字了，虽然其中的一些观点显得并不是那么连续。这方面显然是受到了爱默生一些文章的影响。前言的核心内容是美国这个国家为那些伟大的诗人所提供的灵感。惠特曼表示，虽然过去的生活与一切都已经过去了，但美国不会排斥过去。在世界的民族之林里，只有美利坚民族能够展现出人类历史上前所未有的诗性。美国人的天才通过普通的民众得到了最为完美的展现，因此美国诗人必须要表现出美国民众的真实生活。美国诗人必须要热爱这个世界，热爱阳光与动物，鄙视为富不仁的人，帮助任何需要帮助的人，勇敢地对抗一切愚蠢且疯狂之人。他们必须要重新审视他们在学校、教会以及书籍里所学到的知识与教导，抛弃所有侮辱他们灵魂的东西。只有这样，他们自身的人生才能变成一首伟大的诗歌。他们才能真正与宇宙融为一体，感受到宇宙与人类之间的和谐性，他们才能站在展现个人品格的立场去看待创作。"艺术的艺术"是简朴的，就是用文学的语言去真实客观地表现动物与树木。因此，伟大的诗人必然要有一种不受前人局限且敢于开创的精神。他们能够认识到，自身的灵魂与外界的一切事物都是一样重要的，认识到科学与诗歌之间绝对不是一种相互冲突的关系，而是融洽共生的关系，认识到自然与超自然之间不存在任何冲突——一切事物都是神奇且充满神性的。他们必须要认识到，一般的自然法则都是让万物去追求幸福与快乐的。除此之外，诗人必须要拥护任何追求政治自由的人。他们必须认识到，美利坚共和国本身就是超越一切虚构小说与浪漫故事的存在这一事实。

只有真诚的描述以及退去一切文学手法的描述才能真实地记录这个国家。真正的诗人知道，真正伟大的作品，就在于将事物真正的灵魂保存下来。

除了埋葬自己的棺材钱之外，只剩下一点仅能维持日常生活的钱。居住在一个由护墙板垒砌的简陋屋子里，还要每年将一部分钱用于购买普通的衣服与食物，这就是很多普通美国人的生活。他们年复一年地为了赚钱而奔波劳累，夏天忍受着炎热的酷暑，冬天忍受着严寒刺骨的北风。但是，还有一些人则是通过残忍的欺骗手段或是阴险的伎俩来获取大量的财富，在一些人忍受着饥饿时，他们依然过着不知廉耻的奢侈生活……却失去了享受大地、鲜花、空气、海洋的美好和气味，错过了享受青年、中年时期遇到或打过交道的女人、男人的真实味道，随之而来的是在生命结束时丧失了崇高和天真，有的只是跟疾病和绝望的反抗，以及死亡那没有宁静和庄严的可怕的唠叨——这是对现代文明和远见卓识的极大亵渎……

因此，惠特曼在这方面的思考是比较谨慎的，他认识到最后的审判日不在遥远的未来，而在此时此地。他必须让自己的心灵"充分感受当前这个时代"。但不管怎么说，对任何诗歌的最终考验，都只能是这些诗歌所拥有的永恒性。一切创作出来的诗歌都只能代表一种开端，而绝非终点。创作出这些诗歌的人完成了自己的使命。在这之后每个进行创作的人都只能从他们所处的时代里、从真正的事物中找寻各自的灵感。英语——"这是一种能够激发英语系民族骄傲且忧郁情感的语言"——可以说是进行创作的最佳语言。那些根据其他诗歌浓缩起来的精神来进行创作的诗歌，很可能不用多久就会消失，但是这个国家民众的灵魂需要往前走一大步，才能感受到真正的诗人内心的灵魂。惠特曼在最后一句话谈到他对于自己无法获得认可这一事实时，没有表现出任何哀婉的情感："对一个诗人真正的考验，就是他的国民能够像他一样对这样的诗歌感同身受。"

惠特曼在这段语言流畅的序言里所写的一些段落，后来被重新塑造成"在蓝色的安大略湖畔"以及其他的诗歌。现在，这些诗歌出现在他的《散文集》里，却从来没有出现在之后几个版本的《草叶集》里。即便是上述比较简短的总结也能表现出惠特曼本人对这项艰巨任务表现出的巨大热情，展现了他希望成为这个国家一个具有代表性的诗人。无论他缺乏哪方面的能力，都不是因为他缺乏自信导致的。

惠特曼在《草叶集》这本诗集中的开场白非常有意思：

我要赞美自己，
我拥有的一切你也会拥有，
因为属于我的每一个原子，也同样属于你。
我优哉游闲地邀请我的灵魂，
弯腰闲看一片夏日草叶的美丽。

这些充满个人主义色彩却又有点让人摸不清头脑的句子，接下来足足占据了45页篇幅，或者说足足占据了这本诗集的一半内容，当然这是没有将前言部分包括在内的。与接下来的 11 篇简短的诗歌一样，都是没有标明任何诗歌名字的。事实上，《草叶集》这本诗集的名字在每六篇诗歌的题目上出现，剩下的六篇诗歌都仅仅是以一条装饰性的线条分割开来。但是，第一首比较长的诗歌——在第二个版本里的名称却是"美国诗人沃尔特·惠特曼的诗歌"。在《自己之歌》① 的第七个版本以及之后的版本里，都以那句看上去有点高傲的"我要赞美自己"等字眼开头。因为这些诗歌的主题都是关于一个名叫沃尔特·惠特曼的人——关于他的身体与灵魂，关于他脑海里所记忆的各种美感，关于他对世间男女充满激情的怜悯之心，关于他的好奇心以及他对永恒人性的思考。他将自己置身于这样的人类景象当中，有时会讲述自己，有时则会讲述别人：这些都变成了他所想象的视角。这些想象视角的主题可以是那些被追捕的奴隶，可以是那些锅炉工、士兵、水手与

---

① 《自己之歌》，此诗共52段，1300余行，是《草叶集》初版12首诗中的第一首。但当初没有标题，到第二版才标为《关于一个美国人——沃尔特·惠特曼》，第三版改为《沃尔特·惠特曼》，直到1881年出第七版时才确定为《自己之歌》。此诗作为《草叶集》的脊柱和缩影，它的产生背景就是《草叶集》的背景，其主题思想也就是《草叶集》的中心旨意，他要通过一个以自己为代表的"个性"来"最好地表现我自己的特殊的时代、环境、美国和民主"。从历史和民族的意义来说，那时是以爱默生为首的美国超验主义者正提倡解放个性，发现自己，作为一个国家则要确立本民族自己的独立人格，这就使的惠特曼本人的"我自己"与他的民族的"我自己"合二为一了。文学评论家詹姆斯·密勒认为，这首诗是"指引一切个人去发现他们的神圣自我的标志"，它"描写自我的觉醒和第一次意识到有血有肉地活着、看着、听着和感觉着的真正意义"。

牧师，等等。无论在任何地方，他都能感受到上帝的存在：在死神面前，他能够看到生命的轮回。他会在某个时刻里失去自我，感觉自己与云朵或是草地融为一体。他会立即产生一种自我沉醉或是沉醉于世界的感觉。他会大声叫喊起来，他会因为激动而说出语无伦次的话，有时则会说出充满祝福或是赞美的话语。赞美上帝，赞美永恒的上帝！与威廉·布莱克[①]一样，他也认为"在上帝眼中，一切事物都是美好的"。他绝对不会反驳布莱克得出的这个推论："人类的整体其实就代表着上帝。"对惠特曼来说，田野间看上去不起眼的草地像一种难以用语言描述的神秘所表现出来的象形符号，而这样的象形符号距离我们是如此之近。这些神秘所展现出来的方式，往往是通过与我们喜欢的事物之间的联系关系处于和谐状态实现的。在这样一种身体沉迷的状态，你会感到自己正在感受着与空中吹过的风、大地上的草叶以及棕黄色的泥土融为一体，而这些事物反过来又会激发你内心强烈的渴望，抚平你内心的伤痛。正如潮起潮落的海浪一样，世间的事物往往会以和谐统一的方式呈现出来，同时给你的个性带来强烈的冲击：在某个时刻，这些事物似乎都是拟人化的，在下一个时刻，男人与女人似乎都褪去了他们各自的人性，变成一种缺乏情感依附的肉身。从来没有比这更让人感到奇怪的泛神论了——这是一种可以根据个人意志来进行随时改变或是更改的念头。惠特曼的《自己之歌》就是一首充满许多性爱画面的诗歌，并且始终使用"我"

---

①威廉·布莱克（William Blake，1757—1827），英国诗人、画家，浪漫主义文学代表人物之一。代表作：《米尔顿》等。

这个代表第一人称的称谓来展现象征意义。也就是说，从真实的沃尔特·惠特曼到典型意义上的人类，都是使用"我"这个称谓来进行指代——因此，这会让那些描述性爱的意象给人一种惊人的品格。在这首诗歌里，人的身体其实是一丝不挂的。正是这种狂热的情感让世人忘却了一切常规或是所谓的体面世俗，他将这一切都抛在了脑后。虽然，他的这些诗歌会引起喜欢挑剔的评论家的反感。梭罗就曾说"这些诗歌仿佛是一只野兽在吼叫"——但是，梭罗的这句评论，无疑是将惠特曼诗歌将饱含那种充满原始生命活力的力量展现出来的一种赞许。对任何一个诗人来说，要想从肉体层面去展现出人类的精神，都是需要付出巨大心血与时间的。从一开始，惠特曼就没有想过这样的诗歌会取得成功，这不仅是因为这样的创作需要克服难以克服的困难，更是因为惠特曼是一名哲学家、预言家与诗人。因此，只有那些创作纯粹诗歌的诗人才能将精力完全投入其中。

在《自己之歌》这首诗歌之后，都是一些比较简短的诗歌，这些各自独立的诗歌主题与一开始所谈到的主题其实没什么区别。它们都展现出了人类经验的不同层面，表现出之前的诗歌已经刻画出的人格。从这个意义上来说，这些诗歌都具有某种结构性的统一。这些篇幅相对较短的诗歌会让它们更容易为读者所理解。比方说，《沉睡者》这首诗对于普通读者来说就很容易理解。这首诗歌描述了一位名叫杜伊斯菲尔德洛克的教授在塔楼上感受到的奇怪幻觉，这是借鉴了卡莱尔在 20 年前出版的《衣裳哲学》的写作手法。

事实上，在之前的十多年里，很多读者对多种类型的浪漫主义文学或是宣扬先验主义思想的作品已有所厌倦，因此他们对惠特曼在《草叶集》里表现出来的全新写作手法以及思想感到惊讶——撇去《草叶集》里一些裸体描写之外——诗集里所采用的古怪写作手法也让读者们觉得耳目一新。1855 年出版的四开本诗集，让惠特曼的诗句以一种充满尊严与力量感的形式呈现在读者面前，而这是之后几个版本的《草叶集》无法做到的。虽然，惠特曼在《草叶集》里的很多诗句显然都是一些散文化的句子，根本没有包括任何诗歌的形式，但这也无损读者的阅读兴趣。可以说，惠特曼在《草叶集》里根本没有按照任何韵律或是诗节的方式去做。每一首诗歌里也根本没有任何统一的韵律，虽然很多诗句都会有一些固定的韵律节奏。当惠特曼在饱含情感创作散文或是诗歌时，肯定是会对韵律有所要求的。但是，《草叶集》里面的韵律却以更加巧妙的方式表现出来，这是很多初读这本诗集的读者没有意识到的。显然，对绝大多数读者来说，这本诗集表现出来的诗歌主题要比诗歌的形式更加明显。创作诗歌本身所需要的素材经常会被惠特曼以比较自由的方式去运用——将情感、想象或是歌唱式的句子与词语都糅杂进去。他还会将很多抑扬顿挫的节奏或是悲伤的句子都加进去，有时会使用一些夸大的词汇，让用心的读者能够立即感受到作者想要表达的情感。但是，这些诗歌的基调主要是集中在那些充满情感的段落里，而不是在诗歌里面。有时，惠特曼会使用一些读者很熟悉的韵律形式来表达自己的一些想法：

垂头丧气的怀疑者，显得那么沉闷与无聊。

这是一句比较纯粹的盎格鲁—撒克逊的四重押头韵的诗句。惠特曼的很多诗句都是用一种似是而非的无韵诗方式来创作的，这与伊丽莎白后期以及詹姆斯一世时期的戏剧作家们一样。他们都会通过停顿来破坏原先的韵律，通过一些零碎的句子来强调一些韵律与逻辑之间的关系。有时，他们也会任性地使用抑扬格的五重奏形式，来让整首诗歌充满呼应与怀旧的气息。除此之外，惠特曼还有一句代表长短格的六步格诗：

　　开心与不开心的孩子骑着马回家，想要吃上一顿美味的感恩节晚餐。
　　我在朦胧中醒来，内心感受到了真正的狂喜。

　　有时，这些抑扬格的节奏会以超过正常六个间隔的形式展现出来，正如我们在下面这段诗句里看到的：

　　当我听到我那个小船长的声音，满心愉悦地笑了起来。
　　我们没有打架，他却哭了起来。因为我们刚刚打了一架。

　　在很多时候，我们的耳朵都能够抓住6个循环的二轻一重律的回环往复的感觉，丁尼生在他后期的诗歌里也经常使用这样的创作方式——当然，惠特曼有时也会以比较正规的方式去写：

　　我知道，上帝之手要比我的双手更老。
　　直到你触摸到我的胡子，直到你抓住我的双脚。

或是通过替换的方式来进行掩饰，如下面这段话：

黑暗降临在淡红色屋顶的细缝里。

显然，不管惠特曼在创作诗句或是诗歌段落的时候表现得多么自由，他大多数诗歌的结尾韵律都作得非常小心细致。正如下面这段充满特点的诗句结尾：

微笑吧，因为你的爱人过来了！
这要比他们更近，更远。
这是一个如墨水一样乌黑的日出。

不过，《草叶集》的韵律结构是很难通过对某个诗句的韵律分析去理解的。至少从这方面来看，惠特曼与很多无韵诗方面的大师们有着相似之处——那就是在关于一组诗、一段诗句上要注重总体韵律，而不需要执著于每个单句。如果读者朋友们大声地逐页朗读，必然能够感受到一般的韵律结构。这些韵律都展现出这本诗集代表诗人高度的个人特点，同时有与其他广受读者欢迎的文学表达方式上的相似之处。

从某个层面来看，惠特曼的诗歌与卡莱尔、爱默生、托马斯·德昆西①以及爱伦·坡等人的散文诗是有点类似的——毕竟，

①托马斯·德昆西（Thomas De Quincey，1785—1859），英国散文家、文学批评家。代表作：《一个英国鸦片服用者的自白》《自传》《来自深处的叹息》《湖畔诗人回忆》等。

这些都是惠特曼比较熟悉的作家，他在早年的一些创作里甚至还专门模仿过这些作家的写作风格。卡莱尔的《衣裳哲学》的部分段落以及爱默生的一些文章内容，都是惠特曼经常会引用的，并且他在创作时会重新对这些句子与段落进行一番排序，并对其中的一些语言进行修改。因此，我们可以在《草叶集》上看到这两位作家的一些影子。比方说，大家都知道罗斯金曾将"散文诗"的韵律提升到一种近乎真实的韵律，就是通过对一些词语进行移调，然后通过对某个音节的增加或是删减来完成。这样做会让他的散文变成诗歌。威廉·凯恩斯就曾在伦敦的《编年史报》上指出，罗斯金的《特恩纳笔记》一书是如何将原先的散文变成六步格诗的：

清晨，我起床写作，窗外是一片科尼斯顿的树林，树林间笼罩着一片迷雾，这片迷雾在荒野的上空一动不动地停留着。村庄还处于沉睡状态，湖边还有一大片很长的草地。哦，在我年轻的时候，居然有人曾告诉我，当我的心灵仿佛充满这些颜色与云层，之后这些东西稍纵即逝时，我对它们的爱意并不会给我带来什么！在清晨的露珠下，当草地与树林的沉默达到最为完美的状态时，我所有的思绪都应该集中于那些我本该得到感受的东西上，但结果并没有。

清晨，我起床写作，窗外是一片科尼斯顿的树林，
树林间笼罩着一片迷雾，
迷雾在荒野的上空一动不动地停留着。

村庄还处于沉睡状态,

湖边还有一大片很长的草地。

哦,在我年轻的时候,有人曾告诉我,

当我的心灵仿佛充满这些颜色与云层时,

之后这些东西都消失不见了。

这让我明白了,美感是多么容易消逝。

树林与湖面显得那么平静与神秘,

清晨的露珠让安静处于一种完美状态。

我可能再也感受不到这样的思想。

在湖边与树林里,我可能再也感受不到这样的思想了。

　　罗斯金可以非常轻松地将原先一段散文转变成一首比较普通的诗歌,这也证明了罗斯金拥有敏锐的耳朵,对韵律效果与韵律节奏有着非常强烈的审美区别。

　　除此之外,演说稿子里有些充满激昂情感的段落也很容易变成一种带有常规节奏的句子。惠特曼喜欢聆听的那些演说家,往往都是那些能够在演说中说一些充满类似于散文诗一样韵律的演说者,或是一些至少在韵律规律方面有所注重的演说者。对于那些追求华丽风格的演说者——正如狄更斯在很多悲哀情感的段落里表现的那样——这样的韵律很容易在无意识的情况下重新变成抑扬格的诗句。惠特曼的朋友罗伯特·G.英格索尔①,这位著名的大众演说家就

---

① 罗伯特·G.英格索尔(Robert G. Ingersoll, 1833—1899),美国律师、美国内战老兵、政治家、公众演说家。

曾在演说里讲述了一个古老的经典神话故事。按照他印刷出来的演说稿子，可以发现即便不需要任何改变，都可以使之变成一首诗歌：

> 他们就像春天的叶子，让我们的心灵充满悸动的兴奋。
>
> 让夏天黄褐色的叶子，表达出对家的爱意吧。
>
> 让秋天的怀里长满被阳光亲吻过的葡萄与更多收集过来的干草吧。
>
> 想象一下冬天是一位年老多病的国王，
>
> 他就像李尔王一样，有着一张饱经风霜的脸庞，
>
> 流下了考狄利亚的泪水。

惠特曼懂得自由地运用"散文诗"与演说各自的特点，但他想要呈现出来的效果，不仅与散文诗的韵律不同，而且与抒情的诗歌也不一样。后来，他承认这要归功于韵律方面的有趣变化。他对芬妮·雷蒙德·利特夫人说，他的很多诗歌其实都是受到音乐的启发，这些诗歌的数量是他无法统计的。他经常会将描述性的段落与宗教剧里面咏叹的调子交织起来，混合着使用。他的感觉似乎对各种运动所表现出来的暗示特别敏感，这点是清晰无误的。F. N. 斯科特教授[1] 就曾这样写道："惠特曼对某种类型的运动或是声音的次序有着极为细腻的感受"，特别是渡船、火车或是飞过天空的小鸟发出的那种自由且"紧迫"的声音。在众多声音里，他还特别留意

---

①在一篇没有出版的文章《关于沃尔特·惠特曼韵律学的研究》里。

风声、树上的蚱蜢以及大海发出的声音。①

为了更好地表明他在诗歌中想要表达的韵律，惠特曼选择以海浪进行类比。在他后来写的一篇自我评论的文章里，他这样写道：

他抛弃了一切之前创作诗歌的固有模式，不再模仿过去那些讲述男女主人公因为爱情而惆怅或是失落的诗歌，想要创作出一种比较松散且自由的韵律，以字数不等的诗句去完成。初读的时候，显然是毫无秩序可言的。但是，倘若能够认真加以研读的话，就能够感受到一种规律性的节奏，就好像时常都有较大或是较小的海浪冲刷到了海岸边，整个冲刷的过程是没有任何停顿的，始终给读者一种高低起伏的感觉②。

"让诗歌更加具有韵律感！"这句话是惠特曼在创作《草叶集》一书时写在日记本里告诫自己的话。这个句子显然表明了惠特曼为能够创造出自己那些显得不规则的长句时，耗费了多大的

①关于这方面有趣的补充出自贺拉斯·特劳贝尔所写的关于他与惠特曼之间的友情笔记里："惠特曼喜欢与那些掌舵员、甲板水手、交通运输人员或是那些经常需要劳作的人一起交谈。"保罗·埃尔默·莫尔在一篇关于惠特曼的评论性文章里，就提到惠特曼最为明显的性格特点，就是他始终对那些始终处于不明确运动的事物充满着兴趣。

②我们可以将惠特曼的这段话与之前引述斯科特教授那段独立的评论。"惠特曼的诗句与普通的散文句子没有什么区别，但却像正在涌来的潮水与正在退去的潮水。他会改变这些潮水冲刷过来的长度，通过改变句子韵律的方式，让这些韵律与常规的韵律出现重叠或是冲突的情况，然后通过这样的表现方式来展现自己的情感与内心的想法。可以说，他始终遵循着自己的韵律法则。"

心力。虽然这些长句的韵律可能不是大众读者熟悉的，但这些韵律必须首先得到他自己的认可。与此同时，他对英语诗歌的韵律进行了一番认真仔细的研究，知道自己应该排斥某些东西，明白自己怎样做才能追求更多的自由以及"自然感觉"。事实上，惠特曼对那些所谓的正统艺术所带来的限制表现得极不耐烦，希望自己的作品能够"回归自然"，从而让自己的作品影响到下一代人。比方说，威廉·布莱克就曾在《预言书》这本既非用散文又非诗歌语言写成的书的前言里这样写道："当我第一次明白创作诗歌必须要注重韵律的时候，我认为这是弥尔顿、莎士比亚或是所有创作英文无韵诗作家们都要面对的一个单调的韵律。我们这代人必须要从这些韵律的束缚中走出来，才能让韵律重新成为诗歌艺术的一种必要且不可缺少的因素。但是，我很快就发现，在真正的演说家口中，这样单调的韵律不仅让人感到尴尬，而且它本身就是一种束缚。因此，我让每个句子都表现出不同，无论是在韵律还是诗节上。我认真研究了每个词语、每句话，然后将他们放在合适的位置上：代表强烈情感的句子应该放在表达强烈情感的位置，而代表温和情感的句子也应该放在相应的位置。因此，这些都是相辅相成，必不可少的。我必须要说，那些因为受到各种束缚而创造出来的诗歌必然会束缚整个人类 [1]。"

布莱克的这一信条也是惠特曼内心想要追求的。在 19 世纪中期，这样的创作理念得到更多人接受，无论是在英国还是美国，接受这样创作理念的人都要比我们现在猜测的更多。在深受先验

---

[1] 出自《威廉·布莱克的诗歌作品》，由约翰·桑普森编辑，1905年由牛津大学出版社出版。

主义思想影响的新英格兰地区，严格的诗歌规范被视为一种创作的障碍，而不是一种有助于更好表达创作者情感的手段。在梭罗与爱默生的私人日记里，就有很多不讲究规范的叙事性诗歌，这些都是他们所要创作的诗歌的第一份手稿。在这些手稿里，我们根本读不到任何讲究韵律的句子。当然，梭罗与爱默生接受的古典教育显然会让他们不敢直接出版这样的诗歌，因为这些毫不讲究诗歌韵律与形式的"诗歌"只是为了更好地表达他们的个人感受[1]。在19世纪50年代左右，有两本书几乎在很多美国家庭的书架上都能找到，但很多美国家庭都没有一本关于莎士比亚的作品，这似乎也证明了之前比较正统的诗歌似乎不再是读者们关注的一个重要焦点。其中一本书就是惠特曼年轻时在海边练习演说时经常使用的詹姆斯·麦克弗森[2]英译的《莪相的诗歌》，这本诗集也是惠特曼终生阅读的一本书。麦克弗森在这本诗集的前言里这样写道：

他在创作散文诗时所使用的韵律要比他所能选择的其他的诗律都具有更多的好处。各种不同的韵律最后能够形成一种和谐的节奏，让我们听起来比较悦耳。与此同时，还能让我们摆脱在遣词造句方面受到的限制。这会让我们将内心最原始的精神表达出来，且表现得更加公允，更具力量，更简朴[3]。

---

[1] 参看《爱默生诗歌》的百年纪念版本。除此之外，西德尼·莱尼尔一些尚未完成的诗歌手稿也能够表现出这两位诗人一样的情感。

[2] 詹姆斯·麦克弗森（James Macpherson，1736—1796），苏格兰诗人、作家和政治家。因英译莪相诗歌而闻名。

[3] 出自波士顿菲利普斯与桑普森联合出版公司出版的《莪相的诗歌》。

这段话也是爱丁堡大学研究纯文学方面的教授休·布莱尔[1]强调的一段内容。

当时，那些缺乏韵律与节奏的诗歌取得辉煌成功的一个更让人信服的例子——除了很多诗歌本身固定使用的一些《圣经》词语之外，就是马丁·法夸尔·塔珀[2]创作的《众所周知的哲学》[3]。这本书在今天读起来让人沉闷，其中很多枯燥无味的内容当然能够满足当时很多认为那就是"诗歌"的读者，因为这样的作品能够满足他们所处时代的审美需求。就以下面这段内容来阐述惠特曼喜欢的列举式创作方法：

尼尼微（古代亚述的首都）的权贵与巴比伦带着皇冠的统治者都去哪里了？

以东的主人与底比斯的王公贵族们都去哪里了？

穿金戴银的总督与王侯——那些匈牙利人、德鲁伊教派成员以及凯尔特人都去哪里了？

腓尼基的商业王子，那些时尚的埃勒凡达岛人都去哪里了？

呜呼！诗歌中早已没有了他们的身影。看吧，他们都成了废弃的回忆！

呜呼！他们就像枯萎的叶子，毫无生命力，被淹没在名声的

---

① 休·布莱尔（Hugh Blair，1718—1800），苏格兰作家、修辞学家。

② 马丁·法夸尔·塔珀（Martin Farquhar Tupper，1810—1889），英国作家、诗人。

③ 《众所周知的哲学》（Proverbial Philosophy），塔珀的这部作品是由波士顿菲利普斯与桑普森联合出版公司在1854年出版的。

惠特曼

洪流里。

伊特鲁里亚，大声说话吧。你的尸骨仍在，你那昂贵的坟墓仍在。

赫库兰尼姆（因为维苏威火山喷发而淹没的古城）说话吧，说出你当年的宫殿在什么位置。

利西亚人的赞图斯，你们的城堡早已荒废，你们古代的建筑早已消失。

科潘（玛雅古城）与帕伦克（墨西哥东南部的玛雅古城遗迹），西边那些梦幻的废墟，茂密的森林早已淹没了你们的雕像。

锡拉库扎——你们的过去是多么沉默！

迦太基，你们早已经从人们的记忆中抹去了！

古埃及有着美丽的海岸，

现在却被淹没在一片被遗忘的茫茫沙丘里！

关于将韵律散文改成诗歌的另一个让人震惊的例子，也是可以找到的。萨缪尔·沃伦，《一年一万》小说的作者，在大西洋两岸都受到读者的热烈欢迎。1851 年，他发表了一篇"抒情的独白"，以纪念水晶宫展览。他的这首诗歌中的标题是《百合花与蜜蜂》①，这首诗歌描述了一个白天，一个黑夜以及在水晶宫度过的一个早晨。但是，作者本人却说，他在这首诗歌中想要表达的真正

---

① 《百合花与蜜蜂》（The Lily and the Bee），这本书很快就由哈帕出版公司在美国出版了，并且在1851年11月开始在《哈帕杂志》上连载。之后，被选编进沃伦一些文章的新版书中，书名是《现在与过去》。我们可以在爱丁堡地区出版的版本里找到《沃伦的精选集》。

主题是"人类其实是一个整体！"在他这首诗的韵律结构上，基本上都是以抑扬格为主，在诗歌中穿插介绍了《圣经》的部分内容，包括弥尔顿、莎士比亚与华兹华斯等人作品中的韵律。这首诗歌几乎使用了每一种与沃尔特·惠特曼之后创作的诗歌的韵律风格——其中包括分类、突然迸发的情感、省略符号、绰号以及比较夸张的词语。当这位作者从一个国家漫游到另一个国家的时候，他经常会有这样的感慨：

此时的埃及，是一片黯淡且没有雨水的地方！

神秘的记忆涌上脑海——

从迷雾弥漫的埃及到易卜拉欣，

亚伯拉罕！约瑟夫！法老的权杖！

牧羊人国王！色索斯特里斯！

甘比西斯！薛西斯！亚历山大！托密勒！安东尼！

克利欧佩特拉！恺撒！

艾西斯！奥西里斯！雄伟的宫殿！狮身人面像！亚历山大港！

金字塔！

尼罗河！

拿破仑！纳尔逊！

王母说，看吧，我的儿子，这是一个充满神奇的古老国家！见证过许多庄严的时刻！见证过世人没有感受过的冲突、死亡与战争，这是一切勇敢的武士都无法想象的。

即便现在，这里仍然是吸引世界民众眼球的地方。

这个地方有太多难以入睡的政治家们熟悉的目光了——

看吧！在我说话的时候，一位英国工程师将红海与地中海连接起来了，将亚历山大港与开罗连接起来了——

看吧，那里正谋划一个宏伟庞大的计划！

看看他吧！当红海的海浪退去，我们可以看到以色列的孩子在3000年前跋涉过的土地！

他在摩西的水井里舀水来喝，双脚踩在西奈半岛的土地上：

他凯旋了。

在夜幕降临的时候，看看那些英雄吧，他们已经被河水淹没，就像古代的法老一样！

接着，他还在诗歌中谈到自己游历的许多不同国家，包括：

普鲁士——学识渊博、深思熟虑且具有尚武精神的骄傲国家！

当我们读到这样的诗句时，会本能地认为是惠特曼写的，即便我们是在古埃及的坟墓上看到的，也会有这样的想法。我们还是将目光转移回到沃伦身上吧，当他在走廊里来回踱步的时候，他这样写道：

一个没有被世人察觉的世界，

我再次陷入了滚滚的潮流当中！

教堂中殿！耳堂！过道与画廊！

不厌其烦地踱步，难以平息内心的欲望！

品格的基石！个人的能力与知识！

过去的景象在观察者眼中消失了：接着又出现了观察景象的人！

富裕！贫穷！柔和！简朴！睿智！愚蠢！年轻！年老！学识渊博！一无所知！深思熟虑！欠缺考虑！为人傲慢！为人谦卑！不务正业的！追求高远目标的！

每一种智慧的层次！每一种品格的层次！

现在，他要对那些兄弟工程师们——英国人，法国人，德国人与俄国人——展现出液压机的能量，能够将200吨重的钢铁抬起来！

现在，我们可以看到法国制造的涡轮，看到离心水泵，看到蒸汽锤——感受蒸汽所具有的巨大能量！

领略这些能量吧！

追求严格的操作，需要灵敏的工人操控庞大的机器：

庞大的机器就像手脚灵活的工人，能够制作出如薄纱一样精细的丝质花边、亚麻、大麻布、棉花，花岗岩，铁器！

在谈到人类历史的发展时，他写道：

光荣的布永城堡就在这里！

代表勇士名声的十字架！埃斯卡隆的征服者！

耶路撒冷的占领者！歌唱着塔索创作的英雄赞歌！

我们可以再次看到沃伦写诗的风格与惠特曼是没什么区别的。正如惠特曼在下面这首讲述自己的诗歌里所说的：

站着的时候，一脸愉悦，露出志得意满的表情，充满激情，显得懒散。

用微微倾斜的好奇目光看接下来会发生什么，

无论是在这个游戏中还是置身其外，都能够感受到其中的惊奇。

我们还可以感受到沃伦在下面这首诗歌里迸发出来的激烈情感：

可怜的蜜蜂！难道你没有看到我吗？

请记录下我的猜测。

你要怀着好奇的目光，怀着自信的心态

观察我，了解我的行为！

是我自己的行为！请观察一下！

在无形的智慧中进行一番无意识的沉思！

超越所有凡夫俗子，

却距离最高的上帝仍有很远的距离！

从一个有限进入到无限世界的过程！

在这个高尚的时刻认真观察我

在他关注着庄严的使命时，请暂停一下，

然后将目光专注在我身上。

我的所有朋友都聚集在一起。

这是我们的蜂巢，

感受着无限的美感！

可以说，我们很难在文学史上找到一本在结构上与《草叶集》相提并论的诗集。惠特曼对自己的创作格言——"绝对不要引述他人的话语或是段落"——是非常忠诚的。这让我们很难从他的诗集里找到一些段落的"引述出处"。我们也无从知晓惠特曼在1855年创作完《草叶集》之前，到底有没有阅读过《百合花与蜜蜂》这本书。也许，他的确从这本书得到了一些启发。我本人也倾向于认为他从本书中得到一些创作灵感——但是，像惠特曼这样一个具有天才创作能力的人，他最多只是获得一小部分的灵感而已。

综上所述，惠特曼的核心创作方式，就是按照《圣经》英文版本的韵律模式进行的。这是"迸发的情感""柔和的情感"以及"内敛的情感"等部分出现风格变化的原因，也是威廉·布莱克喜欢的一些创作风格。惠特曼喜欢将那些充满美感的抒情句子镶嵌在一些叙述性或是辩论性的段落里。这样的对应构成了希伯来诗歌中一个特定的结构模式，这也是詹姆士国王时期的英国在诗歌创作方面达到了巅峰，却又丝毫不破坏诗歌到散文之间自由转变的原因。在这样一种充满强烈音乐感、激烈情感以及用具体语言来表达初始情感与身体情感的诗歌里，惠特曼发现这些才是自己真正想要创作的诗歌。

因此，总的来说，《草叶集》不属于任何一种评论家们所能接受的诗歌类型。这是一种混合类型的诗歌，将异国风情与一种躁动不安情绪所具有的魅力结合起来。之后，惠特曼将这称为"全新国民性的演说口吻的表达方式"。这句话中使用的三个形容词里，最后一个慷慨激昂的词语最具分量。无论从哪个层面看，《草叶集》都是一本通过慷慨激昂的方式去表达情感的诗集。他在诗集里反对任何以诗歌之名行迂腐之事，"狂诗"一词是更加适合的形容词。要是我们将一首正规的诗歌说成是一首狂想曲一样的演说，那就是对沃尔特·惠特曼本意的误解。惠特曼并不是像雪莱那样的天生的诗人，他没有通过一种全新的载体来表达自己的思想与情感，因此不会意识到自己所正在创造的奇迹。相反，惠特曼是一个背负着许多情感的人，每天都要对语言进行思考，然后选择最适合创作的文字，从而表达自己那颗躁动不安的心想要表达的情感。无论是雪莱还是惠特曼，他们都希望通过诗歌来"传递"情感。但在雪莱的诗歌里，我们能够感受到一种纯粹的咏叹调，就像小提琴或是云雀所发出的美妙音乐而已。但在惠特曼的诗歌里，我们仿佛聆听一位演说者大声地谈论着"他眼睛里的泪水，不安的眼神"之类的话。如果我们无法体会此人在演说中想要表达的情感，那也就必然无法理解惠特曼在《草叶集》里想要表达的情感。

1855 年出版的《草叶集》并没有标上出版商的名字。可以说这本书一开始并不是以一种正式的方式出版的。当时，惠特曼原本计划出版 1000 本，但最后只印刷了 800 本左右。这些出版的《草叶集》就摆放在纽约、布鲁克林与波士顿一些书店的柜台上。除此之外，他们还希望在一些重要的期刊上进行连载，并给

位于美国波士顿华盛顿街和学院街交叉口的老街角书店，19世纪

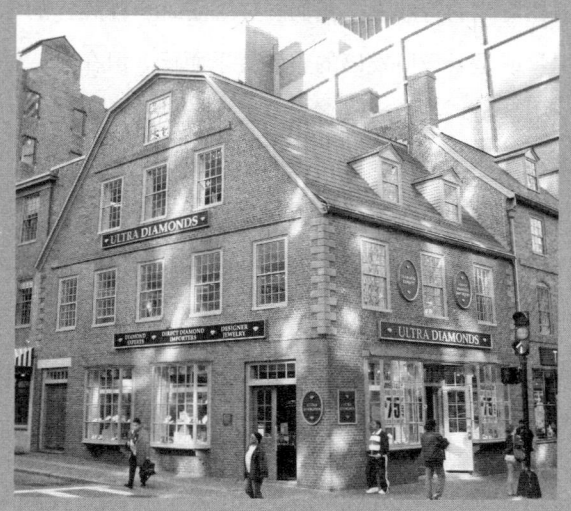

老街角书店，21世纪

当时一些文学名人写了推荐信。但接着，就出现了让惠特曼感到失望的结果——这本书几乎没有任何销量。在晚年的时候，惠特曼经常以愉悦的口吻谈起那位真正购买了 1855 年版《草叶集》的读者。事实上，这本书的销量并不像想象中那么糟糕，但也是足够糟的。^① 即便是惠特曼的家人，对这本书也是非常冷漠的。沃尔特·惠特曼的弟弟乔治就说："我当时看到了这本书，但我根本没有翻开阅读过。我认为哥哥的这本书根本不值得阅读，只是用手指翻了一下。母亲的想法与我一样，也不知道那本书里面到底说些什么内容……我还记得母亲曾将海华沙（《海华沙之歌》中印第安人的英雄）与沃尔特进行比较，认为他们两人都陷入了一样糊涂的境地。母亲说，如果《海华沙之歌》是一首诗歌的话，那么沃尔特的这本书也应该算得上是诗集吧。"沃尔特·惠特曼的父亲在 66 岁时去世了，时间是当年的 7 月 11 日，惠特曼的《草叶集》也是在同月第一次出版的。惠特曼的父亲对儿子出版的这本诗集有什么看法，我们现在无法找到任何文字记录。在他去世 10 天之后，惠特曼创作的《草叶集》得到当时一位名人给予的热烈赞赏：

马萨诸塞州康科德，1855 年 7 月 21 日

---

① 我手头上所拿的这本《草叶集》，是从詹姆斯·T.菲尔德斯（James T. Fields，美国出版商）那里购买的，这是我在爱默生的推荐下购买的，地点是波士顿那间老街角书店。他曾将这本书给他的嫂子，也就是奥康纳日后的妻子阅读。也许，西奥多·帕克（Theodore Parker，美国超验主义者、社会改革家）现在所拥有的那本《草叶集》也是在波士顿那间老街角书店买的。他们两人都在这本诗集上坐了很多铅笔标记。

亲爱的先生：

对于你创作的《草叶集》具有的文学价值，我无法熟视无睹。我认为这是一本充满鲜明智慧的诗集，在美国文学历史上还从来没有人创作出像你这样的作品。我在阅读你的作品时感到非常愉悦，是你在作品中展现出来的强大力量让我愉悦。你在作品中表达的思想非常符合我的理念，因为我也始终努力将看上去贫瘠或是了无生气的自然描述得更具美感。要想实现这个目标，需要创作者具有非常娴熟的文学创作能力，还要有非常温和的性情，这需要巨大的智慧。我为你在书中表现出来自由且勇敢的思想喝彩，你表达的思想让我感到强烈的共鸣。我找不到比你这部作品更加优秀的作品了，因为你的确是创作了一部无与伦比的作品。你在书中表现出来的勇气与创新精神，让我感到非常高兴。只有那些拥有广阔视野的人才能够做到这点。

我必须要祝贺你开创了一段属于自己的伟大文学生涯，但是你的起点却是如此之高。有时，当我阅读你的这本诗集时，会忍不住揉揉双眼，看看洒在我身上的阳光是否是幻觉，但是当我发现手上正捧着你的这本诗集时，我意识到这不是幻觉，而是实实在在的现实。总而言之，你的这本书具有深厚的文学价值，给人带来强大的精神动力！

之前，我一直不知道你已经出版了这本书。直到昨天晚上，我看到报纸上刊登着介绍这本诗集的广告，我确定就是你的这本书，于是通过邮局购买了本书。

我急切地想要见到你，因为你的作品给我带来了愉悦的思想感受。你的作品也给我的创作理念带来了影响。当我前去纽约的时候，我会想办法前去拜访你，表达我对你的敬意。

拉尔夫·瓦尔多·爱默生

　　没有比爱默生在这封信里给予惠特曼的赞美与支持更让他感到振奋的了。因此，惠特曼的弟弟乔治说惠特曼"为此兴奋了许久"，也丝毫不让人感到惊讶了。但在很长一段时间里，惠特曼只是收到一封爱默生这样赞美的来信。据说，惠蒂尔曾将惠特曼的《草叶集》扔进火堆里，还有一些文人愤怒地将这本诗集寄回给那些送书的人。许多报纸与期刊对惠特曼的这本诗集的评论也是各不相同。多亏惠特曼不遗余力地收集了当年许多关于他这本诗集的评论剪报，我们才能在1856年版的《草叶集》附录里看到这些评论。还有一些惠特曼没有收集到的剪报则可以从当时的很多期刊里看到。在惠特曼收集的剪报里，一些评论文章完全是以非难的方式去评论的。纽约的《标准报》就将这本诗集定性为"品质低劣的""淫秽的"。伦敦的《评论家报》这样写道："沃尔特·惠特曼对诗歌的理解，就像一头野猪对数学的理解一样"，还说"惠特曼的这本诗集的每一页都应该受到读者的鞭挞与指责"。波士顿的《信息报》评论说："惠特曼的这本诗集充斥着夸大的言辞、过度的自我主义、庸俗不堪与胡说八道。"《波士顿邮报》则评论说："惠特曼的这本书厚颜无耻地宣扬了生殖器崇拜，推崇了许多淫秽的思想。"

　　波士顿的《基督邮报》使用了"极不虔诚的欲望"与"厚颜无耻的猥亵精神"来形容惠特曼的这本诗集。这些报纸与期刊使用的评论词语，代表当时这本诗集所获得的最多的评价。但在一些地方，惠特曼的这本诗集同样获得了一些有识之士的比较中肯与客观的评价。《北美评论》杂志那个时候在波士顿出版，当时的杂志主编是安德鲁·P.皮博迪①，他在1856年1月刊载了一篇由爱德华·埃弗里特·黑尔②写的文章。黑尔在文章里谈到惠特曼的这本诗集"充满了新奇感、简朴感与现实感"，"使用最为简单、真实或是激发人神经的英文去创作"，"将惠特曼想象世界里最为锋利且明显的一面展现了出来"。有趣的是，黑尔在30年后仍然坚持自己当年的判断③。

　　纽约《蜡笔报》在不久前由才华横溢的记者与艺术家 W. J. 斯蒂尔曼④创办。他在该报刊登了一篇名为《极端的集合》的文章。这篇文章对丁尼生的《莫德》一书与惠特曼的《草叶集》进行了综合的对比。评论家们发现，这两位作家都对诗歌的形式表现出一种漠不关心的态度，然后谈到了惠特曼在作品中表现出来的乐观主义精神："对沃尔特·惠特曼来说，一切事情看上去都是那么美好——每一件事都是那么美好，因此也就不存在什么理想的模式，不需要任何激励，不需要去努力追求更好的事情。事实上，

---

①安德鲁·P.皮博迪（Andrew P. Peabody，1811—1893），美国作家、牧师。

②爱德华·埃弗里特·黑尔（Edward Everett Hale，1822—1909），美国作家、历史学家。代表作：《没有祖国的人》《克里斯托弗·哥伦布传》《孩子们心中的英雄》等。

③参看W. S.肯尼迪所著的《沃尔特·惠特曼的回忆录》，伦敦普莱斯利出版社在1896年出版。

④W. J.斯蒂尔曼（William James Stillman，1828—1901），美国记者、外交家、作家、历史学家和摄影家。代表作：《罗马往昔》《意大利联邦》等。

一切事物都是那么美好的事实，所有的事物都是一样美好的事实是不足够的。在他看来，不存在任何创造的次序问题，没有更好或是更坏之间的区别——但是，这些都是属于一个民主层次的问题，要是没有这样的对比，就根本没有任何对称与平衡可言。当然，这也就不会出现任何结果。当然，惠特曼在这部作品里展现出了深刻的思想与强大的洞察力，这不是我们能够经常看到的。《草叶集》没有表现出某种理想，没有集中于某个主题，没有某些明显要实现的目标——这是一部比较狂野且缺乏自律性的作品，就像那些处于半文明状态下的人类创作出来的诗歌。因此，这样的诗歌总的来说是缺乏价值的，只能满足少数那些喜欢处于尚未冶炼的金属的人。"无论读者是否同意这样的评价，在惠特曼看来，这肯定也是比较中肯的评价了。

《帕特南月刊》在1855年9月的期刊里评论惠特曼这部作品时，这样写道："《草叶集》以有趣且无序的方式集合了一些诗歌……这些诗歌既不讲究韵律，也不是传统意义上的无韵诗，而是以一种激发情感的散文诗的形式呈现出来，是在丝毫不顾忌对称性或是韵律的前提下形成的诗歌。"这篇文章的评论家接着表示，惠特曼在这些诗歌中展现出来的洞察力，显然要感谢他的前辈们。"总的来说，惠特曼的这部作品是新英格兰地区的先验主义思想与纽约的新思潮的一个集合体。即便是对于锅炉工人或是马车司机这样的人来说，他们也能够去理解这些在15年前或是18年前在波士顿地区达到顶峰的思想。当然，惠特曼以自己的方式重新表达了这些思想。同时，惠特曼也表现出了足够的自信，敢于去挑战文学界一贯的创作方式，创作出这样一部既粗野又具有创新精神，既肤浅又有深刻内涵，既荒唐却又吸引人的作品。"

惠特曼在这部诗集里表现出来的先验主义思想以及他对分类的独特激情，可以通过伦敦的《邮报》这篇文章得到有趣的呈现：

> 当我们将创作出这部作品的那位来自布鲁克林的男孩描述成西部地区的狂野塔珀的时候，必须要感到心安理得……假设塔珀从小就是在拍卖商的家庭环境下长大，之后他被放逐到一个偏远地区生活，在很长一段时间内干着伐木工人的活，之后他又对爱默生与卡莱尔的作品产生了浓厚的兴趣，认为自己不仅仅是爱默生或是卡莱尔这样的人物，而是要成为美国文学界的莎士比亚那样的人物。当他的内心产生了这样的冲动，就会将这些念头综合起来，以让自己感到满意的方式表达出来。他是用自认为比较满意的韵律来表达这些思想吗？倘若有人有塔珀那样的生活阅历与经验，那么他就会创作出与沃尔特·惠特曼的《草叶集》完全一样的作品。

另一方面，伦敦的《领袖报》则认为，惠特曼的这部作品绝对不是为读者单纯提供笑料的，而是想要表达出某些"震撼人心"的核心原则。

惠特曼的《草叶集》乍读起来，似乎是在表达某种不可一世的自我主义——将沃尔特·惠特曼的个人灵魂所具有的永恒性表达出来。但是，我们必须知道，倘若这真是惠特曼想要表达的主题，那么他是绝对不可能将一些人类灵魂的共性表达出来的。他就像一个粗野且无所忌惮的新英格兰人那样面对这个世界，他对自我的认同有着强烈的激情，对其他类型的存在，无论是有生命力的存在还是没有生命力的存在，他都一样充满激情。他对人性怀着深深的怜悯之心。他对自身情感涌现出来的能量与热情有着一种难以抑制的激情，即便是在感受最后的舒适或是和解时，仍然不愿意放弃那些看似邪恶与放荡不羁的念头。他喜欢百老汇、纽约这些繁华的地方，他同样喜欢偏远荒凉的森林地带，喜欢一望无际无人居住的大草原，喜欢那些在芦苇丛中打滚的野兽，喜欢那些在树枝上筑巢的小鸟。他能够感受到自己所处的土地展现出来的不可言说的神秘，感受到他的思想所感受到的一切，然后将这样的情感都集中于一个独立的自我。我们认为，这就是惠特曼能够创作出这样一本奇怪、独特且让人困惑作品的关键。当然，我们不是说已经找到了解释这本书中存在的各种奇怪与怪癖地方的钥匙。我们必须要坦诚一点，这部作品中的许多困惑都是我们无法解释的，这让我们感到既有趣，又非常荒谬。对我们这些习惯了平凡视野的人来说，惠特曼的作品给人一种新奇的感觉，但是他的离经叛道却又是我们不能容忍的。在惠特曼的作品里，我们能够发现很多证明他是一个有着高尚灵魂的人，同时我们也为他表现出来的一些越轨思想感到遗憾。有时，这只会让那些原本就错误的思想变得更加失真。特别地，我们为惠特曼将一些原本不应该说出口的话说出来感到遗憾，因为这些话还是让每个人心知肚明就好。我们对展现自身的本性不感到惭愧，这是很正常的，能够展现出一种包容的仁慈，是非常好的一件事。但是，有时不通过赤裸裸的方式去表达思想，也是一件好事。

不过，当时的这些关于《草叶集》的评论，都没有惠特曼对自己这部作品的评论有趣。关于大卫·加里克的遗孀，有一个有趣的故事。据说，一位年轻的剧作家对她抱怨自己受到了评论家们的严苛对待。这位遗孀反问道："你自己为什么不去写一些有利于自己的评论呢？大卫生前就经常这样做。"总的来说，在惠特曼作为诗人的生涯里，他从来没有对以匿名的方式去写赞美自己作品的文章，然后将这些文章寄给报社刊登感到过任何不安。事实上，斯宾塞①、利·亨特②以及其他诗人通过发表一些自我批评的文章来为自己的作品辩护的做法，很早就吸引了他的注意。显然，他也看不出自己不去效仿他们这些行为的理由。当然，惠特曼这篇维护《草叶集》的匿名评论文章肯定会遭到一些恶意的攻击，但事实上，他为此专门创作的三篇文章都在《草叶集》出版之后刊登在报纸上，这表明惠特曼是有意为之的。惠特曼完全相信自己以及他的作品，他对公众的评论采取一种冷漠淡然的态度。他这样的做法，与我们目前很多作家习惯性地发表他们自身作品的评论文章是没有什么区别的。当然，现在的作家这样做，更多的是为了推广他们的作品。

至少，我们应该详细引述惠特曼其中一篇自我剖析的文章。这篇文章刊登在 1855 年 9 月 29 日的《布鲁克林时代报》上。他这篇文章具有非常鲜明的个人风格，因此当时很多人都没有猜测

①斯宾塞（Edmund Spenser，1552—1599），英国著名诗人、桂冠诗人。代表作：《仙后》等。
②利·亨特（Leigh Hunt，1784—1859），英国作家、散文家、诗人和文学评论家。

到这篇文章的作者就是惠特曼本人，这是很让人惊讶的。

"要想对一首诗歌进行真正的评价，人们首先必须要了解创作这首诗歌的作者本人。对于《草叶集》这部诗集的作者，一些人认为他是一个具有邪恶思想的人，一些人认为他是一个具有神圣思想的人。很多人都给他贴上了不同的标签，其中就包括了幼稚的、充满阳刚之气的、充满情感的、沉思的、追求感官刺激的、专横的等形容词。要是我们只看到这位诗人的决心或是无知，只看到他所大谈特谈的肉体与形式，看到他无视过去诗歌的形式，无视任何诗歌的创作法则，认为他是一个无知且幼稚的人，认为他是一个自大骄傲的人，而从不去了解他的出生，他的父母、他的祖辈，那么这样的认知与评论肯定会出现误解。一些人认为这位诗人是缺乏礼貌的，还有人认为他是一个不讲究规则的人，认为他是一个野蛮的小孩！但是，他从来不去模仿别人，只是根植于美国的本土，他想要表达的，只是美国本土文化与思想的一种延伸。任何内心不满或是懒散之人都不会对任何时代感到满意的。任何一知半解的民主人士，任何只追求眼前利益或是名声的人，都肯定不会喜欢大街上的民众，肯定不喜欢码头的风景，不喜欢与人们进行的焦躁谈话。但是，这位诗人却是一个喜欢别人直呼其名的，非常普通的人。他能够与别人一起大笑，就像那些被人们认为是粗俗的劳工那样无视他人的看法。他对爱尔兰人没有任何偏见，总是愿意与他们交流。他也从来不会鄙视黑人，喜欢与他们交流。他从来不会假装自己是一名彬彬有礼的绅士，或是故意学着去迎合某些人。他总是吃着廉价的食物，喜欢集市上咖啡摊上味道浓烈的咖啡。他喜欢吃新鲜的牡蛎作为晚餐，喜欢在一张拥挤的餐桌上，与那些水手与工人一起用餐。在任何时候，他都宁愿选择与这些说话大声，喜欢喧嚣的人一起用餐，而放弃参加那些优雅之人举办的社交晚宴。在这些人当中，他能够感受到他们的爱意与真诚的欢迎。他喜欢聆听他们发出的嘈杂声、大声的咒骂声、爽朗的笑声与机智的回答，还喜欢看到他们那张沾满煤尘的脸庞——他将这些人的形象都深深地刻在脑海里，并且始终保存着这样的印象。他在这些诗歌中想要表达出来的效果，绝对不是那些职业艺术家或是艺术品想要产生的效果，而是要表达用最真实的眼睛所观察到的最为真实的感受，包括对树木或是对小鸟的感受。你们可能有时也能够感受到那些看似粗鲁之人所表现出来的教养，但是你们永远都感受不到一位养尊处优的作家或是演说家表现出来的刻意说教。

其他的诗人喜欢在诗歌中大谈重大的事件、重要的人物、浪漫的爱情故事、战争、爱情、强烈的情感或是赞美他们的国家所取得的胜利或是展现出来的力量，或是阐述一些真实的事件或是虚构的事情——然后对他们的作品进行打磨与润色，最后得出相应的结论，满足读者的阅读品位与需求。但是，创作出《草叶集》这部诗集的作者却只是谈论本人的一些自然倾向与习性。可以说，他在整本书里就是谈论着这些事情。他没有得出任何最终的结论，也从没有想过要专门取悦某些读者。他理所当然地将一些评判的权利都交到了读者的手上，让他们感受到知识之树所带来的好处与弊端，但他从没有想过要人为地抹去这些痕迹。

与自大之人进行争论又能得到什么好处呢？我们必须要明

白，在沃尔特·惠特曼身上，是绝对不可能同时存在两种不同思想的。他在创作这部诗集的时候，显然就是豁出去了，他知道那些评论家会将他骂得狗血淋头。但是，每个读者都应该按照自身的感觉去对这部作品进行评价，而不是单纯依赖这些评论家的一些个人说法对此进行评价。惠特曼的作品、他的人生、行为举止、友情以及写作，都有一个明确的目标，那就是要展现出一个全新的品格，也就是他自身的品格。他将自己的这些想法通过文字表达出来，然后出版。他这样做不是为了要成为某些人的榜样，而只是要进行一番自我剖析，让当代与未来的美国作家或是年轻人能够有所借鉴，让南方人与北方人，让太平洋沿岸的民众与密西西比河流域的民众，让威斯康辛州、得克萨斯州、堪萨斯州、加拿大、哈瓦那与尼加拉瓜，以及纽约与波士顿等地的民众能够感受得到。无论取得这样的成就需要付出什么样的努力，他都努力地去做，然后耐心地等待那些指责与非难他的声音慢慢地消失。

任何创作诗歌的人，首先要做到的一点就是展现出真实的自我——我这样的说法似乎代表着惠特曼在这部诗集里所要表达出来的想法，同时反驳着写学院派的诗人。惠特曼对于作品或是作家们从来都不会抱有什么幻想，这些人的精神似乎根本无法影响到他，他也从来没有说过任何反驳他们的话，也没有反驳他们所提出的理论或是创作方式。他从来不屑于这样做。他在作品中想要表达的，只是他在布鲁克林认识的朋友。他是一个土生土长的美国人，身材魁梧，精力旺盛，今年只有 36 岁（按照 1855 年来计算）——从来没有滥用过药物，从来不穿黑色的衣服，穿着有衬衫领的比较随意干净的衣服，英俊的脸庞，黄褐色的胡须，

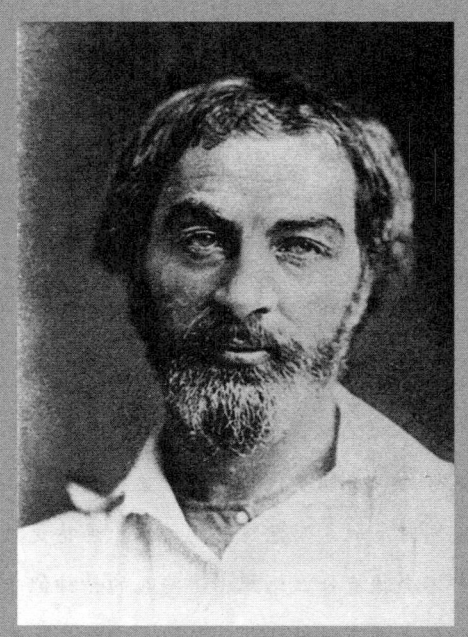

惠特曼

像田野里收割后晒干的随意摆放的干草——他的体型可以说是比较独特的——他是一个受到朋友喜欢与欣赏的人，特别是那些年轻人与文盲的欢迎。他是一个不喜欢与文学圈子的人交往之人，他从未在公开场合下发表过演说，从未与牧师、教授、市议员或是众议员们站在同一个舞台上——相反，他平时喜欢与那些船长们交流，喜欢与那些开着渔船的渔夫们一起钓鱼，喜欢在百老汇大街上搭乘马车，然后与马车夫进行一番有趣的对话——或是乡村开阔的道路上，与一些闲荡之人进行交流。他喜欢纽约与布鲁克林，喜欢这些穿梭不停的渡轮所带来的生命感觉。如果你们遇到他，绝对不会认为他是一个与众不同的人——你们会发现他身上表现出来的品质没有任何与众不同。每个与他交流的人都不会感觉他是一个让人着迷或是有吸引力的人，他也从来不盼望能够得到其他人给予的尊重，而是始终表现出一种简朴与随和的行为——这是一些让你感到熟悉的品质，或是一些你仿佛已经等待了许久的存在——只有在这个时候，你才了解了真正的沃尔特·惠特曼，他是一个在文学领域敢于创新的人，对于现在所获得的冷嘲热讽根本毫不关心的人。即便现在很多人根本不理解他，或是对他怀着一种不信任的态度，他依然对未来充满着信心——他始终都想要亲自表达自己的思想，而不是让别人来替他发声！"惠特曼的这篇匿名文章说的实在是太准确了！

　　惠特曼所写的第二篇文章刊登在《美国骨相学期刊》上，这是纽约的富勒与威尔斯财团下的一份期刊。没过多久，他们就成为了《草叶集》第二版的出版商，他们将这本书的作者写成是

"一个英国与美国的诗人"，然后将惠特曼的《草叶集》与丁尼生的《莫德》进行比较。他们承认丁尼生"虽然内心对创作感到厌倦以及他的贵族身份，但他是一个真正的诗人"。这位匿名的评论家在文章里认为，惠特曼是"最为自傲的作家，因为他敢于创作与出版这样的作品。他的这部作品最后要么被证明是文学历史上最伟大的作品，要么就是最失败的作品。在我们对此进行了一番深刻的思考之后，我们也必须承认，在目前就对这个问题进行肯定的评论，是非常困难的一件事"。

惠特曼在第二篇文章里表现出了某种谨慎的态度，没有将自己摆在一个文学预言家的位置，这可以从他的最后一句话里看出来。但在惠特曼所创作的第三篇匿名文章里，他索性不再对此进行任何掩藏了。他的这篇文章出现在他10多年前经常投稿的《美国与民主评论》1855年9月的期刊上。这份创办时间较久的期刊之前曾陷入一场政治风波，更换了多位编辑，但他们仍然勇敢地发表惠特曼的这篇文章。《美国最后一位吟游诗人》！惠特曼在这篇匿名文章的一开头就开门见山地写道，因为惠特曼的这篇文章实在很长，因此不可能在这里完全引述。

惠特曼就是众多平凡人中的一个，他是一个身材魁梧、为人骄傲、充满情感、喜欢吃喝玩乐的人，他的形象始终是充满男人气概，却又非常的随和，他的脸庞充满了阳光，留着胡子，他的姿态是那么强大，身材是那么笔直，他的声音能够给那些年轻或是年老的慷慨之人带来希望与预言。我们应该消除内心的一切羞耻感，成为真正的自我。我们应该创造出一种充满活力且反叛精神的文学。现在，我们应该意识到惠特曼的这部作品就是代表着这种精神的作品，这也是我们的文坛现在最为缺乏的。美国这个共和国的国民始终都应该是自由且独立自主的。

惠特曼在这篇匿名文章里洋洋洒洒地谈论了许多，直到他在文章行将结尾的时候，渐渐表达出强烈的情感，然后向这位诗人（也就是他自己）致敬："沃尔特·惠特曼，你处于一个非常好的时代！无论是你所表达出来的观点、行为方式、个人形象还是你的作品，虽然与常规的创作方式不同，但却没有遭遇太多恶意的评论。你在书中所传递出来要追求绝对的自然、健康、信念、自力更生以及所有通过原始方式表达出来的爱意与友情，都必然会让你成为世人关注与争论的焦点。"

惠特曼第二版的《草叶集》虽然做了许多广告宣传，而且还宣称惠特曼本人是"世人关注与争论的焦点"，但是 1855 年版本的《草叶集》还是根本卖不动。尽管惠特曼写了几篇赞扬自己的文章，包括他自己所写的 3 篇匿名文章，并且将这 3 篇文章收录在新版本的附录里，但这依然是徒劳的。因为很多读者根本不想阅读他这本诗集。但是，惠特曼身上流淌着荷兰人倔强的血液，他有着强大的耐心，必须坚持到底。他决定一定要圆满地实现这个目标。"当这本书在很多地方唤起众多读者的愤怒与谴责时，"惠特曼后来说，"我就前去长岛的最东边与长岛海湾散心。之后，当我回到纽约的时候，我的内心有着更加强大坚定的决心。之后，我再也没有动摇过这样的决心，我依然希望继续从事诗歌的创作，并且尽自己最大的能力去实现这个目标。"惠特曼决定永远放弃木匠的工作，继续与他的母亲住在一起，专心地创作了几首新诗。

在 1856 年 6 月，惠特曼准备出版他的第二版《草叶集》，这是一本 384 页 16 开的书，一共有 32 首诗歌，包括之前已经出版的 12 首诗歌中的 11 首。所有这些诗歌都是有标记的，都有诗歌的名称。在他创作的全新诗歌里，就包括一些名为《向世界致敬》《阔斧之歌》《蓝色的安大略湖边》《横过布鲁克林渡口》①与《乡村小路之歌》。即便在惠特曼看来，其中两三首诗歌的名称以及创作方式，都是非常大胆的。至于第一个版本里的一些诗歌，惠特曼几乎没有做出任何修改。这个版本的诗集没有前言，取而代之的是一些以诗歌出现的段落。惠特曼的肖像在书中仍然被保留下来。这本诗集没有标明出版商的名称。虽然纽约的富勒与威尔斯集团愿意出版这本书，但他们还是选择不将自己的出版商名称写在书的封面上。这本书里最让人震惊的一点，就是节选了爱默生一年前写给惠特曼一封信里的一句话。出版商将这句话用镀金的文字印刷在新版

---

① 《横过布鲁克林渡口》于 1856 年在《草叶集》第二版初次出现时题为《落日吟》。它是《草叶集》中最完美的佳作之一，其意境、语言、形象、节奏、结构各方面都很有特色，而且彼此协调，浑然一体，是诗人有意识地致力于艺术琢磨的第一个标志和可喜的成就。诗人从童年时代开始最喜欢的娱乐之一，便是从弗尔顿渡口乘船到纽约的曼哈顿去。渡口周围的景色随季节气候循环变迁，旅客也不断地新旧嬗替，而渡船的东西往返永不停息。久而久之，精于观察和冥想的诗人便仿佛看见人类灵魂从此岸到彼岸，从一个旅程转入另一个旅程，从生到死到再生，轮回不已。这个印象，以及从中获得的启发，是惠特曼把人生比作旅程的起因之一，而其最初的艺术体现便是这篇《横渡布鲁克林渡口》。

本的背面上：

我祝贺你踏上了一条伟大的创作之路。

——拉尔夫·瓦尔多·爱默生

在惠特曼一生所做的很多事情中，没有比他在没有得到爱默生的授权下使用这封私人信件的内容作为宣传话语，更让他遭到其他作家的批评与谴责的了。但是，惠特曼与爱默生的共同朋友查尔斯·A.达纳则表示，爱默生事先已经同意了惠特曼使用他这句赞美的话语。若是按照常理来推断，以惠特曼天生的敏感以及做事的放肆来看，他肯定是事先已经知会了爱默生，才敢将爱默生写给他的私人信件里的这样一句话拿出来，为自己的作品进行宣传。但是，在康科德居住的爱默生在得知这件事之后，却感到相当恼怒。当时，爱默生的一位朋友（来自波士顿的乔舒亚·P.昆西[1]）在惠特曼的新版本《草叶集》送到康科德的时候，刚好前去拜访了爱默生。他也将当时自己的这次拜访记录了下来。

我坐在爱默生在康科德家里的客厅里，他从书房里走了出来，手上拿着一本他刚刚收到的书。这是惠特曼那本《草叶集》的新版本，书上还附有"我祝贺你踏上了一条伟大的创作之路——拉尔夫·瓦尔多·爱默生"的字眼。爱默生看上去一脸不悦，表达了自己对惠特曼竟然从他的私人信件里找出这句话作为

---

[1] 乔舒亚·P.昆西（Josiah P. Quincy, 1829—1910），美国诗人、作家。

广告宣传的不满。之后，他将这本书递给我，说这本书里面的内容倒是值得认真阅读，虽然惠特曼不应该将这句话印在封面上。我之所以记录这件事，就是因为我之前从未看到爱默生那平静的脸庞会出现不满的神色。

《草叶集》的第二个版本一个不明显但却更让人感到遗憾的细节，就是附录的名称是"落叶"。这个附录主要包括了惠特曼在报纸上写的匿名文章，同时他还将爱默生在1855年7月写给他的信件都附上了，惠特曼在附录里将自己写给爱默生的回信也印刷出来了：

1856年8月，布鲁克林

亲爱的朋友与老师：

这是我之前送给你的32首诗歌。我认为，只有将这当成一份礼物送给你，才能表达我对你的回信的感激之情。从《草叶集》的第一版出版，你给我寄来的信件到现在，我创作了这些诗歌。当时，我印刷了1000本的《草叶集》准备放在书店里出售。现在这32首诗歌是我使用铅版来印刷的，印刷的数量有数千本。我非常喜欢创作诗歌。我还会要求自己去做其他的工作，比如在不同的地方与别人进行面对面的交流，与那些从事平凡行业的普通美国人进行交流。但是，我人生的工作就是创作诗歌。我希望自己能够继续创作下去，创作出几百首诗歌，甚至是1000首诗歌。对我来说，这条道路是非常清晰的。几年之后，我所出版的诗集每年应该能够卖到数千本乃至上万本。为什么我要那么着急呢？为什么我要做出妥协呢？无论是创作诗歌还是文章，我都会按照之前的原则去坚持自己的创作道路，不去遵循别人走过的足迹，希望我的诗歌能够给男女读者们带来一些不一样的思考。

老师，我是一个有着强大信念的人。老师，我们的国家没有经历过长达数世纪的封建等级制度、没有什么神话故事与寓言故事，但所有这些都无法阻止这片土地上的民众去不断创造。

先别说第一版的《草叶集》的销量是如何糟糕，就是这段开场白的基调都会让人产生厌恶的第一印象，这反映了当时的惠特曼处于一种精神紧张的状态。毫无疑问，他对此展现出了过分兴奋的状态，感觉自己正在玩一把赌注太高的游戏。惠特曼在信中主要是想表达出希望美国本土文学能够展现一种阳刚之气。爱默生在 19 年前创作出《美国学者》一书的时候，肯定也感受到了这样一种思想，因此惠特曼的想法肯定会让他产生一种有趣的共鸣。当时，霍尔姆斯①博士就将爱默生的这本书称为"美国在智慧层面上的独立宣言"。在这封信的结尾处，惠特曼显然表达了对爱默生发表的演说"一个充满道德的全新美洲大陆"的感激之情。惠特曼表示，要是没有爱默生的这篇演说，整个美洲大陆都是不完整的。惠特曼这样说：

这是你所发现的海岸。我必须要说，正是你引领着我们国

---

①霍尔姆斯（Oliver Wendell Holmes, 1809—1894），美国诗人、作家、医生。曾任哈佛大学医学院教授和院长。被誉为美国19世纪最佳诗人之一。

家的前进方向——正是你引领着我走到今天这一步。我可以勇敢地站出来说，没有谁比你为这个国家做出了更大的贡献。其他人可能只是标出了这样的规划，他们建造城市，开采煤矿，建造农场。但是，你却是那位真正敢于乘风破浪的船长，你凭借个人的勇气与无畏精神，勇敢地告诉美国民众什么才是他们真正应该去追求的。你就像那位到过世界各地不同港口的水手，让美国民众领略到了世界的伟大与广阔。

我亲爱的老师，看在所有年轻人以及我这样一位虔诚之人的份上，请你接受这样的赞美。我们对你最大的赞美，就是追随你的脚步。我们希望珍藏你的名字，我们理解你想要表达的思想，因为我们也有着与你一样的思想。我们将会坚持这样的思想，并且在其他州不断宣扬与拓展这样的思想。

假如说 1856 年版本的《草叶集》的封面与附录表明了惠特曼这位喜欢在道路两旁长满春花的路上行走的志得意满之人，在社交与道德领悟方面的迟钝的话，那么他的新版《草叶集》却是毫无疑问地展现出了惠特曼杰出的文学才华。惠特曼在这部诗集里使用了非常生动的词语，灵活地运用了容易上口的韵律，使用了丰富的想象力。之后，亨利·西奇威克[1]就曾将这称为"宇宙情感"，并且说没有哪一本美国文学作品能够与之相比。这部诗集里使用了很多不落窠臼的形式以及"看似不明智的唠唠叨叨"，但这最后

---

①亨利·西奇威克（Henry Sidgwick, 1838—1900），英国哲学家、经济学家和教育家，"剑桥使徒"成员。也是英国著名作家、散文家和教育家亚瑟·本森的舅舅。

证明只是当时很多评论家们都无法逾越的一个障碍而已。不过，当时很多报纸评论对第二版《草叶集》充斥着更多负面的评论。毫无疑问，这部分要归结为惠特曼在诗集里坦率地谈到了人的动物本能，并且这样的段落给人的印象要超过诗集本身所要表达出来的诗意。富勒与威尔斯都对很多报纸的负面评论感到惊恐，拒绝继续出售他们已经印刷好的《草叶集》。

面临重重失望的打击，惠特曼却表现得非常淡然，他始终坚持自己的立场。此时，陆陆续续有一些知识界的名人前去拜访他了，这些人都想要看看创作出《草叶集》这本诗集的作者到底是一个怎样的人。孟克尔·D.康威[1]是一位来自弗吉尼亚州的年轻人，他之前来到康科德居住，就是为了能够近距离地观察爱默生。不过，爱默生后来建议他前去布鲁克林拜访惠特曼。他在1855年9月17日找到了惠特曼，发现当时的惠特曼正在罗马大街的印刷办公室里修改着样张，"非常高兴地接待了他"。惠特曼对康威说，他是第一个因为他的作品而前来拜访他的人[2]。之后没过多久，爱默生就与A.布朗森·奥尔科特[3]这位将先验主义思想推

---

[1]孟克尔·D.康威（Moncure D. Conway，1832—1907），美国作家、哲学家和废奴主义者。代表作：《美好时光》《每日课》《托马斯·潘恩传》《埃德蒙·伦道夫传》等。

[2]参看孟克尔·D.康威的《自传、回忆录以及人生经历》一书，1904年在波士顿出版。

[3]A.布朗森·奥尔科特（Amos Bronson Alcott，1799—1888），美国教师、作家、哲学家和改革家。作为一名教育者，奥尔科特开创了新的和年轻学生交互的方式，即通过一种谈话式的方式，而不是传统的惩罚。他希望完善人的精神，为此提倡尽可能的素食。他同时是一名废奴主义者和女权拥护者，也是美国超验主义运动的代表人物之一。

到巅峰的人物一起前来拜访惠特曼，他们都与惠特曼相谈甚欢。威廉·库伦·布莱恩特这位简朴生活的人，此时已经年过六旬了，担任《纽约晚报》的编辑。他是搭乘布鲁克林渡轮前来布鲁克林的，与《草叶集》的作者惠特曼进行了几个小时的谈话，并且一起散步。另一位拜访者是亨利·D.梭罗，他之前就曾与奥尔科特一起前去拜访惠特曼。正如梭罗之后对哈里森·布莱克①所说的，他对惠特曼的第一印象是"显然，他是世界上最伟大的民主人士之一……他是一个身材魁梧，有着随和的个性，深受他朋友们的赞许……他是一个学识渊博和经历丰富之人，但正如我之前所说，这点未必都具有正面意义。他说我误解了他的意思。我不肯定自己是不是真的误解了他的意思"。不过，梭罗在之后写给布莱克的一封信阐明得更加清楚：

1856 年 12 月 7 日

我之前在回信中跟你谈到的那位沃尔特·惠特曼，我认为他是一个非常有趣的人。我刚刚阅读了他的第二版《草叶集》(这是他送给我的)，可以说这是我很长一段时间里读到最为优秀的作品了。我认为，惠特曼最好的诗歌就是《一个美国人》以及《日落时分》。他在诗集里的两三首诗歌所表达的观点，是我不敢苟同的。简单地说，我不敢苟同的原因就是这些诗歌赤裸裸地表达了追求感官刺激的思想。他没有在诗歌中大肆地谈论爱这个主题，却仿佛聆听野兽在吼叫一样。我认为，一些以阅读惠特曼这部作

①出自《梭罗的通信录》。

品为耻的人也是有他们的道理。毫无疑问，每当有一些打破常规的作品出现的时候，总是需要类似于他这样厚着脸皮去迎接冷嘲热讽的人，但若是他为了迎合所有读者，那么他的作品就缺乏价值了。从这方面来看，他的作品要比我所知道的任何美国作品或是当代的作品做得都要更好。我从他的诗歌中感受到了一种振奋人心的激励情感。至于他在诗歌中所宣扬的追求感官刺激——事实上也不像他在字面上表达的意思那么强烈——我认为，惠特曼也不需要删除那些段落，因为每一个心灵纯洁的男女在阅读这些诗句的时候，都不会给他们带来什么伤害。也就是说，他们不会误解诗人想要表达出来的意思。一位女性朋友跟我说，她认为任何女人都不应该阅读惠特曼的这部诗集——她这句话说得好像是只有男人可以阅读这部作品，而女人就不能阅读了一样。当然，沃尔特·惠特曼并没有在这部作品里给我们传递出任何人生经验。如果我们对此感到震惊的话，就应该反思我们应该去找寻怎样的人生体验呢？

总的来说，在我看来，惠特曼的这部作品无论做出怎样的删减，都是一部非常勇敢的作品，充满着美国的气息。我认为，在这片土地上那些所谓的布道演说加起来，都无法比惠特曼的这部作品带来更大的冲击力。

我们应该为惠特曼的成功感到高兴。他有时会谈论一些超越人类的事情。你无法拿布鲁克林或是纽约的其他人来混淆他的感觉。当这些人阅读惠特曼这部作品时，他们肯定会激动得浑身颤抖。因为，惠特曼写得实在太好了。

不过，我有时也会感觉自己被欺骗了。惠特曼展现出来的善意与宽容的态度，可以让我处于一种比较开放自由的心态，从而感受他所创作出来的诗作——这仿佛让我置身于一座山丘或是在广阔的平原中间——这能够激荡我的心灵，然后我感觉自己仿佛置身于钢筋水泥之中。虽然这样的转变有些粗暴，甚至说会让人扫兴，但这些都是代表着原始情感的诗歌——就像美国军营里的警报声或是号角声。这样的感觉就像东方的神秘主义思想。当我询问他是否有这样的感受，他回答说："没有，跟我说说你的感受。"

我与他的对话并不是非常深入——只是有过两次见面聊天的机会，说了一些比较琐碎的事情。我还记得有人说他的作品代表美国，因为我从来都不怎么关心政治之类的事情，所以我感觉这样的问题会让他很扫兴。

因为我刚刚见过他，所以他在书中的自吹自擂或是表现出来的自我主义，并不会让我感到厌恶。他有可能是我们所有人中最不自夸的人，因为他相信每个人都应该更加自信自己的能力。

他是一个不错的家伙。

同一年，爱默生在写给卡莱尔的一封信里也谈到了惠特曼：

今年夏天，纽约出版了一本书。这本书就像难以用语言形容的野兽，但这头野兽却有着一双可怕的眼睛与水牛般的力量，并且具有不容置疑的美国气息——我准备将这本书寄给你看看。但是，当我将这本书拿给其他人看的时候，他们都做出非常差的评价，可能这些都是想要追求更高道德标准的人，但我的看法与他们很不相同。现在，我再次相信自己的判断。这本书是《草叶集》，是纽约布鲁克林一位熟练的印刷工人沃尔特·惠特曼创作的。如果在你读完这本书之后，认为这只是拍卖商展现自己的一些存货而已，那么你可以将这本书烧来点烟①。

一个事实似乎会给所有拜访者留下深刻的印象。这些拜访者不仅没有发现惠特曼"有着可怕的眼睛与水牛般力量"，反而发现他是一个性情安静、行动缓慢的人，说话时声音洪亮，为人内敛，从来不说粗口，行为端正。总的来说，他的形象与他在《草叶集》里所表达的思想大相径庭。惠特曼发自内心地欢迎所有的拜访者，认真聆听着他们的话语，从来没有想过要让自己占据主导的话语权。他似乎非常享受这样一种不受限制的休闲感觉。他对物质方面的需求也非常简单。他每天很晚起床，根据自己的灵感来进行写作或是阅读，经常在下午或是晚上的时候乘坐渡轮前往纽约，他会乘坐好几个小时的公共马车，与马车夫进行有趣的聊天，或是在百老汇大街的百福商店上闲逛一下，或是与一些年轻的报人进行聊天。此时，他非常喜欢被别人说成是《草叶集》一书的作者的那种满足感。他非常友善地对待自己所认识的人，如果他急需钱的话，会向他们借一点钱，但他总会按时还钱。当时，他说服了一位刚刚结婚的文学界朋友，将他的所有零用钱都借给他。之后，惠特曼将这笔钱用于投机生意。他的朋友后来打官司，希望能够要回这笔钱，但却没有成功。在投机生意方面，

①出自《爱默生与卡莱尔的通信录》，1883年出版。

惠特曼

诗人做的都是最差的。

在这时，惠特曼曾想过要成为一名到处发表演说的演说家，以此来维持自己的生计。按照他一开始的估计，每张演说门票大约是15美分左右。之后，他认为有必要将门票的价格降低到10美分，但他的这个计划最终还是无疾而终。一份美国的初级读本期刊就曾对惠特曼的这件事进行了一番缺乏深入研究的报道，指出了惠特曼之前曾有这样的尝试，但最终都没有取得成功。惠特曼的确在口头语言表达以及演说手势方面进行了练习，并且还对在美国不同地区要想成为一名受欢迎的演说家进行了一番研究。惠特曼一直都希望能够成为像爱默生那样的优秀演说家，但是他却始终没有找到合适的方式去这样做。他的朋友奥康纳与约翰·斯文顿[1]之后曾嘲笑惠特曼想要成为演说家的念头，因为惠特曼不习惯口头言辞的表达，而且他的举止比较僵硬，很难成为一名真正自如的演说家。直到惠特曼临死前，他在演讲台上的风采都没有表明他具有一名成功演说家的气质。当时，他的声音比较尖锐，加上他比较普通的外部形象，很难给听众留下深刻的印象。

对于那些天生的演说家们而言，19世纪50年代的政治经济环境是更加适合他们的，而这样的政治经济环境对惠特曼来说则是不利的。当时，一场猛烈的商业危机席卷了整个美国大陆，这让很多原先对自身经济状况感觉良好的家庭都开始担心自己的财富。当时政坛的斗争也非常激烈，整个国家都有慢慢地陷入南北

---

①约翰·斯文顿（John Swinton, 1829—1901），苏格兰裔美籍记者、报人和演说家。

内战的危险。关于当时美国所出现的一些极为重要的冲突问题，惠特曼是深有同感的，他依然像过去那样自由地表达自己的观点。此时，他已经脱离了民主党，变成了一名支持自由土地的坚定废奴主义者。在让惠特曼内心的激情迫使他创作出了《草叶集》之后的6年里，他的内心几乎完全专注于个人的情感，更加专注于人与宇宙之间的庞大的关系。在南北内战爆发之前，他对政治的关注已经不是那么强烈了。从1857年到1860年，他全身心地继续投入到创作自己的作品，创作出了100首全新的诗歌，修改之前已经创作出好的一些文章。无论是在当时还是之后，他都非常认真小心地进行着创作，就像年老的排字工人有着顽固的追求，对每一个标点符号或是大写字母都要进行一番修改。在创作某一首诗歌之前，他通常都会提前准备好一大串同义词或是意思相近的词语，从而在创作的时候可以派上用场。他会在诗歌的创作中尝试使用不同的词语，直到这些词语让他的耳朵听起来比较顺耳。他在这个时期两部比较重要的诗集分别是《亚当的孩子》以及《菖蒲》。在《亚当的孩子》这部诗集里，他将之前所谈到的一切关于男女之间性关系的内容都收录起来——准备之后再也不谈论这个让他饱受批评的主题。在《菖蒲》这本诗集里，他依然保存了让读者比较难懂的一些神秘主义诗歌。他在这部诗集里宣扬了男人之间的友情。他还为整个诗集写了一个序言与后记，就像华兹华斯当年为《远足》以及《隐居》等诗集写序言与后记一样。

到了1860年，惠特曼再次准备找寻出版商来出版他的这些诗集，他在波士顿找到了一家愿意出版他诗集的出版商——塞耶和埃尔德里奇出版公司，创建人是塞耶①先生与埃尔德里奇②先生。他们将自己的名字放在诗集的封面上，出版的时间大约是在1860年到1861年左右。之前诗集里惠特曼的肖像这次被放弃使用了，取而代之的是惠特曼的一幅全新的肖像，这幅肖像是查尔斯·海恩③在1859年为惠特曼所画的。虽然这幅肖像上惠特曼的面容看上去不是那么的讨好，但是肖像却没有传递出之前那幅肖像传递出来的不良感官影响，消除了许多读者对此感到的不满。这部诗集大约有456页。遗憾的是，在这部诗集卖出了4000到5000本之后，印刷这部书籍的铅版却落到了纽约一位名叫沃辛顿④的出版商手中，他在没有支付版税的情况下印刷了很多诗集。

当这部诗集在出版的时候，惠特曼一直在波士顿，在这里结交了一些很好的朋友。他是在1860年3月中旬来到这里的。4月，在当时的编辑罗威尔的要求下，《大西洋月刊》刊登了惠特曼的诗歌《游吟诗人的象征》，之后这首诗歌被改名为《我与生命的大海共起落》。惠特曼的名字没有出现在署名上，因为那个时候很多投

---

① 塞耶（William Wilde Thayer，1829—1896），美国出版人、报纸编辑、记者和废奴主义者。曾与埃尔德里奇1860年创办塞耶和埃尔德里奇出版公司，出版过詹姆斯·雷德帕斯、查尔斯·萨姆纳和沃尔特·惠特曼的作品等，一年后倒闭。

② 埃尔德里奇（Charles W. Eldridge，1811—1882），美国出版人。曾与塞耶1860年创办塞耶和埃尔德里奇出版公司，出版过詹姆斯·雷德帕斯、查尔斯·萨姆纳和沃尔特·惠特曼的作品等，一年后倒闭。

③ 查尔斯·海恩（Charles Hine，1826—1871），美国肖像画画家。惠特曼的朋友。

④ 沃辛顿（R. W. Worthington，1817—1895），美国出版商，沃辛顿出版集团创始人。

稿给《大西洋月刊》的作者都是没有署名的，但是我们还是可以清楚地知道这首诗歌的作者就是惠特曼。惠特曼的出版商埃尔德里奇是一个有着文学品位的人，他后来也成为了惠特曼的崇拜者与终生通信的人。埃尔德里奇的朋友奥康纳当时正忙着为塞耶和埃尔德里奇出版公司创作一本名叫《哈林顿》的小说。他就是在出版商的办公室里第一次见到了惠特曼，彼此间成为了好朋友。后来，他们在华盛顿再次见面了，奥康纳出版了一份非常著名的小册子，为惠特曼进行辩护，这本小册子的名称就是《白发好诗人》。惠特曼当时所结交的另一位朋友是 J. T. 特洛布里治，他是一个小说家与诗人，当时正在创作一篇他与惠特曼第一次见面时候的故事。他第一次见到惠特曼的时候，发现一个身材魁梧、头发花白的人正在一个昏暗的办公室里阅读着样张。惠特曼一开始与他的对话，让他感到很失望。但在接下来的周日，在特洛布里治的家里，他自由地与特洛布里治进行交流，特别是谈到了他对爱默生的感激之情，说爱默生帮助他更好地"帮助自己""得到了爱默生的鼓励之后，我感觉自己正处于一种即将爆发的状态。"惠特曼当时说了这个比较有趣的隐喻。"爱默生让我处于这样的状态。"爱默生本人之前已经在布鲁克林拜访了惠特曼，之后也会经常过来看他。关于爱默生与惠特曼之间的对话，保存于惠特曼在 1881 年 10 月所写的一篇怀念文章里：

21 年前，我与爱默生先生沿着培根大街走了两个小时，当时培根大街的两旁种植着古老的榆树，当时是 2 月晴朗的一天。当时的爱默生看上去依然充满活力，有着健壮的身体，充满了道德的磁性。他对每个问题的看法都是那么的中肯。可以说，要是爱默生愿意的话，他完全能够充分发挥自己的影响力，引导着民众在情感与智慧方面的前进方向。在这两个小时里，爱默生是说话的那位，而我则是认真聆听的那位。这是一场充满着论证味道的谈话。爱默生说话的方式有点像打仗的方式，一开始是侦察，然后是了解敌军的动向，接着是发动进攻，最后取得胜利。（这就像一支军队有大炮、骑兵与步兵一样）。他谈到了我所创作的诗集《亚当的孩子》，他给予了我很多鼓励。可以说，爱默生的鼓励要比一切黄金都要更为重要。这给我带来了奇怪且难以言喻的满足感。爱默生为我提出的创作意见都是我无法反驳的。可以说，没有任何一名法官的判决能够比他更加让人感觉全面公允且无法反驳的了。在这之后，我从未听到过第二个人能够提出比他更加中肯的意见。当时，我感觉自己的灵魂深处出现了一个极为清晰的信念，就是一定要遵循爱默生的教导，勇敢地追求属于自己的写作风格。爱默生当时说："你当时会对那些事情做出什么样的评价呢？"爱默生说完停顿了。"我也无法对此进行任何评价，但是我感觉坚持自己的创作理论要更加重要，我所要做的只是找寻合适的方式去加以论证而已。"我做出真诚的回答。在结束了两个小时的步行谈话后，我们在美国酒店吃了一顿丰盛的晚餐。之后，我就再也没有为内心产生的疑惑而感到动摇了。（我必须要坦诚，在这之前我的内心出现了两三次的动摇与自我怀疑。）

爱默生与惠特曼在波士顿的另一位彼此尊重的朋友，是惠特曼在这个时候第一次认识的，他就是泰勒神父，当时他是一名水手牧师。惠特曼好几次都专门前去聆听泰勒神父发表的布道演说，经常因为泰勒神父所做的祈祷而满脸泪水，认为他是那个时代"绝对完美的演说家"。之后，惠特曼度过了修改校样的几周休闲时间，认识了一些好朋友，之后就在六月份的时候返回了纽约。

在当年八月某个晚上，豪厄尔斯先生在百福商店举办的周六出版人社交圈子里见到了惠特曼，他后来用文字记录了，"惠特曼靠在椅子上，向我伸出他那双有力的手，似乎他要给予我一切的真诚情感。他有着英俊的面容，头发有点类似于朱庇特神，蓄着胡子，一双柔和的眼睛盯着我看，似乎在向我表达着我所追求的美好理想。虽然我们之前没有什么交流，但是我们之间的认识过程完全可以通过眼神的交流以及彼此的握手来结束。"

在接下来的一年里，惠特曼似乎没有做出什么事情。在1861年春天，南北内战爆发了。塞耶和埃尔德里奇出版公司无法收回他们的货款，因此《草叶集》第三次成为了一本没有出版商愿意出版的书。在过去6年的时间里，惠特曼一直将最大的努力与心血都倾注在这本书上，但是他唯一的收获就是少数的崇拜者，还有几百人知道他正是创作出这本奇怪且不得体书籍的作者。但是，惠特曼总是淡然地面对这些事情，就像一个他所欣赏的马车夫一样"无论生意好还是生意差，都应该照样好好工作"。至少从表面上来看，惠特曼似乎不再关注自己在文学界里的名声了。

如果说在1860年到1861年间惠特曼有什么固定工作的话，可以说他是一个志愿照顾伤员与残疾的马车司机的护士。圣约翰·罗莎①医生在 1860 年担任纽约百老汇地区一间医院的医生，他在 1896 年就对惠特曼当时的工作进行了一番有趣的描述。当时的惠特曼总是穿着一件蓝色法兰绒外套与背心，穿着带状裤子，裹着一件露出喉结的毛料衬衫，可以自由地出入医院。惠特曼经常为看到他那些受伤的朋友所遭受的痛苦而动容，但是他还是尽自己最大的能力去安抚他们。因此，医院里很多年轻的医生在看到他的身影之后，内心都会产生一种安慰的感觉。他经常谈论书籍与诗歌，但从来不谈论自己。当医生不在的时候，他经常会与这些病人一起前往百福商店去喝一杯啤酒。他一直都不抽烟，但他有时会与那些习惯抽烟的年轻医生一起坐上好几个小时，聆听他们的对话，然后慢悠悠地回到医院工作，之后在回到他在布鲁克林母亲居住的家里。此时的惠特曼无论在外在形象还是内心世界这两个方面，都出现了巨大的变化，他不再是当年那位衣冠楚楚的年轻编辑了，不再戴着高顶帽、挂着手杖或是别着襟花了，不再像 20 年前那个年轻小伙子在百老汇大街上迈着轻盈的脚步前进了。

①圣约翰·罗莎（Daniel Bennett St. John Roosa, 1838—1908），美国著名医生。

第四章
内战时期

那些加入军队，为保护联邦共和国浴血沙场的年轻人是好样的！但是，当世人开始慢慢知道，有这样一个人完全是出于内心的仁慈与善意，不分日夜地照顾那些身负重伤的士兵，全身心地投入到拯救他们的健康，从来没有想过要获得任何别人的赞美与欢呼的时候，我们必须要说，他做得更好。

——R. M. 巴克

1861 年 4 月 12 日，随着南方盟军对萨姆特城堡的炮轰，南北内战爆发了。这条爆炸性的新闻在当天晚些时候传到了纽约。惠特曼当时正在第十四大街的戏院里看戏，在晚上 12 点的时候正沿着百老汇大街走着。此时，他听到了报童大声吆喝着"号外！号外！"的声音。他买了一份报纸，接着马上走进大都市酒店灯光明亮的地方阅读。此时，一群人已经聚集起来了，他们都静静地听着一些人大声地叫着"号外"的声音。当这阵声音消失后，大家争论的时候已经过去了。

在接下来的 18 个月里，我们几乎找不到有关沃尔特·惠特曼的任何记录。他的弟弟乔治比惠特曼年轻十岁，在得知了战争爆发的消息之后，马上加入了纽约第五十一志愿兵团，这是一个主要由布鲁克林年轻人组成的军团。7 月布尔河战役[①]爆发，双方伤亡惨重，而沃尔特·惠特曼当时正在家里。在这段时间里，他一直在家里待着，直到乔治在 1862 年 12 月弗吉尼亚州的弗雷德里克斯堡战役[②]里身负重伤。此时，惠特曼内心的挣扎与痛苦，可以从他的《擂鼓集》里看得出来——这是惠特曼主要在 1862 年底创作的诗集——后来又加入了一些散文式的回忆录[③]。至于惠特曼一开始是否产生要加入志愿兵团的念头，我们无从得知。1864 年 4 月 10 日，当时的惠特曼作为志愿护士已经照顾伤兵有好几年的时间了。他在一封写给母亲的信件里这样说："这场战争必须要继续下去，如果我认为自己在战场上可以实现比现在更大的用处，那

---

①布尔河战役（Battle of Bull Run），1861 年 7 月 21 日发生在美国弗吉尼亚州的马纳萨斯和布尔河附近，是第一场南北战争中的重要战役。南军在石墙杰克逊将军的率领下，打破了北军进攻里士满的计划，也称"马纳萨斯战役"。

②弗雷德里克斯堡战役（Battle of Fredericksburg），美国南北战争中期（1862 年末）的一场重要战役，场面浩大，参与将士达 18 万人，为期 5 日（12 月 11 日至 12 月 15 日）。此战役中，联邦的波多马克军团承受了惨重的伤亡，而邦联的北弗吉尼亚军团则以打败敌军换取圣诞节的平安。

③在 H．B．宾斯所创作的《沃尔特·惠特曼的一生》一书里，就谈到了惠特曼在 1861 年 4 月 16 日所写的一篇手稿："在这一天的这个时刻开始，我下定决心一定要让自己成为一个更加纯粹、完美与友好的人，我只喝纯净水与牛奶，再也不喝任何酒精类的饮品，再也不吃肥肉了——我一定要想办法拥有一个健壮健康的身体。"

惠特曼．1864

么我肯定会参军。我不知道自己当时会有怎样的想法，但我肯定会这样做的。"任何针对惠特曼不去从军的批评都是短视的，因为这样的批评就好比批评惠特曼不亲自扛着滑膛枪上战场与敌军作战。惠特曼是一个有力量、勇气与爱国情怀的人，这点是我们无法去质疑的。惠特曼在另一个比真实战场更加可怕的"战场"里履行着自己对这个国家的职责。只是，惠特曼"缺乏一种好战的本性"——正如歌德在谈到很多人指责他不去从军一样，他也是说"自己缺乏一种好战的本性"。我们也很难想象，要是惠特曼真的前往战场，他会成为一名作战勇敢的士兵。作为真正的士兵，必须要有无条件服从的天性、灵活的行动以及泯灭个人的任何其他想法，这些显然都是惠特曼所不具备的。正如惠特曼那些教友派朋友们所说的，他的"使命"是要拯救生命，而不是夺去生命。因此，在这段"让人浑身颤抖且步履维艰的岁月里"，惠特曼几乎都没有怎么回去探望他的母亲，每天都是待在战地医院里照顾着那些受伤的士兵，为那些受伤的士兵阅读一些描述联军正穿越曼哈顿，准备前往南方作战以保卫古老的联邦共和国激动人心的消息。

　　在战争爆发第二年的晚些时候，住在布鲁克林波特兰大街的惠特曼一家人在得知了乔治在 12 月 13 日战斗负伤的消息之后，都大为惊骇。惠特曼立即离开家，前往前线。他口袋里的钱在来到费城之后被人扒走了，因此当他来到华盛顿时，已是身无分文。他在华盛顿度过了无比焦急的两天时间，每天都在搜寻着有关弟弟的消息。幸运的是，他碰到了他在波士顿的朋友奥康纳，此时奥康纳在灯塔管理局担任一名职员。奥康纳当时愉悦地对惠特曼说，扒手的盗窃行为绝对不能让惠特曼为自己身无分文而感到耻辱，反而给他带来了意想不到的帮助。在19日，惠特曼抵达了弗吉尼亚州法尔茅斯地区的纽约第五十一志愿兵团的营地，这里距离弗雷德里克斯堡很近，距离华盛顿大约只有50英里左右。此时的乔治是一名沉默且坚强的步兵上尉，刚刚摆脱了生命危险。沃尔特在见到乔治还活着的时候，马上通过电报给家里发去了这个好消息。在接下来的八九天里，惠特曼留在军营里照看那些思念家乡与身负重伤的士兵。这些士兵所遭受的痛苦给他的心灵带来了强烈的冲击。当他与一些身无分文的受伤士兵一起回到华盛顿的时候，他下定决心绝对不能丢掉他们。

奥康纳夫妇非常热情地为惠特曼腾出了一个房间。哈普古德少校当时是一名军需官，他手下的一名临时职员是埃尔德里奇，他就是1860年因为出版《草叶集》而破产的出版商——当埃尔德里奇见到了惠特曼之后，立即为惠特曼提供了他办公室里的一张桌子，惠特曼的工作就是每天腾出两三个小时用来抄写文件。在这几天的时间里，惠特曼就开始感觉自己要无限地留在这个地方，他开始创作一些长诗，讲述他在战地医院里看到的那些"可怜的人"。与此同时，他也与布鲁克林及纽约的一些报纸进行通信，为这些当地的报纸做一些苦工。在二月份的时候，他给西沃德、查斯、萨姆纳以及其他政治领袖写信，希望能够获得一份让他勉强糊口的工作。但他的内心感到犹豫了，因为他没有任何的背景，也没有人撑腰。但是，他最后还是给西沃德与查斯寄去了信件，虽然萨姆纳"无论是说话还是行动，似乎都充满了生命力"。但他寄出去的信件在两年之内都是石沉大海。在三月份的时候，他的内心突然想到了他放在布鲁克林家里的手稿。他在给母亲的一封信里这样写道："母亲，当你与杰夫再次给我写信的时候，请记得告诉我的文章与手稿都已经保存好了。要是我的那些手稿散落不见了或是被糟蹋了，我会感到非常难过的。特别是蓝色封面的那本《草叶集》以及那本《擂鼓集》的手稿。那些手稿都用绳子系成了一个长方形，上面用书套套着的。我希望你帮我好好地保管这些手稿。"

但是，对于那时的惠特曼来说，创作已经不是一件迫切的事情了。在1863年最初的几个月里，华盛顿已经变成了一个庞大的医院，有超过5万名受伤的士兵正在忍受着痛苦。诸如专利局甚至是国会大厦这样的公共建筑都被设置为临时的医院。在华盛顿这座城市里，还有十几个规模庞大的医院营房，其中最大的一个医院营房就是兵工厂广场的营房，位置靠近宾夕法尼亚火车站。简陋的医院营房散落在城市郊区贫瘠的斜坡上。军医与护士们都尽自己最大的努力去拯救手上士兵的生命，但他们所拥有的资源实在是太过有限了。因此，当时的整个救治形势非常严峻。此时，惠特曼展现出了他最高尚的品格。作为一个从小在布鲁克林长大的男孩，他就知道自己有责任去照顾那些受伤的士兵。可以说，惠特曼是一位天生的护士，这可能与他过去经常前往纽约医院看望那些病人的经历有关。看到了医院的人手远远不够，他知道这是自己可以派上用场，做出贡献的时候了。因为很多专业护士根本没有时间，给予每一位受伤的士兵足够的关爱与护理。他从来不去计较哪些受伤的士兵是属于政府军或是叛军。他为那些临死士兵写最后的家书，为他们写寄给妻子或是女友的最后信件。对于那些还可以自己写信的士兵，他也会为他们购买信纸与邮票。无论是白天还是夜晚，他都会背着一个干粮袋在医院里巡视，一看到有士兵说自己很饿，他就会拿出干粮袋分一些食物给他们吃。有时，他会带上一些橙子、苹果、柠檬、烟草或是一些有趣的读物，然后分发给那些需要的受伤士兵。当然，很多来自布鲁克林、波士顿、萨勒姆与普罗维登斯的人——其中就包括了詹姆斯·雷德帕斯、爱默生与温德尔·菲利普斯——都纷纷将一些钱寄给惠特曼，让他将这些钱转交给那些身无分文的士兵。惠特曼没有什么可以给予这些负伤的士兵，但他会给予他们无微不至的关怀，说些充满爱意的话语。有时，他会在受伤士兵的床边大声地阅读一些书籍的内容，或是与他们玩"二十个问题"之类的游戏。在面对那些负伤严重的士兵，他会进行长达数小时的护理，用他那充满善意与温和的笑容去抚慰他们痛苦的身躯，让他们的灵魂充满着柔和的怜悯心。在惠特曼写给母亲的一封信里，他用非常朴实的语言描述了一个典型的事例。这个事例是很多惠特曼的传记作者经常引用的：

　　7月22日这天下午，我与纽约第154G连队的奥斯卡·F.威尔伯一起度过了很长时间。当时的威尔伯患上了慢性腹泻，而且身负重伤。他要求我给他阅读《圣经新约》一个章节的内容。我答应了。我问他要我读哪一个章节的内容。他说："随便你。"于是，我打开了《圣经新约》福音书部分的内容，阅读了耶稣基督人生最后时刻的遭遇，并且读到了耶稣基督被钉死在十字架上的场景。这位可怜且奄奄一息的年轻人要求我继续读下一章的内容，说想要听听耶稣基督是如何重生的。我非常缓慢地阅读着，因为此时奥斯卡的身体已经极为虚弱了。我的阅读让他感到非常满意，但是，他的眼睛却充满了泪水。他问我是否信仰宗教。我说："我亲爱的，我也许不像你那样信仰宗教。也许，这都是同一回事。"威尔伯回答说："信仰上帝是我人生极为重要的精神支柱。"接着，威尔伯谈到了死亡，他说自己不惧怕死亡。我问："奥斯卡，难道你不认为自己会好起来吗？"他回答说："我也许能够好起来，但看起来不可能了。"他用非常平静的口吻谈论着自己的身体状况。因为他所受的伤太严重了，这消耗了他太多的身体能量。之后他所患的慢性腹泻让他奄奄一息。我感觉那个时候的他已经是奄奄一息了。但是，他依然表现出了足够强大的男人气概与情感。当我看到他痛苦地辗转反侧的时候，我亲吻了一下他的额头。他将他母亲的通信地址告诉了我，他的母亲是萨利·D.威尔伯，地址是纽约卡塔劳格斯阿利根尼邮局。之后，我与威尔伯进行了几次的对话。几天之后，他就去世了。

按照惠特曼的说法，他照顾受伤士兵的方式是"给予每个伤员个人的关怀，全身心地投入进去，同时展现出无限的人性关怀与爱意"。他认为，当受伤士兵们看到一个有着怜悯之心的男人去照顾他们，不断给他们带来爱意与情感，这是要比任何药物都更奏效。很多接受过正规医学训练的军医经常看着这些头发花白的仁慈诗人在医院里走来走去安慰病人，也认为惠特曼的做法是正确的。

几个月后，他感觉自己慢慢失去了以往的活力。在他写给母亲的一封信里，他谈到了"在面对死亡与可怕的手术时，他依然能够保持淡然的心态。但是，当我在战地医院忙完几个小时之后，独自走在回家的路上，回想起发生在战地医院的可怕情景，我会感觉到恶心，浑身都会情不自禁地颤抖起来"。到了五月份的时候，钱瑟勒斯维尔战役①所造成的大量伤员都被送到了华盛顿的战地医院，有时一天就会送来 1000 名受伤的士兵。医生们都警告惠特曼不要长期待在战地医院里，因为医院里的空气充满了细菌，是非常不干净的。但是，惠特曼下定决心要与那些身负重伤的士兵们在一起，好好地照顾他们。在七月份的时候，爆发了伤亡极其惨重的葛底斯堡战役②。此时，他那位热心的朋友奥康纳已经搬到了另一座房子居住，但是惠特曼在之后的一段时间里，依然住在他那间狭小的房间里，每天做一顿简单的早餐，然后在酒店里买好这一天另外一餐的饭菜。他将自己所能节省下来的每一分钱都用到了照顾伤员上面。此时，他的脑海里重新泛起了要靠演说来赚钱的念头，但是他认为在当时那个环境下这样去做是非常不适合的。

---

①钱瑟勒斯维尔战役（Battle of Chancellorsville），美国南北战争期间主要战役之一，发生于1863年4月30日—5月6日。

②葛底斯堡战役（Battle of Gettysburg），1863年7月1日至7月3日于宾夕法尼亚州葛底斯堡及其附近地区爆发，是美国南北战争中最血腥的一场战斗，经常被引以为美国南北战争的转折点。联邦军乔治·米德少将所率的波托马克军团抵挡由联盟国军的罗伯特·李将军所部北弗吉尼亚军团的进攻，获得决定性胜利，终结了李将军第二次，也是最后一次入侵美国北方各州。

随着夏天的到来，温度越来越高，战地医院的状况变得越发糟糕。有一次，惠特曼亲眼看到了林肯总统，当时的林肯总统在战地医院里视察。"他的面容看上去要比以往更加的忧伤。"惠特曼在日记里这样写道："他的脸上像是被刀子一刀一刀划出了很多深深的皱纹，然后被缝合线连接起来。他看上去一脸黝黑，脸上没有一丝的光芒——他是一个充满着魅力的人，但给人一种非常悲伤的感觉。"在八月份的时候，惠特曼在写给母亲的信件里，就谈到了自己内心感受到异乎寻常的压抑感："我认为这个世界充斥着太多的痛苦了。如果某些人从来没有产生过这样的痛苦感觉，这是因为他们从未想过要去了解人。有时，感受别人的痛苦要比亲自感受自己的痛苦更加糟糕。"他的弟弟安德鲁此时身患重病。"杰夫"现在已经是一个男孩的父亲了，还在想办法照顾他年迈的母亲，但他有可能会被征召入伍。家庭所面临的重重压力落在了惠特曼的身上，他柔软的心灵每天都对战争所带来的可怕后果感到无比反感。"母亲，每个人的内心都会对战争深恶痛绝。当你真正看到战争的可怕一面，就会深刻感受到战争的无比残酷性。我在战地医院里工作的时候，经常会感到恐怖，对那些可怕的场景感到无比的恶心——在我看来，战争就是一个可怕的屠宰场，人与人相互进行着相互屠杀的游戏——我感觉自己无法从这样可怕的战争中抽离出来，除非我们能够取得战争最后的胜利（让普通的民众因为战争而过着颠沛流离或是痛苦的生活，这的确是一件极为残忍的事情）。"

时间慢慢地来到了 10 月份。此时，惠特曼搬到了一处新地方居住，这是第六大街 456 号的一间简陋房屋的一个阁楼房间。居住在这里的惠特曼开始想念他的母亲，希望能够见上母亲一面。但是，他已经身无分文了，没有钱购买车票前去看望母亲。此时，海约翰[1]——当时只有 25 岁，是林肯总统的私人秘书，他也是惠特曼的《草叶集》的崇拜者——他非常低调地为惠特曼提供了车费。正如下面这张电报所示的：

华盛顿行政大厦

1863 年 10 月 9 日

我亲爱的奥康纳：

如果你能够过来找我，我能够为你安排好这件事。

尊敬你的朋友：海约翰

惠特曼在布鲁克林大约待了一个月左右。他发现母亲处于非常好的身心状态，但是城市的生活已经不像过去那么美好了。因为战争的缘故，很多物资都出现了紧缺的情况。此时，惠特曼的内心产生了一股全新的创新冲动，他能够再次感觉到自己要成为一名真正诗人的冲动。惠特曼在下面这封写给查尔斯·W. 埃尔德里奇的信件（从未被发表）中，就说明了这点：

布鲁克林

1863 年 11 月 17 日

---

①海约翰（John Hay，1838—1905），美国作家、记者、外交家、政治家，曾任林肯总统私人秘书，后于威廉·麦金莱和西奥多·罗斯福等总统时期任国务卿。

我亲爱的朋友：

我认为内利已经收到了我的来信，他肯定会告诉你我现在所做的一些事情。要是你有什么信件想要寄给我的话，请在周六之前寄到这个地址吧。在那之后，请你不要再将信件寄到布鲁克林了，因为我会在下周一或是周二就要回来了。在过去3天，这里的天气非常的糟糕，每天都下着雨。昨晚，我前去戏院看戏——威尔第的歌剧作品《吟游诗人》①，歌者的歌唱与演员的表演都非常赏心悦目。

我感觉自己必须要将更多的人生精力专注于创作之上，也就是创作出更多的诗歌。我必须要完成《擂鼓集》的创作。我必须要继续创作出更多杰出的诗歌——现在，我感觉正处于创作的巅峰期——我应该继续在人生的这段高峰期上行走，更好地利用接下来几年的创作高峰期。当我度过了这段创作高峰期之后，我会淡然地从这个阶段走下来。当我这次从布鲁克林回到华盛顿之后，我感觉到无论是城市的生活还是其他的事物，似乎都变得更加轻浮与肤浅了……我在纽约那边的朋友们都非常的友善，也许他们对我实在是太友善了——要是我在那里继续待上一个月的话，那么我肯定会被他们的善意所扼杀掉的。我这趟旅程最大的收获，就是看到我的母亲依然健康。母亲就像一艘老而弥坚的船只，给予我度过目前困难与沮丧的动力。我的弟弟安德鲁因为疾病的缘故，即将要前去天国了——他的大部分时间都是在布鲁克

---

① 《吟游诗人》（Trovatore），是一部四幕的著名歌剧，由朱塞佩·威尔第作曲，意大利文剧本是由巴达尔及卡马拉诺编写，《吟游诗人》于1853年1月19日在罗马阿波罗歌剧院首次演出。

林度过的。有时，我认为查理更像一个女人，而不是一个男人。我希望他能够成为一个追求真正伟大的人，而不是追求那些徒有其表的东西。亲爱的朋友，请将我的爱意传递给威廉、内利以及少校。

永远忠诚于你的朋友：沃尔特·惠特曼

12月初，惠特曼回到了在华盛顿所租的阁楼房间里。在他从布鲁克林回到华盛顿没多久，安德鲁就去世了。此时的惠特曼非常想家，但他还是强忍悲伤，马上投入到在战地医院志愿护士的工作。J. T. 特洛布里治在过去长达一个月的时间里经常与查斯部长会面，此时的他在惠特曼所在营房的斜对面。他对查斯部长生动地讲述了惠特曼这个人，以及惠特曼想要在他手下工作的想法。当特洛布里治发现惠特曼依然还带着爱默生推荐惠特曼给萨姆纳与查斯的信件之后——此时，距离爱默生写这封信已经过去一年时间了——特洛布里治就恳求查斯部长能够考虑任命惠特曼一个职位。但是，查斯认为绝对不能任命一个写出那本"臭名昭著"作品的人，因此这件事就暂时落下帷幕了。查斯将爱默生写给惠特曼的推荐信收下了，就是为了保存爱默生的签名。有时，惠特曼会对着特洛布里治大声朗读他所创作的《擂鼓集》手稿。当特洛布里治回到波士顿之后，想要帮惠特曼找一些愿意出版这本书籍的出版商，但却没有什么结果。

惠特曼受到了一股强烈好奇心的驱动，想要到战争前线看看，认为自己在前线所做出的贡献也许要比在华盛顿的战地医院更大一些。1864年2月，惠特曼在弗吉尼亚州的卡尔佩珀待了几天。惠特曼在写给特洛布里治的一封信里就谈到了他当时的感受：

弗吉尼亚州卡尔佩珀

1864 年 2 月 8 日

我亲爱的朋友：

　　我应该早点给你写信的，告诉你我已经收到了通过快递寄过来的一捆书籍，我已经开始认真地阅读起来了。有时，我还会将一些书拿给那些想要读书的受伤士兵们看——（我发现了一个专门救治马车夫伤员的小规模战地医院，这些伤员没有一本书可以阅读。我前去那里之后，将你寄给我的多数书籍都拿给他们去看）——我已经来到了军队的最前线了，目前一切安好。这里距离南面的总部大约还有8到10英里左右（也就是白兰地站）——我们与叛军前天在那里爆发了战斗（此时，那个地方已经有了警戒线）。我们担心那些叛军可能会趁着我们损失惨重的有利条件，对我们突然发动进攻。我们特别担心他们会通过侧翼的行军，对我方的右侧发动进攻。昨晚，我们所有人都准备仓皇撤退了，因为我们都认为叛军会这样做。我们已经将所有马匹都准备好，将所有能够转移的物资都打包好。（之前，我们反复争夺卡尔佩珀这个地方三四次了）——但是，我感到困意十足，躺在床上的时候，睡了非常舒服的一觉——但是，半夜依然会响起军号声，让人不得不要保持警觉。现在，这里暂时没有什么危险——半夜，我听到有人在尖叫着，我马上起床，走出军营去看究竟发生了什么事情，结果发现是我方的一些士兵从前线回来了——前天，一个庞大的军队，大约是三个军团的士兵从这里出发，向敌人发动进攻——现在，他们中只有一部分

431 Stevens Street

Camden Sunday noon July 22

1877

Dear Herbert

Here I am at my room & haunts in Camden, so different from the creek, & bathing & exercising in the open air — yet I keep myself busy at one thing & another — & am feeling pretty well so far. (yet I attribute my feeling pretty well now to my visit for the last year & a half to the creek & farm, & being with my dear friends the Staffords.) We had a nice healthy ride up from Kirkwood, Mrs S and I. Friday

morning & I enjoyed it much (am glad I came up that way, instead of the RR) I went over to your mother's yesterday afternoon about 5½ & staid till after 8½, nothing specially new with them your mother & Bee & Gibby are all well & in good spirits — we had a good tea — I punished a fearful quantity of good oatmeal mush & stewed blackberries — then we sat & talk'd for an hour & a half in the cool of the evening on the front sloop — then a delightful jaunt home to Camden a most lovely evening, (the moon & Jupiter in conjunction & I spieering them all the way home & especially on the river) — — I am partially busy at some writing — feel most first rate here to-day — Herb, you will see by the enclosed piece that I am in Camden (or go write thither) — Write to me — Your old Walt

I have written to other Tattlers

人平安地回来了——在凌晨两三点的黑暗环境下，看到这一群士兵以方阵的形式返回来，这真是非常有趣的一幕——我与从前线返回来的一些士兵们聊天，他们是多么的愉悦开心。他们展现出了男人的阳刚之气与随和的品格，这些都是我们美国年轻人都必备的一些素质——昨晚，我与阿什比夫人待在一起——她的丈夫（已经战死）是著名的叛军将领阿什比的亲戚——她为我做了一顿可口的晚餐，为我提供了舒适的床铺——我们的一些军官也睡在这里——她与她的妹妹们总会与我进行交谈，而且她们表现出非常友善的态度。阿什比夫人穿着一件非常陈旧的衣服，但举止非常优雅，能够看得出她是一个见过世面且接受过良好教育的女性——她的脸上显得非常忧郁——说她已经担心自己的孩子的生命状况。她是一个漂亮的中年女性——也是一位过着贫苦生活的女性。我非常同情她的遭遇。我只能希望她那高尚的情感能够战胜一切忧郁的情感。

我亲爱的朋友，我要随着这些战地医院而转移地方了——（唉，有多少可怜的年轻女士遭受着战争带来的痛苦啊！）——我想要更多地了解军营的生活以及目睹战争的情景，体验一下前线军队在冬天时候的状况。我亲爱的朋友，我还有很多话要跟你说，但我现在必须要停笔了。

永远忠诚于你的朋友：沃尔特·惠特曼

你给我回信的地址照样可以写我之前在华盛顿的那个地址——要是加勒·巴比特从梅森医院回来的话，他肯定会转交给我的。我将你的那本书放在查斯先生家里了。

忠诚于你的朋友：J.T.特洛布里治，马萨诸塞州萨默维尔在接下来的一个月里，林肯总统任命格兰特为联军总司令，此时南北战争已经进入了最为关键的决战阶段了。"格兰特将军已经来到了这里，我们每个人都认为不久就会有一场大战。"惠特曼在写给母亲的一封信里这样说。波托马克方面的军队已经撤离了营地，"荒原之战"马上就要开始了。"不管其他人怎么说，"惠特曼在四月份的日记里写道，"我相信格兰特将军与林肯总统。"当时，华盛顿方面的战地医院要比以往任何时候都要更加拥挤，惠特曼一家人都非常担心乔治的生死。因为乔治所在的军团正在执行着格兰特将军部署的战斗。在5月20日，惠特曼已经将住所搬到了宾夕法尼亚大道502号一间位于三楼的阁楼里。在写给特洛布里治的一封信里，惠特曼说"这是一个非常糟糕的地方"。

华盛顿

1864 年 5 月 20 日

我亲爱的朋友：

你捐献给那些负伤士兵的钱（五美元）已经安全寄到了，这实在是及时雨啊！今天，大多数被送到这里的伤兵都是身无分文的——（有时，我也感觉自己与他们一样身无分文。我能做的，就是对他们每个人都倾注个人关爱的情感，了解他们需要一些什么东西）——现在，每个战地医院都是人满为患——兵工厂广场收治的伤员要比很多新英格兰地区很多大村落的人口都还要多——我经常会从一个战地医院前往另一个战地医院，有时根本不分白天还是黑夜。我亲爱的朋友，能够收到你的来信，总让我感到极为高兴。要是你能够找到其他有能力并且愿意帮助这些伤员的人，希望他们能够多给这些受伤的士兵捐些钱，因为这是目前最急需的。

永远忠诚于你的朋友：沃尔特·惠特曼

我要感谢美国陆军少校哈普古德的帮忙，才有邮费给你回信。

收信人：J. T. 特洛布里治。地址：马萨诸塞州萨默维尔

在之后不到一个月的时间里，惠特曼健康的身体慢慢出现问题，在之后的岁月里再也无法恢复了。惠特曼在写给母亲的下面几封信里，就说明了这件事：

母亲，如果这场战争还没有什么进展的话，我可能也无法继续待在这里了。因为我感觉自己正在慢慢地失去健康。我每天都面对着太多受伤严重的士兵，面对着太多伤口发炎流脓的士兵，还要面对很多可怕的流血场面。我感觉自己再也无法承受了。

我越来越想家了。我想要去追寻一些全新的事物——我已经看够了受伤士兵们的可怕的面容，我感觉内心已经慢慢地麻木起来了……

母亲，过去一周里，我感觉身体非常不舒服。我有时甚至出现死一般的昏眩情况，我也会感觉到大脑剧烈的疼痛。

战地医院的医生跟我说，我已经在战地医院里待了太长时间了，特别是在受伤严重的兵工厂广场的战地医院照顾伤员太长时间了，因此可能感染了一些细菌。

我感觉自己目前所患的疾病要比我想象的更加严重。

在过去两周里，医生们都告诫我，我必须要离开这里。我需

要一个全新的环境，呼吸新鲜的空气。我认为自己很快会回家待上一段时间。

回到布鲁克林之后，惠特曼安心静养了半年时间，慢慢地恢复了身体的活力。随着天气逐渐变冷，他又准备前去纽约附近的军事医院那里参加志愿护士的工作。12 月 11 日出版的《时代杂志》刊登了惠特曼很早之前的投稿文章，讲述他在华盛顿战地医院的见闻。在这段时间里，他经常给奥康纳与埃尔德里奇写信，告诉他们自己的康复状况，并且经常提到自己正在创作的《擂鼓集》："只要我还活着，即便是要付出再大的代价，我也要出版《擂鼓集》这本诗集。"在惠特曼的这些信件里，最为有趣的一封信是在 1865 年 1 月 6 日 ① 写的。这封信的开头就谈到了他想要申请的一个职位，很快就成功获得了这个职位。

布鲁克林

1865 年 1 月 6 日

我亲爱的朋友：

你在去年 12 月 30 日的来信已经收到了。我之前已经给威廉姆·托特·奥托 ② 先生写信，寄去了自己的申请书，同时还

---

① 我要感谢艾伦·M.卡德尔女士，她之前是奥康纳的妻子。她非常大度地将奥康纳先生保存下来的信件转交给我。

② 威廉姆·托特·奥托（William Tod Otto, 1816—1905），美国内政部副部长、大法官。

将一份复印信件寄给了约瑟夫·哈勃利·阿什顿①先生。我在那封信中表达了自己希望能够获得任命的强烈渴望，我还按照你的要求，谈到了自己在战地医院照顾士兵以及创作诗歌等事情。

在这个寒冷的冬天，我的《擂鼓集》可能就要出版了（我在过去的许多信件里都曾提到过这件事）。现在，我也正在加紧修改这本诗集，准备将最为完美的诗集拿给出版商去进行印刷。最后，我终于对这本诗集的内容没有任何不满了，我终于感到了满意——我对诗集中的每个用词以及标点符号都感到满意。在我看来，《擂鼓集》要比《草叶集》更好一些——当然，要是从艺术的角度去看，《擂鼓集》当然要比《草叶集》更胜一筹，因为这本实际更加注重情感的表达，能够让普通的读者可以放飞最狂野的想象，同时真正的艺术家也会发现作者对诗歌的情感进行了一番恰当的控制。但是，我之所以对《擂鼓集》这本诗集感到满意，就是因为这本诗集将我长久以来困扰我心灵的想法，通过诗歌的形式表达出来（并且是以我喜欢的方式表达出来，而不是以直接的方式表达出来）这本诗集贴合了我们目前所处的这个时代，讨论了各种让人感到绝望与充满希望之间的强烈冲突。我在诗集里谈到了很多改变、人群、喧嚣声以及震耳欲聋的吵闹声（但是，这些东西都被一只无形的手，一个明确的意图或是思想所控制），然后让读者感受到一种前所未有的伤痛，感受着那些英俊的年轻人

---

① 约瑟夫·哈勃利·阿什顿（Joseph Hubley Ashton, 1836—1907），美国律师、最高法院大法官、乔治城大学教授。也是惠特曼的朋友和崇拜者。

在美好年华的时候面临着痛苦与死亡，让一切事物似乎都染上了血腥的颜色，让万物似乎都在滴血。因此，这本书传递出来的悲伤情感是前所未有的（难道我们现在所处的这个时代不是一个前所未有的悲伤时代吗？）但是，这本诗集同时也吹响了嘹亮的号角与雄壮的鼓声，让读者感受到人类最为美好的爱意即便在最为混乱的战争时期，依然是贯穿始终的，让他们能够在每个片刻的宁静都能够感受得到。可以说，这是一本代表着信仰与胜利意志的诗集。

《擂鼓集》不会有《草叶集》所带来的任何躁动。我对《草叶集》感到满意（至少目前仍然对其中大部分的诗歌感到满意），因为那本诗集表达了我内心想要表达的想法，也就是说表达除了我鲜明的个人宣言，表达了自我，或者说，让美国民众慢慢地感受到每个独立个体的个性所具有的强大力量。这是适合西方世界的，适合我们这片土地的。但是，在下一个版本的《草叶集》里，我肯定会认真地删除一些细节，或改变一些内容。

正如我在上文所说的，我认为《擂鼓集》要比《草叶集》更加优秀。也许，我只是从艺术作品或是更加简单的个人品格去看待这个问题，可能还因为我在《擂鼓集》里删除了一切额外的语言——我的意思是一切的口头化语言。我很高兴能够创作出我认为每个词语都能最好表达我个人想法的诗歌。

不管怎么说，《草叶集》都是我喜欢的作品，就像我的第一个孩子那样的亲切。《草叶集》也是我人生第一个希望与疑惑的结晶，是我过去某个阶段努力与个人愿望的一种展现。要是我现在才动笔创作《草叶集》的话，那么我肯定无法创作出其中的一些诗歌。可见，要是我创作《草叶集》的阶段过去了，那么我就再也创作不出了……

一个月后，他在华盛顿给特洛布里治写了下面这封信：

华盛顿

1865 年 2 月 6 日，星期一

我亲爱的朋友：

你可能已经看到了我写这封信的日期了，我已经再次回到华盛顿了。现在，我仍然会定期前往战地医院照顾伤员，但不再像过去那样以牺牲自己的身体去做了……我现在的健康状况非常良好，但自从我去年 7 月卧床不起之后，我已经感觉自己不再像之前拥有那么健康的身体了。医生说我的身体已经存在了疟疾的病菌——这是一种难以消除的疾病，而且还有一些潜伏期——医生告诉我，疟疾的病菌迟早会爆发的。这是我第一次感觉到自己失去了健康的身体……

对惠特曼来说，这是充满幸福的一个月。他的弟弟乔治之前曾被叛军俘虏了，现在因为战俘交换，终于回来了。这时候，惠特曼终于获得了他长久以来渴望得到的任命——在内政部印第安人事务局担任一名职员——终于落实了。他在 3 月 3 日写给特洛布里治的一封信里这样写道：

我认为，我之前已经跟你说过我在印第安人事务局一天工作几个小时，就能获得不错的薪水——这样的话，我可以腾出几个小时前去战地医院照顾那些受伤的士兵。

在第二天，林肯总统宣誓就职，开始了第二任的总统任期。惠特曼看见林肯乘坐马车从国会山出发。"他当时乘坐着一辆非常简朴的四轮四座大马车，看上去要比之前更加憔悴与疲倦了。他脸上的皱纹似乎预示着他肩上承担着无比巨大的重任，他所解决的都是那些关乎许多人生死的重大问题。这些沉重复杂的事务就像一把锋利的刀子，在他那张深棕色的脸庞刻下了一刀刀深深的皱纹。但在他的那些皱纹下面，却包含着一如既往的善意、温柔与悲伤。"

显然，这是惠特曼最后一次见到林肯总统的脸庞了。他们两人从来都没有进行过言语上的交流。之后，惠特曼回去布鲁克林几个星期，为自费印刷《擂鼓集》做最后的准备。4月15日，当林肯总统在前一晚遭到枪杀去世的消息传来时，惠特曼正与母亲待在家里。

母亲准备好了早餐——还是像往常那样同时准备好了午餐，但是我们俩整天都没有吃下一口饭。我们都只是喝了半杯咖啡，这就是我们一整天所吃的东西。我们彼此都没有说话。我们买了那天的早报与晚报来阅读，还有那几天的号外新闻，然后沉默不语地交换着报纸来看。

此时，布鲁克林大街两旁正盛开着丁香花。丁香花的盛开与弥漫的芳香，让惠特曼的脑海里联想起了遭到枪杀的林肯总统的悲剧。此时，第一版的《擂鼓集》已经印刷好了，但惠特曼立即开始准备创作赞美林肯总统的挽歌《当紫丁香最近在庭院开放时》①，还有一首赞美林肯总统更为简短的挽歌《啊，船长，我的船

①《当紫丁香最近在庭院开放时》，是1865年4月林肯总统去世后惠特曼接连写的三首挽诗中最长也是最成功的一首，它被历来的批评家们推崇为诗人创作生涯中的第三个高峰。林肯之死给诗人心灵的震撼是那么深巨，最初两天他出于茫然无措的状态，来不及深入理解这一事件的意义，但为了让正在印刷的《擂鼓集》也披上黑纱，便匆匆赶写了《今天让兵营不要做声》这一即兴短诗。后来觉得这样太草率，可能构成历史性的遗憾，决计将诗集推迟出版，并写出《啊，船长！我的船长！》最后，随着诗人的震惊、悲恸和激情渐趋平静、深化，经过较长时间的酝酿和琢磨，《当紫丁香最近在庭院开放时》才卓然出现。这首诗融汇着作者深邃的沉思、亲切的回忆和广泛的联想，以史诗般的视野，哲理的概括和梦幻般的色调，达到了意向瑰奇、情思绵邈和气氛静穆的境界。它通篇采用象征手法，通过紫丁香、金星和画眉鸟三者来写诗人和人民对林肯的敬爱和悼念。紫丁香首先是时令的象征，由于悲剧发生时正当它到处盛开的季节，便成了诗人和人民对死者的爱和怀念的见证。金星，它在惠特曼眼中带有若干神秘色彩，本是希望和幸福寄托的所在，这里便代表死者，成为诗人哀悼歌颂的对象。画眉鸟原是惠特曼幼年在故乡山野认识和熟悉的，是诗人所喜爱的歌者。其次，据说就在诗人酝酿这首诗的时候，他的朋友、博物学家约翰·巴勒斯从林区度假回来，很兴奋地同他谈起一种灰褐色的画眉鸟，说它特别有趣，它那如长笛般清亮而婉转的歌喉是"自然界最美妙不过的声音"，叫起来"更像一支傍晚而非清晨的赞歌，那样静穆、优美而庄严"。这一动人的描述突然唤醒了诗人童年时的印象，也突然与他对这首挽歌的构思联系上了。因此，可以认为：诗中的画眉鸟虽然也代表诗人童年心灵和智慧的意义，但主要的是它那预言家的身份。它是诗人在困惑和哀伤中寻求启示的对象，也是生死矛盾之谜的解答者。

惠特曼与朋友皮特·多伊尔（Pete Doyle），1865

长！》①。这两首诗歌加上其他几首诗歌一起，就构成了《擂鼓集》的续篇，后来分别都印刷出版了。但在很多时候，这个续篇都是与第一版的《擂鼓集》一起销售的。

《擂鼓集》这本诗集非常恰当地总结了惠特曼在这段漫长痛苦时间里的内心感受。正如我们所看到的，在战争爆发了一年半之后，惠特曼才前去华盛顿。在这个时期里，他曾在前线待过一段时间，虽然他从没有目睹真正的战争场景。1865年4月之前，他已经在战地医院里待了20个月的时间，每天负责照顾受伤的士兵，然后利用自己仅能腾出的一些时间去做一些苦工来养活自己。根据惠特曼那个时候的日记，他在那个时候一共前去了600

---

① 《啊，船长，我的船长！》，林肯逝世后，惠特曼接连写了三首挽诗，《啊，船长，我的船长！》为第二首，与《当紫丁香最近在庭院开放时》齐名。对于惠特曼来说，林肯是"我的时代和国家的最可爱、最睿智的灵魂"，他衷心地爱戴他。在整个南北战争时期，诗人是紧跟林肯前进的，他注意总统的一言一行。在战争最艰苦的时期，他觉得林肯"是以一种超凡的老练功夫在驾驶着（美国）这艘巨轮，使之仍然浮起，昂首前进。它不仅不会下沉，而且骄傲和坚决地在全世界面前将旗帜高高举起，令人望而生畏"。惠特曼喜欢把人生比喻成航程，在这里是把内战中的美国比作海上航行的船只，而林肯是它的舵手，所以"船长"这一形象在他心目中早已存在。加之，林肯死后那几天，有一条新闻报道在广泛流传着，说林肯在被刺前夕曾梦见一艘满帆的船驶入海港，于是一个历史航程与船长的艺术象征便豁然出现了。这首诗与后来的《当紫丁香最近在庭院开放时》不同，它是诗人的丧亡之恸与忧国之情交相融会如波涛浪涌时写的，有着呼天抢地的情状和气韵。然而，它又出以传统格律的形式，全诗整整齐齐3节，每节4长行4短行，最末一行重复，有近于抑扬格的音步，有反复咏叹的旋律，读起来令人想起哒哒的战鼓声，与哀悼者紧促的脉搏相应和。这样讲究艺术形式的篇章在《草叶集》中很罕见。

趟医院，照顾了大约 8 万到 10 万受伤的士兵。但是，所有这些数字都无法充分展现他近距离目睹的希望、恐惧与悲伤所产生的可怕场景，这些场景都是他难以向外人诉说的。正如他本人所说的："真正的战争是永远都无法从书本上感受到的。"但是，沃尔特·惠特曼的《擂鼓集》却展现出了南北战争时期整个国家的民族精神，以极为深刻的现实主义笔调勾勒出了战争的恐怖，同时表现出了人性的光辉与美感。这些都只有最为杰出的文学大师才能够做到。

在阅读《擂鼓集》这本诗集的时候，现在的读者可能依然能够感受到第一声警报、隆隆的鼓声与军号声所带来的那种电流般感觉，感受到当时的士兵对美国旗帜的理想激情，感受到志愿军团们那充满力量的斗志，感受着他们为民主事业乃至人类的自由做出的牺牲。这些都是惠特曼从死气沉沉的战争中凝结出来的文学结晶。惠特曼在诗集里描述了行军与战斗的场景：骑兵们迅速穿越浅滩，大炮发出的猛烈爆炸声以及升腾起来的黑烟，晚上的露营地与战地医院，夜间守卫巡逻的士兵，牺牲的士兵的脸庞是那么的憔悴。惠特曼在诗集里没有宣扬南北之间的愤怒与仇恨，而是在这场大屠杀正在进行的时候，以一种预言的口吻去谈论着最终的和解与彼此的友爱。与此同时，这场战争悲剧所带来的惩罚最后必须要偿还，而最终偿还的人只能是那些无辜的平民百姓。《父亲，从这个战场上出来！》的诗歌使每个对这场战争有记忆的美国人读起来都会潸然泪下。《擂鼓集》里绝大多数的诗歌在篇幅上是简短的，在情感上是克制的，并具有一定的韵律——有时甚至是整首诗歌只有一个韵律——在惠特曼的诗歌里，讲究韵律是很不寻常的。《埃塞尔比亚人向旗帜致敬》与《啊，船长，我的船长！》这两首诗歌在结构上是比较普通的，而《啊，船长，我的船长！》这首诗歌在很多原先不喜欢惠特曼诗歌的读者中也广受欢迎。若是从庄严性与情感表达的强烈性而言，《擂鼓集》没有哪一首诗歌能够与《当紫丁香最近在庭院开放时》这首诗歌相比。斯文伯恩[1]就深受这首诗歌的感动，他说："这是世界每个教堂所能歌唱的最震撼人心的夜曲了。"四月的丁香花，西边天空的金星已经下垂，北美画眉鸟在雪松间歌唱，这些意象都是这首挽歌的三个突出的主题：

> 丁香花、金星与画眉鸟这三个意象交织起来，将我灵魂最深处的想法都表达出来了。

在罗威尔所著的《纪念颂歌》里，他将这首诗歌称为内战期间最具有想象力的一首诗歌。按照他的说法，这是一首可以反复咏吟的诗歌，只有惠特曼才能反复使用如此充满情感的吟诵式词语，用如此充满纯洁美感的事物来不断穿插。罗威尔说，在惠特曼这首寄托着对已故总统林肯的赞歌里，表达了对他无尽的悼念与哀伤：

> 来吧，可爱的，予人以慰藉的死哟，

---

[1]斯文伯恩（Algernon Charles Swinburne，1837—1909），英国诗人、剧作家、小说家和文学评论家。

像波浪般环绕着世界，宁静地到来，到来，

在白天的时候，在黑夜的时候，

或迟或早地走向一切人，走向每个人的，微妙的死哟！

赞美这无边的宇宙，

为了生命和快乐，为了一切新奇的知识和事物，

为了爱，最甜美的爱——更赞美，赞美，加倍地赞美，

那凉气袭人的死的缠绕不放的两臂。

（节选自《当紫丁香最近在庭院开放时》）

第五章
职员期间与他的朋友们

　　我阅读了你的诗歌以及你对他的赞美，我在一些从未听说过他名字的地方提起他的名字，我与别人进行过一番争论，反驳别人对他的诽谤并且慷慨激昂地发表为他辩护的演说——即便我不是完全改变自己的想法，我至少也会敞开心扉去思考这些问题。我饶有兴致地观察着英国所进行的这场争论。

　　　　　　　　　——乔治·威廉·柯蒂斯在 1867 年 10 月 3 日
　　　　　　　　　给奥康纳的回信

　　美国南北战争的结束并没有立即改变沃尔特·惠特曼的生活。在内战结束接下来的几个月里，他仍感觉有必要在战地医院里护理伤员，他每天照样抽出时间去照顾他们。但不管怎么说，他所面临的压力的确是渐渐地减轻了，直到他最后只需要去护理少数正在康复的士兵，只需要在每个周日下午去战地医院就可以。在周日晚上的时候，他经常会前去奥康纳家里做客，然后一起喝茶。自从惠特曼在 1862 年 12 月身无分文回到华盛顿之后，奥康纳始终热情地帮助他，让他度过了这段无比焦虑的时期。当时，奥康纳才只有 30 岁——"一个内心勇敢、面容英俊、性格随和、声音洪亮且有着一双闪烁眼睛的年轻人，脚步非常轻盈，给人一种充满健康活力且磁性的吸引力，受到每一个认识他的人的喜欢[①]"。他创作了一本优秀的小说《哈林顿》，塞耶和埃尔德里奇出版社于 1860 年将其出版，但这本小说在面世之后却没有取得什么销量，这让奥康纳感到心灰意冷。最后，他只能继续安心地干着单调的职员工作，将自己卓越的文学才华掩藏了起来。他一开始在灯塔管理局担任职员，之后又在救援部门工作。当他在 1889 年去世的时候，担任了这个部门的助理总管[②]。奥康纳是一个博览群书的人，有着爱尔兰人特有的演说天赋[③]。他那位具有魅力的妻子[④]经常会缝补惠特曼的袜子，并在惠特曼居住于他们家里的时候经常照顾他的日常起居，正如一位母亲照顾着她那位依然怀抱着梦幻理想且做事粗心的孩子。奥康纳在 1888 年曾说她是一个"真正的女性，没有任何虚荣心，从来不会自吹自擂，只是做着一位贤妻良母应该做的事情。艾伦从来不会费心去写作，这也让她有更

[①]出在沃尔特·惠特曼所著的《散文集》，第511页。

[②]埃尔德里奇在1904年从奥康纳的一份年度报告中节选出一些关于救援方面的故事，汇编成了一本书，在波士顿出版了这本书，书名是《暴风雨中的英雄》。

[③]奥康纳的一位终生朋友曾这样写信告诉我："他是一个卓有成就的人，是一个天才！——他在很多时候只是故意限制了自身的表达能力。他为了惠特曼放弃了应有的事业——事实上，他在人性、个人理想以及自我克制方面都是做得最好的。

[④]艾伦·M.卡德尔夫人。

多时间去感受人生真正重要的东西"。

在奥康纳家里，惠特曼经常会见到查尔斯·埃尔德里奇，这位不走运的出版商在结束了军需官哈普古德手下担任职员的工作之后，在税务局获得了一份工作。惠特曼曾这样评价埃尔德里奇："他是一个真正充满善意与真诚的人——他有自己的想法与观点，但是他对原则的坚持就像高耸的山丘那样无法动摇。"①在奥康纳的家里，惠特曼还会见到 E. C. 斯特德曼，此时的斯特德曼已经是一位编辑以及战时的记者，之后他成为了一名银行家、诗人与作家，也是惠特曼作品的一位最为理智且有深度的评论家之一。

约翰·巴勒斯是另一位与惠特曼交好的人，他当时也在政府部门担任职员。他出生在一个普通的农民家庭，在他 23 岁的时候就在《大西洋期刊》上发表了没有署名的文章《表达方式》。当时，很多人都将这篇文章的作者说成是爱默生，因为巴勒斯在那篇文章的写作风格与爱默生的风格比较相似。1863年，巴勒斯只有 26 岁，之前就已经在学校里做过老师，想要在新闻机构里任职，最后来到了华盛顿，在财政部担任一名职员。此时，他已经阅读了惠特曼的《草叶集》，这本书给他带来了其他任何书籍都无法带来的深刻印象。一个周日的下午，当他在华盛顿附近的树林里散步时，偶然遇到了惠特曼，当时的惠特曼肩膀上背着一个干粮袋，迈着沉重的脚步前往偏远的战地医院。巴勒斯与惠特曼一起前往，开启了他与惠特曼一生的友谊。在战争结

---

① 出自惠特曼所著的《菖蒲》诗集里。

束后的和平岁月里，惠特曼经常会在周日早上前往巴勒斯家里与巴勒斯夫妇一起共进早餐。每一次吃早餐的时候，惠特曼总是会迟到，这让巴勒斯的夫人感到有些不满。但是，当惠特曼到来之后，他的脸上洋溢着笑容，因此巴勒斯夫妇也总是会原谅他的迟到。

与惠特曼同这些喜欢阅读的人结交成为朋友一个具有强烈反差的例子，就是惠特曼与皮特·多伊尔之间的友情。直到现在，多伊尔依然还活着，他是一个身材魁梧，有着善良心灵的爱尔兰人，当时在从华盛顿前往波士顿的联邦快递公司担任行李管理员。他是亚历山大地区一名铁匠的儿子。1865年，皮特年仅18岁。战争结束时，他成了南方叛军的俘虏，后来在华盛顿获得了假释。出来之后，他担任马车夫，每天的日薪只有两美元。当在某个天空下着暴雨的晚上，当惠特曼从约翰·巴勒斯家里回家的路上，他坐上了多伊尔的马车。一阵奇怪的冲动让这位年轻的马车夫坐在他这位孤独的乘客旁边。当时，他们都倍感孤独，每个人都在心照不宣地渴望与对方成为朋友。在接下来的6年时间里，他们绝大多数的休闲时光都会在一起度过。在晚上的时候，他们会一起悠闲地走在乡间的道路，惠特曼会一边走，一边谈论着天上的星星或是高谈着与莎士比亚相关的事情。他们不会在乎什么抢劫的人，也不担心会感到饥饿。"当我们遇到赶着进城的农民，就会跟他买一个西瓜，然后坐在宾夕法尼亚大道的一间腌肉店门口，将这个西瓜劈成两半，然后一人一半地吃了。有时，一些路过的人看到我们这样做之后会哈哈大笑起来，但是惠特曼只是微笑着说：'他们可以尽情地笑啊，我们也可以尽情地吃着西瓜。'"

多伊尔对这个时期的惠特曼的生活习惯进行了比较全面的评论：

我从未见过惠特曼会因为一个女人而感到心烦意乱。从某种意义上来说，惠特曼似乎根本就不在乎任何女人。惠特曼是一个非常注重精神纯洁的人，他讨厌任何不纯洁的东西。在我看来，惠特曼是一个没有任何不良生活习惯的人。在那些年里，我应该还是比较了解他的——在那些年里，我们之间的关系是极为紧密的……他对宗教有着比较强烈的观点……但是他却从来都不会去教堂——他不喜欢教堂里所进行的那些宗教仪式或是繁文缛节——他似乎根本不喜欢那些发表布道演说的牧师。我曾就这个问题询问过他的想法，他回答说："火车头能够不断地转动，肯定是某些力量在推动着它的转动。"我曾听他说，怎样去判断一个人是正派的人——我个人认为，他肯定是认为所有人都是正派的人——即便是在另一个世界里，也没有什么想法能够摧毁他这样的念头。

惠特曼写给这位忠诚且充满善意的爱尔兰朋友的信件，基本上都收录在《菖蒲》这本书里。在这本书里，惠特曼没有进行任何牵强附会的说教，而只是用朴实的方式阐述了他对真正友情的看法，这可以通过《菖蒲》一书里的诗歌看出来。除了惠特曼写给母亲的信件，惠特曼所写的其他信件几乎都能展现出他的一种简单朴实情感，这似乎是他这种简朴品格的一个基础。对他来说，与一位几乎目不识丁的年轻人长时间地一起交流，这是非常自然的事情。可以说，这代表着他的一种本能——而没有任何矫揉造作或是自作多情的成分。在一些信件里，惠特曼将皮特·多伊尔称为"亲爱的孩子""最亲爱的孩子"或是"我亲爱的儿子"等称谓。与多伊尔在宾夕法尼亚大道的阴凉处敲开一个西瓜，然后微笑地看着路人，这是惠特曼真情流露的一种方式：

在树下放一本诗集，
一壶酒，几块面包，还有你
坐在我身旁歌唱着荒原的美丽。
哦，荒原此时都会变成一个天堂。

对惠特曼来说，这样的情景就好比天堂，我们不知道奥马尔是否能够想象出比这更好的天堂景象。

倘若读者认为一位诗人都应该与"文学界的人士"或是与圈子内的其他文学爱好者成为朋友，这其实表明了一些人一种想当然的无知。在惠特曼担任职员的这段时间里，他平常的许多朋友无论是在那个时候，还是至今一些依然活着的朋友——都从来没有把惠特曼当成是一个诗人。此时，惠特曼所居住的地方在第二十大街，经常会有很多追求文学理想的年轻人前来拜访他。他们经常会向惠特曼请教一些文学创作方面的问题。其中，一位至今仍然在世的人这样写道："当时，我们对惠特曼的作品并没有给予非常高的评价，只是认为他的作品比较有趣，从来不会考虑到他的作品所具有的思想性。但是，我们都非常喜欢他这个人……他很少会主动提起某个话题，基本上从来都不会对话题进行任何引导，也从来不会显得唐突……他不会对我们提出的一些观点感到不满或是表现出恼怒……他不抽烟不喝酒……他不会说一些脏话，他是一个在身体与道德层面上都是纯洁的人，这是他给我们当时每个人的深刻印象……我从未见过他阅读什么书籍，或是拥有什么文学书籍，他的家里甚至连一份报纸都没有……他似乎对一切事物都保持着一种休闲的心态，这是他一个比较突出的特点。我们中一些人认为他是一个在身体与心灵上都很懒惰的人。"需要指出的是，写下这段回忆的作者在 1868 年收到了惠特曼送给他的签名版《擂鼓集》，但是他在接下来的 30 年里都没有打开过这本诗集阅读一下。

不过，惠特曼在职员岗位度过的第一个愉悦的夏天，却被粗鲁地打断了。他在印第安人事务局里的工作一直不是很繁忙，他有时会在办公桌上修改 1860 年版本的《草叶集》。惠特曼的一些同事告诉部门主管，说惠特曼就是《草叶集》这本宣扬不道德思想书籍的作者。之后，惠特曼修改的这本《草叶集》被人从他的办公室里拿走了，送到了部长的手里。下面这封信就是最后的结果：

华盛顿特区内政部

1865 年 6 月 30 日

来自纽约的沃尔特·惠特曼在印第安人事务局的职员职位从即日起被免除。

内政部部长詹姆斯·哈伦 [1]

---

[1] 詹姆斯·哈伦（James Harlan, 1820—1899），美国政治家、参议院议员，曾任美国内务部部长。

在担任内务部部长之前，哈伦是一名能干的律师，之后还担任过美国联邦参议员，还曾担任过两年爱荷华卫斯理公会大学的校长。可以说，哈伦完全可以找到任何技术层面上[1]的理由去解除惠特曼的职位，因为惠特曼所担任的职位是很容易找到补缺的。但是，哈伦的做法显然是短视且不公正的。惠特曼当时的一名朋友，时任助理司法部长 J. H. 阿什顿就提出了抗议。哈伦用愤怒的口吻回答说，在他找到顶替惠特曼的人选之前，惠特曼必须要被解职。在这之后，阿什顿为惠特曼在司法部长办公室谋得了一份职员工作，这件事似乎就要就此告一段落。在惠特曼所认识的朋友中，有十多人是在报社工作。惠特曼在华盛顿的一些朋友也听说了惠特曼与上司之间的矛盾。但是，在充满骑士风范的威廉·奥康纳看来，惠特曼被哈伦无故解职的做法，这不仅是对他朋友的一种侮辱，而且是对文人进行自由创作的一种暴行。在接下来的9个星期里，奥康纳一直被这样的愤怒情感所困扰着，最后他创作了一本名叫《白发好诗人》[2]的小册子。可以说，这本小册子充分展现出了奥康纳的文学天才，他在小册子里直接点名批评了内务部部长哈伦的做法。在美国的文学争议事件的历史上，可以说

---

[1] 哈伦在1894年所写的一封信里，就谈到了惠特曼当年遭到解雇的原因"就是因为印第安人事务局不再需要惠特曼这样的职员，并且谈到了他本人并没有直接干预这样的解职任命"。详情可以参看里昂·文森特所著的《美国文学大师》一书。

[2] 奥康纳是在1865年9月2日创作出这本小册子的，但在出版的时候出现了"纽约：邦斯与亨廷顿，1866年"的字眼。后来，这本小册子在重印的时候，做出了一些修改。详情可以参看R. M. 布克所著的《沃尔特·惠特曼传》一书。

没有比奥康纳这本小册子更加杰出的了。在这本小册子里，奥康纳首先描述了惠特曼在华盛顿大街上展现出来的个人形象，接着虚构了林肯在第一次见到他的时候，用柔和的声音说："他看上去才像一个真正的人！"接着，奥康纳对惠特曼的个人品格进行了一番描述，详细说明了惠特曼被解除职务的原因——就是因为惠特曼在《草叶集》里宣扬了一些所谓让哈伦反感的"邪恶的美德"。之后，奥康纳谈到了世界文学史上那些最著名作家之间惺惺相惜的做法，并且得出了历史上每个名留青史的作家都曾遭遇过这样指控的结论。奥康纳在小册子里还说，19世纪那些低劣的阅读品位将会因为惠特曼的作品而被彻底"洗涤干净"。

事实上，奥康纳在这本小册子里谈论的很多内容都是无法找到任何真实证据去佐证的，但是 20 世纪的读者可能仍然会对奥康纳所说的，除了惠特曼的《草叶集》之外，其他所有的美国文学作品都代表着一种殖民主义的说法感兴趣。

除了沃尔特·惠特曼之外，美国其他的作家所创作的文学作品，无论就其形式还是实质内容而言，我虽然不会说这些作品都是欧洲化的，但至少是英国化的。欧洲的"圣殿关"以及"亚瑟王的座位"所残留的阴影依然影响着我国的作家。从智慧层面上来看，我们依然是大英帝国的附属国。一个关键的词语——殖民主义——几乎是贯穿了我国文学作品的核心思想。除了我们的新闻报纸之外，没有哪一种文学作品是真正具有鲜明的美国特色与烙印的。我注意到我国最为优秀的作品——包括杰弗逊的作品、

查尔斯·布罗克登·布朗①的浪漫传奇故事，韦伯斯特的演说，爱
德华·埃弗雷特②的修辞学作品、威廉姆·埃勒里·钱宁③的神性
作品、库珀的一些小说作品，西奥多·帕克④的作品、布莱恩特的
诗歌，还有利桑德·斯普纳⑤充满法律精神的作品，玛格丽特·富
勒女士的《论文集》，理查德·希尔德雷思⑥、班克罗夫特⑦与莫
特里⑧的历史题材作品，提克诺尔⑨所写的《西班牙文学史》、约
翰·考德威尔·卡尔霍恩⑩所写的政治著作、朗费罗所创作的内容

---

①查尔斯·布罗克登·布朗（Charles Brockden Brown, 1771—1810），
美国小说家、历史学家、编辑。美国本土文学代表人物之一。

②爱德华·埃弗雷特（Edward Everett, 1794—1865），美国政治家、教
育家、外交家、演说家、牧师。曾任哈佛大学校长。

③威廉姆·埃勒里·钱宁（William Ellery Channing, 1780—1842），美
国诗人、神学家。

④西奥多·帕克（Theodore Parker, 1810—1860），美国作家、社会改
革家、废奴主义者、超验主义者。他作品中的一个箴言常被后来的林
肯和马丁·路德·金在演讲中引用。

⑤利桑德·斯普纳（Lysander Spooner, 1808—1887），美国政治哲学
家、散文家、废奴主义者、法学家。个人主义和无政府主义的代表。
代表作：《论奴隶制度的违宪》等。

⑥理查德·希尔德雷思（Richard Hildreth, 1807—1865），美国作家、
历史学家、记者。

⑦班克罗夫特（George Bancroft, 1800—1891），美国历史学家、教育
家、国会议员。代表作：《美国历史》等。

⑧约翰·洛斯罗普·莫特里（John Lothrop Motley, 1814—1877），美
国历史学家、作家。代表作：《荷兰》《荷兰的崛起》等。

⑨乔治·提克诺尔（George Ticknor, 1791—1871），美国学者、西班
牙语言研究专家。代表作：《西班牙文学史》等。

⑩约翰·考德威尔·卡尔霍恩（John Caldwell Calhoun, 1782—1850），
美国政治家、第7任美国副总统。

丰富、充满仁慈精神的诗歌，惠蒂尔所创作的叙事民谣，菲利普·彭德尔顿·库克①所创作的精妙诗歌，埃德加·爱伦·坡所创作的诡异的诗歌，霍桑所创作充满巫术精神的传奇故事，欧文所创作的《荷兰移民后代》，德里亚·培根②创作的关于莎士比亚的优秀预言故事，还有凯里③所写的政治经济方面的书籍，约翰·布朗④在监狱里所写的信件以及后来发表的不朽演说，温德尔·菲利普斯所发表的著名爱国演说，还有爱默生所创作的伟大文章以及优秀的诗歌。这些文学作品都具有其自身的文学价值，其中很多作品都是我非常欣赏的。但若是从这些作品的民族性品格来看的话，这些文学作品或多或少都具有一些美国的民族性。但是，国外文学的模式、外国文学的标准以及外国文学所宣扬的理想却在这些作品中占据了主导地位。

接着，奥康纳用很长的篇幅来讲述惠特曼在战地医院里无私

---

①菲利普·彭德尔顿·库克（Philip Pendleton Cooke，1816—1850），美国律师、诗人。
②德里亚·培根（Delia Bacon，1811—1859），美国女作家、剧作家、短篇小说家、莎士比亚剧作研究者。最喜欢斯陀夫人、霍桑和爱默生三位作家的作品。
③凯里（Henry Charles Carey，1793—1879），美国经济学家、林肯政府首席经济顾问。
④约翰·布朗（John Brown，1800—1859），美国废奴主义者、起义者。1859年他领导美国人民在哈伯斯费里举行武装起义，要求废除奴隶制，后被罗伯特·李将军镇压，并被处以绞刑。当布朗被绞死后，教堂钟声及致哀礼炮响起，北方竖起他的纪念碑。著名作家爱默生及梭罗均称赞约翰·布朗。历史学家达成共识，认为约翰·布朗对南北战争的发起有着重要作用。

惠特曼

的服务，并且以下面这段话作为结语：

　　也许，我们这一代人无法认可与欣赏到惠特曼作品所具有的价值。但是，惠特曼的一生以及他所做出的服务，虽然被所处的当代人轻视，却必然被后世人所铭记。聚特芬这次战役是伟大的，但真正伟大的是英国那些年轻的新教徒出于要保卫荷兰属地，与掠夺的西班牙殖民者进行着惨烈战斗。真的伟大是菲利普·西德尼在自己感到无比饥渴的时候，依然将水瓶递给了那位奄奄一息的受伤士兵，这才是真正展现出高尚与武士精神的行为。无论我们当代评判伟大的标准是什么，我敢肯定后世人会认为这些才是伟大的真正评判标准。当布尔溪战役、夏洛伊战役与哈德逊战役爆发的时候，当维克斯堡战役、石河战役与多纳尔森战役爆发的时候，当豌豆山谷战役、钱瑟勒斯维尔战役、葛底斯堡战役以及荒原战役爆发的时候，当联军从亚特兰大往萨凡纳进军的时候，当里士满满城都是燃烧的大火时，当所有关乎联邦共和国存亡的战役爆发之时，我们会发现，这些都是我国历史上一场场极为惨痛的记忆。当最终流血的士兵通过付出流血牺牲的代价换来和平的时候，当美国的男人与女人都看到那位白发好诗人弯着坚强的身躯，去照看那些受伤的士兵与临死的士兵时，他们就会想象到那位同样为了共和国而牺牲的伟大殉道者所说的话："他看上去才像一个真正的人！"

　　奥康纳的这个小册子以下面这些话作为结语：

　　我认为，单纯因为惠特曼发表了一本没有任何人说是不道德的书籍，就解除了他的公职，并且让他忍受公众的侮辱，这是对自由思想的一种惩罚与定罪，这是对自由言论的一种公然违背……我认为，任何人都会有着不同的观点，这是非常正常且可以接受的，但是因为别人表达了一种自己不认同的观点而选择报复或是打压，这就是让所有人都无法容忍的。当我再次提出这个问题的时候，我希望每一名学者，每一名从事文学创作的人，每一名编辑或是全国各地每一名准备提笔写作的人，都能够勇敢地站出来反抗这样的暴行。我还记得丁尼生当年怀着激烈的情感去捍卫托马斯·摩尔[①]的坟墓不被别人亵渎。我还记得斯科特——反驳了所有针对拜伦的诽谤。我还记得约瑟夫·艾迪生[②]驳斥了任何抹黑斯威夫特的做法。我还记得南安普顿当年在莎士比亚遭到讽刺时，勇敢地站出来支持他。我还记得乔基姆·杜贝拉[③]保护着拉伯雷。我还知道尤里奇·胡滕[④]当年捍卫着路德免受他人的伤害。我还记得薄伽丘让但丁看到了黑暗中的曙光，让他避免遭到佛罗

---

①托马斯·摩尔（Thomas Moore，1779—1852），爱尔兰诗人、歌唱家、作词家。

②约瑟夫·艾迪生（Joseph Addison，1672—1719），英国散文家、诗人、剧作家、政治家。英国著名杂志《闲谈者》和《旁观者》的创办人之一。

③乔基姆·杜贝拉（Joachim du Bellay，1522—1560），法国诗人、文学评论家。

④尤里奇·胡滕（Ulrich von Hutten，1488—1523），文艺复兴时期欧洲德意志人文主义者。他用拉丁语著有若干对话形式的讽刺作品，并将其译成德语。这些作品有助于对话形式作为一种文艺复兴文学体裁的普及。

伦萨地区敌人的伤害。我还记得彼得罗·本博①捍卫着彼得勒斯·庞博纳提乌斯②的尊严。我还记得格罗斯特德保护着罗杰·培根③，让他免受教会僧侣的伤害。除此之外，历史上还有阿里斯多芬④捍卫着埃斯库罗斯⑤的尊严。上述这些例子表明，即便这些作家所处的那个时代没有人替他们发声，后世人也会不断有人站出来声援他们。我之所以站出来呼吁，完全是出于公民的尊严与职责，每个公民都应该站出来捍卫任何一个从事文学创作的人免受这样的结果，因为针对任何个人如此不公的暴行，其实都是践踏着每个公民的权益。容忍这样的行径，也是对那些怀着巨大勇气创作出超越任何邪恶之人以及思维受限之人作品的作家的一种侮辱与伤害。我将这本小册子寄给了法国的维克多·雨果，让他在欧洲传播这本小册子。我将这本小册子寄给约翰·斯特亚特·密

---

①彼得罗·本博（Pietro Bembo，1470—1547），文艺复兴时期意大利作家，从事诗歌创作和文论写作。

②彼得勒斯·庞博纳提乌斯（Petrus Pomponatius，1462—1525），意大利哲学家。

③罗杰·培根（Roger Bacon，1214—1294），英国方济各会修士、哲学家、炼金术士。他学识渊博，著作涉及当时所知的各门类知识，并对阿拉伯世界的科学进展十分熟悉。提倡经验主义，主张通过实验获得知识。

④阿里斯多芬（Aristophanes，约公元前448—公元前380），古希腊早期喜剧代表人物，作家与诗人。有"喜剧之父"之称。代表作：《阿哈奈人》《骑士》《和平》《蛙》等。

⑤埃斯库罗斯（Aeschylus，公元前525—公元前456），古希腊悲剧诗人，与索福克勒斯和欧里庇得斯一起被称为是古希腊最伟大的悲剧作家，有"悲剧之父"的美誉。

尔①，寄给了英国的纽曼与马修·阿诺德②。我将这本小册子寄给了爱默生与温德尔·菲利普斯，寄给了查尔斯·萨姆纳，寄给了国会的每一名参议员与众议员，寄给了所有的新闻记者，寄到美国的每个家庭，让每个人都去捍卫创作的自由，捍卫文明世界里的思想自由。上帝必然会捍卫这样的自由，绝对不会容忍这样一种侵犯文学创作自由的行为。每个诚实之人的内心也必然会对这样的粗暴行为感到愤怒！

　　奥康纳在这本小册子里的写作风格就像杀红了眼的凯尔特人。虽然他在这本《白发好诗人》里贬低了历史上一些著名文学人士，因为他使用了很多夸张的修辞，就像演说家在发表演说时使用的一些煽动性词语一样。但是，当"文明世界"一些国家的人士收到他寄去的这本小册子时，却与美国国会一些议员在面对埃德蒙德·布尔克发表的充满激情的演说时一样，表现出了同样的冷漠。直到几个月之后，奥康纳才找到了愿意出版这本小册子的出版商。与此同时，他给当时一些具有影响力的人物写了几封充满激情的信件，希望他们能够站在支持惠特曼这边。从这些具有影响力的人物的回信里，鉴于他们看到惠特曼在美国读者心中的地位，可以从几封回复的信件里节选出部分内容。乔治·威廉·柯

---

①约翰·斯特亚特·密尔（John Stuart Mill，1806—1873），英国著名哲学家和经济学家，19世纪影响力很大的古典自由主义思想家。边沁后功利主义的最重要代表人物之一。

②马修·阿诺德（Matthew Arnold，1822—1888），英国近代诗人、评论家、教育家。代表作：《多佛海滩》《文化与无序》《文学和教条》等。

蒂斯是一个有着与奥康纳一样骑士精神的人，同时他还有着奥康纳缺乏的机智、圆滑以及幽默的精神。在这年夏天，他在阿什菲尔德的家里给奥康纳进行了回复：

马萨诸塞州阿什菲尔德

1865 年 9 月 30 日

我亲爱的奥康纳：

在这个秋天时节的山丘里，我收到了你在 2 号寄来的有趣来信。你可以肯定一点，我将会想尽一切办法来解决你在信中谈到的问题。

你的目标是不容易达成的，这点你很清楚。公众的同情心会站在内务部长一边，因为他解除的是一位他们认为创作出了淫秽书籍且一个宣扬自由性爱思想的人。但是，你对自由创作这一思想的大力宣扬，肯定会受到每一个从事创作之人的衷心拥护。

就我个人来说，我不认识惠特曼。与其他著名作家的作品相比，他的《草叶集》还是给我留下了深刻印象。但是，我从未见过他本人，我不相信任何说他是下流之人的说法，也不相信任何说他是一个高尚之人的说法。但是，我知道，要是一个人仅仅因为他发自内心地创作了一本任何诚实之人都认为不会对公众道德造成伤害的书籍，就被解除了公职，还要遭受公众的侮辱，这是对自由创作原则的极大冒犯，理应受到揭露以及强烈的谴责。

我就写到这里了。请尽快给我回信。你知道我总是愿意给你一些帮助的。

永远忠诚于你的朋友：乔治·威廉·柯蒂斯

在之后的一个月里，柯蒂斯收到了奥康纳创作的那本洋溢着激情的《白发好诗人》的小册子。他在回信里这样写道：

北湾，1865 年 10 月 29 日，周日

我亲爱的奥康纳：

昨晚，我收到了你从切尔西寄来的信件以及手稿复印件。如果任何出版商（读过你的手稿），肯定都会争着要出版的。在我上床睡觉之前，我认真阅读了你寄来的小册子。你的文笔是极为流畅的，你对惠特曼这位吟游诗人的评价，显然超过了当代读者的评价。现在，对惠特曼来说，最为重要的是公众的评价，而不是像你这样个人的评价，因为你本人无法构成一个阅读群体。

就我而言，我读到了你对惠特曼的热情赞美，我也为自己之前对惠特曼的文学成就视而不见而感到羞愧。接下来，我肯定会怀着更加强烈的情绪去阅读他的《擂鼓集》。

我已经阅读了你的来信，我认为你的做法不会影响到你目前的工作——不管你是否在乎这份工作。即便是傻瓜都能看出，你是完全站在对事不对人的角度去批评哈伦部长的。

至于惠特曼的作品实质内容，你用排比的方式列举了很多过往的名人，并勇敢地指责很多伟大的作家都是"不够纯粹的"。不过，当我阅读你的来信时，我反问自己两个问题：首先，惠特曼对于那些性关系与性器官的描述，难道就不可以做到一笔带过的写作方式吗？第二个问题是，历史上那些最为伟大的作家是否都

会通过使用这样的隐喻或是其他方式来表达他们想要表达的思想呢？这是一种假正经的行为还是一种将核心思想隐藏起来的本能做法呢？

如果任何出版商因为出版惠特曼这部作品之后而遭到公众指责，选择出面反对这部作品，那么我也不会感到惊讶。不过，我应该坦率地告诉你，惠特曼应该采取更加合适的方式来表达他想要表达的思想。不过，你也绝对不要因为我的看法而改变你自己的看法。

我认为任何人都无法获得像你赞美惠特曼那样的极高评价。不过，当你认为我的看法是错误的时候，这肯定会给你带来愉悦的感觉。

我就写到这里了。一旦我有什么新的看法，会立即给你写信的。

永远忠诚于你的朋友：乔治·威廉·柯蒂斯

最后，纽约的邦斯与亨廷顿出版社①同意出版了这本小册子。柯蒂斯在收到这本小册子之后，写了下面这封回信：

斯塔顿岛北岸，1866 年 2 月 12 日

我亲爱的奥康纳：

我为自己之前没有及时认识到《白发好诗人》这本小册子

---

①邦斯与亨廷顿出版社（Bunce and Huntington），美国邦斯家族下面的出版社。

的价值而感到无比惭愧。事实上，我这段时间一直到全国各地旅行，想要在一些周报上表达自己的看法。但是，我发现这样做是很不现实的。我对此感到遗憾，因为虽然我不是很同意你的一些观点，但我却坚定地拥护你为捍卫自由写作与自由思想所做出的努力。

我看到了你出版的小册子引起了一些人的关注——当然，这本小册子引发的关注度没有我所希望那么大，但你也知道有时要完全引爆公众的关注点是一件多么讲究运气的事情。我认为你也已经看到了《国民报》《圆桌报》以及《共和国报》都对你的小册子进行了评论，我也很希望能够在最近一期的《哈帕》期刊上发表自己的看法。

我听说你的小册子在波士顿的文学圈子里引发了诸多的讨论，但是他们都不认可你对惠特曼的评价。罗威尔告诉我，他一开始对惠特曼的印象是在过去的《民主评论》上。这是我之前所不知道的，因为我认为《草叶集》是惠特曼的处女作。

我就写到这里吧。我很想知道你对这本小册子所引发的关注是否感到满意。

永远忠诚于你的朋友：乔治·威廉·柯蒂斯

温德尔·菲利普斯本人也是一位擅长辩论与演说的高手。1866 年 6 月，在重读了奥康纳的那本小册子之后，他给奥康纳在回信里这样写道：

我依然认为，在我所认识的关于争议文学的领域，你这本小册子是写的最为优秀且最具激情的……正是你这样的文章才能在紧要关头给我们带来力量，这必然会在当代文学中占有一席之地……你之前肯定是一名非常出色的演说家。要是你能够以这样的说话风格加上你那洪亮的声音，那么我们每个人都会成为你忠实的听众。

在这个节骨眼上，那些具有深刻洞察力的记者的态度，也可以通过纽约《时代杂志》的一名著名编辑的一封回信里看得出来。奥康纳之前已经将他那本《白发好诗人》的小册子寄给他了，并且正在准备为新版的《草叶集》写一篇文章。

纽约《时代杂志》办公室，1866 年 10 月 16 日

我亲爱的奥康纳先生：

关于你对《草叶集》这部诗集所提出的看法，我是感到有些迷惑的。大家都知道，《草叶集》不是一本刚刚出版的书，并在之前几年里一直饱受很多偏见。当然，我不会无视这本诗集所具有的价值，虽然我对这本诗集的评价是远远没有你那么高。但是，这本诗集里面充斥着很多淫秽的词语，这显然是无法让这本诗集出现在公共图书馆或是普通家庭的客厅里：当然，在我赞美这本书本身存在的价值时，也必然要对这本书进行一番批评。我知道你一直孜孜不倦地为这本书进行辩护，但我认为你的辩护在大众面前是无法站得住脚的。莎士比亚、蒙田或是其他作家在他们所处的那个时代，也许还能对这样的情况进行一番辩护。但是在我们这个时代，将那么多淫秽词语写入一本诗集里，这显然不是无心

之失。当然，诗集里关于一些本能行为的描述是每个人的天性，倒也无可厚非，但这样的描述不应该出现在公众面前。

我的看法就是这么多了。如果你能够包容我的见解，我也很高兴阅读你寄来的评论，看看是否能够刊登出来。你的评论文章千万不要写得太长，因为报纸的版面有限。你在那本小册子里谈论惠特曼的内容，是我读过最有激情与力量的文章了。要是让我选择，我宁愿选择成为创作出那本小册子的人，也不愿意成为帝王。

永远忠诚于你的朋友：H. J. 雷蒙德①

关于奥康纳这本《白发好诗人》的小册子，也收到了很多来自国外文人寄来的信件。马修·阿诺德的来信就是其中比较典型的：

波尔广场雅典娜俱乐部，1866 年 9 月 16 日

我亲爱的先生：

在过去几个月里，我一直都没有住在伦敦。当我返回伦敦之后，我发现了你在 6 月 4 日的来信以及你寄来的小册子，这让我感到非常开心。但是关于你在这封来信里所提到的其他信件，我则始终没有找到。

我认为，哈伦先生现在已经离职了。若哈伦先生目前仍然担任内政部长的话，我能够想象到他肯定会对解除你朋友的职务再

---

①H. J.雷蒙德（Henry Jarvis Raymond, 1820—1869），美国著名记者、政治家，《纽约时报》联合创办人之一。

三考虑，绝对不会像之前那样轻率的。我饶有兴致地阅读了你的小册子。我一直都认为，关于沃尔特·惠特曼的文学才华与创作能力，这是不存在任何争议的。不过，我认为，无论是在法国还是德国，任何公职人员要是像你的朋友惠特曼那样敢于表达自己的看法，都不会得到像他那样的惩罚。关于沃尔特·惠特曼在诗歌层面上的成就，你认为美国之前其他诗人的作品都具有衰老的欧洲气息。我必须要指出一点，当你认为惠特曼的诗作是最具文学价值的时候，说他是一个不去模仿任何诗人的人，我认为这似乎是他的一个缺陷。在文学领域里，任何人都不可能完全依赖自己的文学才华去进行所有创作的，不可能不去了解过去某个时代或是其他国家已有的文学成就。我认为，美国真正的原创文学是绝不可能通过这样的方式去创立起来的，美国的文学必须要在某种程度上接触欧洲文学的发展潮流，只有这样才能更好地推动本土化的发展，而不是你在信中所说的欧洲文化在智慧层面上对美国进行着殖民。关于这点，我从来都不怀疑。我认为，每一个睿智的美国人都会明白，不能完全放弃借鉴其他优秀的文化作品，而应该以包容的态度去面对，从中汲取比较好的经验，慢慢地创作出带有本土色彩的文学作品。

最后，我必须要感谢你在来信里对我表达出来的善意。

永远忠诚于你的朋友：马修·阿诺德

关于马修·阿诺德寄来的这封简短的来信，奥康纳在 1866 年 10 月 14 日回复了一封较长的信件。不过，他在回信里始终用比较温和的口吻进行谈论。我从这封信里节选出下面这段话：

我不认为美国本土文学的发展必须要跟着欧洲国家的潮流去走。当然，我对很多英国人对这样的事实熟视无睹感到遗憾。美国这个庞大的国家完全可以创造出属于自己的潮流，探寻他们本土的生命，追寻自身力量的秘密。我认为，如果你能够原谅我的冒昧，我想说欧洲的文学潮流应该更多地接触美国本土的文学潮流，而不是按照相反的顺序去进行。民主的精神，无论是真实还是谬误，这些都是我们这个国家的立国之本。我们国家的文学运动或是发展都必须要根植于此，而不是源于任何外在因素的驱动。这就好比我们认为本土的植物或动物都是来自其他地方的一样，因此我们的生活方式或是文学创作，同样也应该完全按照努力寻找外来影响背后的内部力量来进行。

　　孟克尔·D.康威在 1855 年就拜访过惠特曼，他现在居住在伦敦。奥康纳同样给他寄去了《白发好诗人》的小册子。他很高兴得知康威之前已经写了一篇关于惠特曼的文章——虽然这篇文章尚未出版——即将发表在《双周评论》上，这份杂志的编辑是 G. H. 路易斯[①]。康威的这篇文章刊登在 10 月 15 日出版的《双周评论》上。康威在文章里对惠特曼的文学成就进行了一番赞美，但使用了一些新闻渲染式的夸张词语。奥康纳就此事写给特洛布里治的信件里说："康威发表在《双周评论》上的那篇文章实在充斥着太多错误的内容与虚构的事实了，虽然康威这样做是出于对

---

①G. H.路易斯（George Henry Lewes, 1817—1878），英国哲学家、文学评论家、戏剧评论家。学界认为路易斯是乔治·艾略特的精神伴侣。

惠特曼的一种维护。"在这个时候，斯特兰福德爵士在《蓓尔美尔公报》上发表了一篇没有署名的赞美惠特曼作品的文章。

惠特曼在华盛顿那边忠实于他的职员朋友们，将惠特曼被解除职务的这件事看得很重。不知疲倦的奥康纳之后成功地联系上了纽约《时代杂志》，刊登了他对新版《草叶集》的评论文章。《银河杂志》（12月1日）也刊登了一篇由约翰·巴勒斯所写的赞美惠特曼的评论文章。此时，他写的一本小书《诗人与普通人的沃尔特·惠特曼》已经完成了手稿的创作，正等待着愿意出版的出版商。惠特曼在12月10日写给母亲的信件里这样说："看来，《草叶集》这本书的未来变得一片光明了。"

事实上，沃尔特·惠特曼是这些人当中最为平静的。他非常淡然地接受了这些朋友为他出头。现在，他又当上了一名政府职员，年薪是1600美元。这是他人生中第一次能够节约下来一些钱。他居住的地方是比较舒适的，他在财政部大楼3楼的办公室里，有一扇朝南的大窗户，能够看到波光闪闪的波托马克河的流水。财政部的保安们都允许他在晚上自由地进入自己的办公室。此时，惠特曼在童年时期养成的阅读习惯再次出现了。他在写给母亲的这封信里，就使用了比较朴实的语言。显然，他知道母亲更喜欢阅读这样的文字：

最近每个晚上，我都会前往办公室。办公室里有充足的光线，我可以点燃煤气灯，继续做自己喜欢做的事情（这些费用都是计算在办公室的）——我可以在办公室里坐着阅读，可以按照自己的想法去做想做的事情。除此之外，我还可以在我们的办公室图书馆里阅读很多书，这些都是我长久以来想要去阅读的书。因此，你可以看到，我在这里工作还是有很多好处的。

若是从沃尔特·惠特曼展现出来的外在形象来看，他绝对不是一个具有反叛精神的人，更不是一位为了艺术而殉道的人，而是一个身材魁梧、面容温和且为人随和，年近五旬的人，他知道如何让这个重新统一起来的国家为他支付煤气灯与书籍的费用。关于这些，他的追随者们都非常了解，但他们仍然坚定地认为惠特曼是一个无与伦比的天才。在奥康纳阅读了约翰·巴勒斯寄给他的《诗人与普通人沃尔特·惠特曼》的手稿之后，巴勒斯在 1867 年 1 月 4 日给奥康纳的一封信里这样写道：

在我看来，惠特曼要么是一个与其他诗人完全不一样的伟大诗人，要么他就是一个极其荒诞的人。我始终深信一点，惠特曼是属于那种横空出世的天才，像他这一类型的天才堪称前无古人。世人应该以一种全新的眼光去看待他的作品。很多时候，像惠特曼这样伟大的诗人只有在去世之后，世人才能明白他们的价值。我们必须要通过全新的方式或是文学创作去展现惠特曼的与众不同，否则我们就只能承认惠特曼是一个巨大的笑话……除此之外，我认为你与我其实都不是惠特曼个人名声的守护者，我们无法创造出惠特曼的名声或是毁掉他的名声。

当巴勒斯与奥康纳为此争论的时候，惠特曼在他的办公室里借着煤气灯安静地阅读，或是与皮特·多伊尔在大街上闲逛。一些年轻的英国评论家认为，惠特曼的《草叶集》代表着一种全新的诗歌世界。费德里克·W. H.梅耶斯[1]，当时是三一学院的学生，就曾与牛津大学的优秀毕业生约翰·阿丁顿·西蒙兹[2]一起谈论这本诗集，他们认为"惠特曼的这本诗集给人带来的兴奋感简直渗入了骨髓里。"爱德华·道顿、蒂勒尔以及其他年轻的爱尔兰学者在都柏林也在阅读着惠特曼的诗集。艺术家威廉·贝尔·斯科特[3]从罗斯金的朋友托马斯·狄克松那里获得了惠特曼的一本诗集，之后将这本诗集介绍给了斯文伯恩与W. M.罗塞蒂[4]。我们在前文已经提到过，爱默生在10年前就已经将惠特曼的《草叶集》这本诗集寄给了卡莱尔。梭罗也将一本《草叶集》寄给了他在英国的朋友乔姆利。除此之外，惠特曼的《草叶集》还有其他的方式流入了英国。虽然当时阅读惠特曼诗集的人不多，但是一大群聪明的大学生、学者以及新一代的诗人，他们都深信沃尔特·惠特曼是一位代表着民主精神的诗人。

　　有时，我们有必要对这些年轻人表现出来的热情进行一番解释。这些英国人从一个推理演绎的立场出发，认为典型的美国诗人肯定都是穿着法兰绒衬衫，将裤子卷入在靴子里。因此，当惠

---

① 费德里克·W. H.梅耶斯（Frederic W. H. Myers, 1843—1901），英国诗人、语文学家、古典学者。英国心理研究学会创始人。

② 约翰·阿丁顿·西蒙兹（John Addington Symonds, 1840—1893），英国诗人、文学评论家。

③ 威廉·贝尔·斯科特（William Bell Scott, 1811—1890），英国艺术家、诗人、教师。擅长油画和水彩画。

④ W. M.罗塞蒂（William Michael Rossetti, 1829—1919），英国作家、文学评论家。

惠特曼，1864

特曼以这样的方式呈现在他们面前的时候，他们就会认为惠特曼是他们在美国这个庞大国家等待已久的吟游诗人。这样的推理是比较简单有趣的。在 19 世纪 70 年代居住在伦敦的一些美国人依然还记得，当一位来自落基山脉的诗人在英国人的餐桌上，还是习惯在吃到一半的时候，同时将两根雪茄烟放在嘴巴里，然后骄傲地对主人说："我们在美国就是这样做的"的时候，他们所感受到的震惊与羞愧。在英国与欧洲大陆一些崇拜惠特曼的人，显然是因为发现了惠特曼是这样一位行为不大讲究且无视礼节的人，从而认为他是代表民主的精神。不过，要是对惠特曼这些新阅读者的信件进行一番评论，就会发现他们不单纯了解表面上的喧嚣，而是真正能够感受到惠特曼所要表达的深层次精神。贺拉斯·E.斯卡德[1]，这位来自波士顿的评论家，就在 1866 年将惠特曼的《播鼓集》寄给了罗塞蒂，并且表示没有哪一位诗人能够像惠特曼这样"将美国文明那种独特微妙的因素都呈现出来"。在罗塞蒂之后与奥康纳及惠特曼本人的书信往来里，比如在《罗塞蒂文集》或是其他的文稿里，我们可以看到罗塞蒂对惠特曼提前预见到了民主精神所能带来的变革非常敬佩。

　　关于惠特曼作品中的某些方面，罗塞蒂与惠特曼持着不同的意见，但他还是尽最大的努力去宣扬这位美国诗人，让惠特曼的名声在欧洲大陆传播得更远一些。康威在 1867 年 4 月 30 日写给奥康纳的一封信里，就谈到了他与斯文伯恩、罗塞蒂以及当时在

----

①贺拉斯·E.斯卡德（Horace Elisha Scudder，1838—1902），美国作家、编辑。代表作：《七个小矮人和他们的朋友》《梦想男孩》《诺亚·韦伯斯特传》等。

场的出版商 J. C. 霍登 [1] 会面的情况，他们都一致同意对《草叶集》重新进行出版，并且要对内容进行修改。"这可能会给任何出版商都带来法律层面上的风险。"康威在信中表示"惠特曼一位热情的崇拜者约翰·艾迪生·西蒙德斯正准备写一篇投给《爱丁堡日报》的文章"。在接下来的半年时间里，他们就是否要删除《草叶集》里面的部分内容交换了很多意见。罗塞蒂在 1867 年 9 月 30 日的日记里这样写道："我的挑选原则就是不要遗漏任何一首诗歌，虽然一些诗歌可能是让某些读者比较反感，包含着宣扬某些本能精神的表达方式，但是我不会删除这些诗歌，而只是将他们排除在外。"最终，他们选择的方式也是按照罗塞蒂的想法去做。惠特曼的作品由罗塞蒂负责印刷，这表明惠特曼放心让罗塞蒂去进行任何言语上的修改或是必要的删减，最后的目的就是要出版他的精选集。但是，惠特曼不同意出一个"干净版本"的《草叶集》。我们应该还记得，这时的《草叶集》已经出版到了第四个版本，这是惠特曼几个月前在华盛顿自费出版的。他已经特意删除了一些他认为可能会冒犯某些读者的内容。事实上，惠特曼在 1860 年之后所创作的任何作品，其实都不需要进行任何审查。

　　与此同时，罗塞蒂 1867 年 7 月 6 日在《伦敦编年史报》这份以自由宽容精神著称的评论杂志上发表了一篇评论文章。奥康纳也为《帕特南杂志》创作了一篇名为《木匠》的优秀故事。在这篇故事里，耶稣基督以普通工人的身份出现，但这位虚构出来的耶稣基督无论在外形还是内在品质上都与惠特曼极为相似。这

---

①J. C.霍登（John Camden Hotten，1832—1873），英国藏书家、出版家。

是奥康纳在进行多次尝试之后，终于找到了耶稣基督这一最著名的宗教人物去阐述惠特曼的个性对某些人的心灵所产生的影响。有趣的是，这篇文章竟然是惠特曼身旁的好友，这样一位每天都看到惠特曼其实没有做过什么像耶稣基督那样英勇行为的人所写的。奥康纳的《木匠》在1868年1月出版了。一个月之后，斯文伯恩对威廉·布莱克的评论性专著也传到了美国。在这部专著一篇文章的结尾处，斯文伯恩第一次指出了威廉·布莱克与沃尔特·惠特曼在精神层面上的相似性。按照斯文伯恩的说法，布莱克与惠特曼身上都拥有着，用他的话来说就是"一种此时像星星的光彩，一种彼时像暴风雨的感觉。他们仿佛能够展翅翱翔在广阔的天地，穿越无边无际的大海，勇敢地追求着自由……即便他们两人的缺陷与错误都是相似的。他们的诗歌……就像大海那样广阔无垠……经常会出现暴烈的海啸或是潮起潮落的洗刷，会让读者感受到一种触礁的感觉，让那些游泳者或是水手都不知所措。他们的作品都表达出了一种基本永恒事物所具有的力量与缺陷。有时，阅读他们的作品，会给读者一种喧闹、贫瘠、没有着落或是没有任何所得的感觉。"[1]

在斯文伯恩这本书出版后，罗塞蒂随即出版了《惠特曼精选集》。事实证明，罗塞蒂的编辑工作做得非常好。《精选集》里面包括了1855年版本《草叶集》的序言，还有惠特曼的103首诗歌。罗萨蒂在序言里直截了当地阐述道："在道德与恰当性方面"，他"绝对不会支持或是认同一些被读者所谩骂的段落"。不过，罗

---

[1] A. C.斯文伯恩所著的《威廉·布莱克》，1868年在伦敦出版。

塞蒂也表明了自己的看法，即惠特曼是"我们这个时代诗歌领域最大的收获""他所要表达出来的声音与思想在日后将会在每个说英语的地方落地生根"。

　　罗塞蒂编辑的《惠特曼精选集》出版之后，让惠特曼获得了安妮·吉尔克里斯特夫人的高尚友情。吉尔克里斯特夫人的丈夫是亚历山大·吉尔克里斯特[①]先生，他是罗塞蒂的一位朋友，也是卡莱尔在切恩大街的隔壁邻居。在他临死之前，也曾参与了《威廉·布莱克的一生》的编辑工作。他的遗孀吉尔克里斯特夫人与她的四个孩子，下定决心要完成这本书的工作，最后她在 1863 年出版了这本书。可以说，吉尔克里斯特夫人是一名具有个人魅力的人，有着强大的品格精神，并与当时艺术与文学领域的人士都非常熟悉。福特·马多克斯·布朗[②]就是她的一位研究前拉斐尔派的朋友，他之前偶尔将罗塞蒂在 1869 年 6 月拿给他的《惠特曼精选集》借给吉尔克里斯特夫人看。吉尔克里斯特夫人阅读了这本书之后，恳求罗塞蒂让她看看完整版的《草叶集》。罗塞蒂答应了她的要求。罗塞蒂在 1869 年 7 月 13 日的日记里，就谈到了吉尔克里斯特夫人对这封信的评论"是极为热情的"。在那一天，罗塞蒂在犹豫一番之后，给奥康纳寄去了吉尔克里斯特夫人给他来信的部分内容，但没有提及吉尔克里斯特夫人的名字。

---

①亚历山大·吉尔克里斯特（Alexander Gilchrist, 1828—1861），英国传记作家、诗人。代表作：《威廉·布莱克的一生》等。

②福特·马多克斯·布朗（Ford Madox Brown, 1821—1893），英国著名画家。

6 月 23 日

我将会怀着无所畏惧的心态接受你借给我阅读完整版本《草叶集》的美意。我认为，惠特曼在这本诗集里绝对是要向每位读者传递出伟大的神性美感，而不是要为我们倒一杯毒酒。至于你特别所提到的，我是否能够忍受一些不良的阅读感受。我要说，若是以睿智的方式去进行评论的话，我是一位快乐的妻子与母亲，已经知道如何去接受柔和的情感，如何在自然面前感受神圣。也许，沃尔特·惠特曼已经忘记了——或是因为他大脑里的一些理论——已经忘记了正是我们对自然美好事物追求的本能，包括对自身本能的追求，才让我们能够对一些事物保持沉默的本能。

7 月 11 日

你将沃尔特·惠特曼的全部诗集都送到我的手上，这实在是太好了。我的其他朋友都没有像你这样对惠特曼的作品，以及我本人的看法做出如此睿智大度的看法……关于惠特曼的这些诗集所引发的一些争议，我将会鼓起勇气，坦率地表达，我认为惠特曼的这些诗歌是充满美感的。我还认为，即便是你有时也误解了惠特曼的诗歌。也许，惠特曼的这些诗歌主要是面向那些家庭主妇的。能够读到惠特曼的这些诗歌，让我感到非常高兴。如果我或是其他真诚的女性有这样的感受，那么肯定一些男性也会有同样的看法。你将会理解当我认为这代表着惠特曼表现出来的一种安静的本能，这其实是代表着他创作出了一种正确且美好的东西。我认为，也许只有情人或是诗人（也许只有情人或是这位诗人）才能真切地表达出他们内心的真正想法——他可能有着自己

193

喜欢的东西，但他却将这样的情感传递给了所有读者——因为从某种意义上来说，他的诗集就代表着他的人生观。羞耻的感觉就像一张可以随时移动的帷幕，始终都会忠实地展现出帷幕背后的事物——当帷幕落下之后，呈现出来的便是美好的事物，那么我们就会认为这是美好的。而当帷幕落下之后，呈现出来的是丑陋的事物，那么我们就会认为这是丑陋的。我们根本不需要担心怀着自由精神去写出这些充满激情的话语会破坏如此美好的羞耻感。这样一种快乐的安静，在很多时候就是一个女人在内心深处对爱情秘密思考的结果。

奥康纳在读到这些回信之后，感到非常高兴。这位不知名的英国女性写出来只有女性才能写出来的感受，到目前为止其他女性都没有足够勇气去表达出来的。惠特曼本人也对这样的回信甚为感动。罗塞蒂认为其中一部分的书信内容应该在美国出版。在经过一些修改之后，这些书信最后以《一位女人对沃尔特·惠特曼的评价》的题目刊登在1870年5月出版的《波士顿激进报》①上。罗塞蒂在序言里将这些信件说是"这是到目前为止，关于惠特曼作品最为全面且最为深刻的评价"。最后，惠特曼知道了写出这些信件的人，并且与吉尔克里斯特夫人开始通信。在接下来的三年时间里（也就是1876年到1879年间），吉尔克里斯特夫人居住在美国，在很多时候都居住在距离惠特曼不远的地方。他们之间的

---

① 这些书信的内容之前已经通过赫伯特·吉尔克里斯特的《安妮·吉尔克里斯特》出版了。我节选了奥康纳所收藏的这些信件，这可能与刊登出来的版本有些出入。

亲密友情一直持续到了吉尔克里斯特夫人在 1885 年去世的时候，当时的吉尔克里斯特夫人只有 54 岁。她是惠特曼"最为高尚的女性朋友"。她写给惠特曼的很多信件从来都没有公开出版。

当惠特曼的新老朋友们都在积极地为惠特曼出头的时候，用马乔里·弗莱明的话来说，惠特曼依然保持着"异乎寻常的平静"。特伦斯·马尔瓦尼在这个过程中，扮演着待在轿子里的克里希那神的角色，表现得异常兴奋。此时的惠特曼已经成了一个名人，走在大街上都会有人认出他，而他也怀着天真质朴的心情享受着这一切，感觉自己终于成了一位名人。年轻的女性在马车上会为他让座，虽然他在那个时候仍未到 50 岁。1868 年，他的照片就在华盛顿进行公开销售，他当时在这些照片上签名，希望有人能够购买。惠特曼比较平凡普通的个性让一些敏感的观察者们感到无趣，他也深知这一点。"一些人不喜欢我"惠特曼曾对奥康纳这样说。但是，他却赢得了华盛顿大街上那些充满好奇心、心地善良的大多数散步者的好感。他们将他称呼为"沃尔特"，这些人也可能隐约地知道他是一个"诗人"，但是，在这些浮华与虚荣背后，真正的惠特曼是一个过着孤独生活的人，喜欢沉思，渴望得到别人真挚的友情。在罗塞蒂写文章称赞惠特曼是"一个原始且超然的天才"的几天前，惠特曼在写给母亲的一封信里这样说："我怀着非常平静的心情度过每一天——一些晚上，我会在阁楼上度过。我会躺在木床上，然后在需要的时候，生起一堆火。我希望你也在这里陪着我。"惠特曼告诉母亲，他正在利用休闲时间创作一本"散文作品"，这部作品就是后来的《民主展望》。有时，惠特曼的一些老朋友也会前去拜访他，比如艺术家与战地记者 W.J. 斯特德曼就曾前来拜访过惠特曼。斯特德曼在写给罗塞蒂的一封信里说惠特曼"现在要比我上一次见到他的时候过得更好了"。"他的头发就像獾皮那样灰白"。惠特曼每年都会离开华盛顿，他一般将这段时间都用于陪伴在布鲁克林居住的母亲，有时也会进行远足。比方说，1868 年秋天，惠特曼就拜访在普罗维斯登的一些朋友，在回来之后写给埃尔德里奇的一封信里，他这样说："普罗维斯登这个地方给我留下了深刻的印象，这不仅是因为河谷地有着美丽的自然景色，而是因为我在这里有着很多好朋友。作为一座城市，这里的居民都过着比较舒适愉悦的生活，每个人家庭都是那么的和谐，每个人都是那么的独立与节俭。这里始终是一座代表着新英格兰精神的城市[①]！"

在布鲁克林居住的这段时间里，惠特曼定期会给皮特·多伊尔写信。有时，他会在信中给多伊尔一个"长长的吻别"，似乎多伊尔就是他亲爱的孩子一样。当多伊尔生病或是失业的时候，惠特曼会给予他许多精神层面上的鼓励。"只要上帝能够确保你有着健康的身体、充沛的活力以及问心无愧的良知，你就不要惧怕会发生最糟糕的事情——让赖克去见鬼吧！（赖克是当时多伊尔的老板）。"在惠特曼所写的这些充满自然情感的信件里，从来都不会涉及文学方面的话题。有时，惠特曼会在信件里稍微谈到当时的政治状况。在 1870 年 9 月 15 日，惠特曼就在信件里谈到了普法战争以及意大利的内部战争："按照目前的情况来看，我更倾向

---

①这是惠特曼写给埃尔德里奇的一封信，后来约翰·巴勒斯将这封信交给我来阅读与使用。

于站在法国这一边，而不是像之前那样站在普鲁士那边……当我回来的时候，我希望能够与你喝上一杯，庆祝教皇、他的红衣主教以及那些牧师的势力得到了完美的限制——当维托里奥·埃马努埃莱二世①进入罗马的时候，会让意大利变成一个伟大独立的国家。"因为多伊尔是一名天主教徒，我们才想到他们俩是不可能喝上这杯酒的。

对惠特曼来说，接下来的这个夏天是值得铭记的，因为他收到了来自丁尼生的一封来信，这是他们俩之间的第一次通信，在这之后也断断续续进行了书信的往来。丁尼生在1871年7月12日的来信里祝贺惠特曼创作出了一部伟大的作品："我之前已经阅读了你的一些作品，并饶有兴致地进行了欣赏。最后我认为，你是一个有着宽广心胸与随和天性的人……我相信，如果你前来英国旅行的话，我肯定会热情地接待你，与你在我的家里好好地详聊一番②。"斯文伯恩的诗集《日出之前的歌谣》也在这一年出版了。这本诗集里就有一首名为《致美国的沃尔特·惠特曼》的诗歌。为了在9月7日于纽约举办的年度美国展览会，惠特曼写了一首《展览会之歌》，里面就包含了对过去封建社会的有趣描述：

翻开莎士比亚作品那紫色的页面，

感受着丁尼生那甜美而悲伤的韵律挽歌。

①维托里奥·埃马努埃莱二世（Victor Emmanuel, 1820—1878），意大利统一后的第一个国王。
②出自唐纳森的《沃尔特·惠特曼的人生》。

在这一年，惠特曼在文学活动方面是比较突出的。在这一年，他自费出版了第五版《草叶集》，在这个版本里，惠特曼对诗歌的安排仍旧按照 1867 年版本，只是在局部上做了一些修改。在这个新版本里，惠特曼加入了 23 首全新创作的诗歌，还有之前已经出版过的一些诗歌。在这一年里，他还以小册子的方式出版了一本名为《印度之行》的作品。在 1871 年版本里《草叶集》，就包括了这本小册子。《印度之行》是惠特曼后期诗歌所具有的神秘主义与深刻的幻想思想的典型展现。苏伊士运河开凿工程的圆满结束以及太平洋铁路的完工，都让过去连接遥远无比的东方的古老梦想变得真实起来。在这个小册子里，惠特曼所使用的象征不仅仅代表着这个梦出现的统一性，而且还表明人们在灵魂的世界里追寻着上帝。在他的人生晚年，谈到《印度之行》这本小册子时，他说："我在这本小册子里表现了更多的我，可以说是将最本质、最终极的我都融入其中，这是其他的诗歌都没有的……我在那本小册子里所表现出来的想法也是慢慢形成的，一些想法总是在逃避着其他想法——最后不断呈现出一种宇宙的思想。"

惠特曼的《民主展望》一书虽然标明是 1871 年完成的，事实上却是在 1870 年完成的。这本专著是惠特曼在之前七年里利用闲暇时间完成的。这是惠特曼对他在 1855 年《草叶集》序言里提到的主题的重新深刻反思。他想要探讨在民主的美国下，文学所具有的功能。惠特曼的想法并不是通过散文的形式，去进行持续且深入的理论推理。相反，这是一个他长久以来进行深入思考的主题，虽然在这个过程中，他的很多思路都受到了打断，但他没有放弃过这样的思考。因此，当一些读者初读这本书的时候，会感到有些难懂。若是撇去这本书在正式行文结构上存在的缺陷，那么这本书可以说是惠特曼对美国文学最有建议性与启发性的贡献了。惠特曼在这本书的开篇，就谈论了给予所有人普选权可能带来的巨大危险，他认识到了人类真正的危险，并不是单纯政治层面上的危险，而是社会与宗教层面上的危险。按照他的说法，要想解决社会与宗教层面上的危险，就只能通过文学去完成。虽然民主制度能给人一种大众都具有智慧的表面看法，但这却无法满足大众在灵魂层面上深层次的需求。但是，很多宗教文明都只是为物质文明正名而已。在过去很长的时间里，文学作品都没有真正接触到普通民众最为真实的一面。我们的文学作品只有这样做，才能有出路。我们的文学作品不仅要宣扬个人主义，还要宣扬互助精神，而这两种精神必须要通过宗教来使之充满活力。伟大的文学作品、艺术家以及过去的历史教训，都是人类所能获得的最好经验。

在这本书里，惠特曼用非常形象化的语言描述了过去的历史人物："对我们来说，历史就像灯塔那样，照亮了所有的黑夜。不为我们所了解的古埃及人，雕刻的象形文字；印度人创造出来的赞歌以及箴言，还有许多史诗；希伯来人的先知与精神主义，直到现在仍然像闪电那样发出极为耀眼的光芒，还有那些追求真理的良知以及在面对暴政与奴役时发出反抗声音的勇敢之人。耶稣低着头，沉思着爱意与和平，就像一只和平鸽。古希腊人创造出了人类在物质与审美方面的完美比例；古罗马人则是讽刺文学方面的大师，除此之外他们还有宝剑与法典——其中的一些历史人物是那么的遥不可及，就像躲在帷幕背后，一些人感觉距离我们却是那么的近。但丁，这位体型瘦弱之人高视阔步地走在大街上，他看上去只剩下满身坚韧的意志了，身上没有多余的赘肉。米开朗琪罗与其他伟大的画家、建筑师、音乐家以及戏剧天才莎士比亚就像阳光那么辉煌灿烂。封建时期的艺术家与歌手就像即将要下山的夕阳，虽然依然闪耀出万千的色彩，但仍然逃不过要沉没的下场。至于德国的康德与黑格尔，虽然他们距离我们这么近，却给我们一种非常遥远的感觉，仿佛他们就像古埃及那些不动神色且乐观的众神。"在说完了这些补充内容之后，惠特曼说美国这个国家需要自己的诗人与预言家，按照现代科学的精神去对目前这个时代进行详细的分析与解读。可以说，这就是对惠特曼的《民主展望》一书最为简略的概括了。

这个时候，惠特曼在欧洲大陆的名声开始越来越响亮了。爱德华·道顿在 1871 年 7 月的《威斯敏斯特评论》上发表了一篇关于惠特曼的著名文章《民主的诗歌》。他将这篇文章寄到了华盛顿，并附上了一封写给惠特曼的友善信件。这开启了他们之间频繁且亲密的信件往来。欧洲大陆上一些具有先见之明的评论家们开始认识到，现代文学已经兴起了一股全新的力量。费迪南德·弗莱利格拉茨①在一篇热情洋溢的文章里附带了《草叶集》的德文版本，发表在 1868 年 5 月 10 日奥格斯堡的《法兰克福汇报》上。在这篇文章里，弗莱利格拉茨称赞惠特曼的诗歌代表着未来的诗歌创作方向。他给惠特曼与奥康纳各自写了一封热情洋溢的信

---

①费迪南德·弗莱利格拉茨（Ferdinand Freiligrath, 1810—1876），德国诗人、翻译家、自由运动倡导者。《草叶集》的德文版译者。

件。鲁道夫·施密特，这位来自丹麦的评论家，将惠特曼的《民主展望》翻译成了丹麦语，1872年2月在《哥本哈根日报》上发表了一篇评论惠特曼的文章。施密特在4月份写给惠特曼的一封信里，就引述了比昂松[1]的一段话："沃尔特·惠特曼让我感受到这么多年来都没有感受到的全新快乐。从某个方面来看，他可以说是我见过最伟大的诗人了！"在1872年6月1日，本特松[2]（也就是布兰克夫人）在《两个世界月刊》上发表了一篇关于惠特曼的文章。从这些种种的迹象来看，之前充斥着反对惠特曼的潮流终于被扭转过来。在惠特曼写给爱德华·道顿的第一封信里，就谈到了这是他感到人生快乐的一年。在得到道顿先生的允许之后，我将惠特曼的这封回信引述如下：

华盛顿，1872年1月18日

亲爱的道顿先生：

我再也不能延迟回复你在9月5日与10月15日的来信了。在这之前（8月22日），我已经给你写了一封简短的回信，作为回复你在7月23日的来信。那是你第一次给我写信，你在信中还将那篇文章的复印稿也寄过来了[3]。你寄过来的信件与文章，我都是一

---

[1]比昂松（Bjoumlrnst jerne Martinus Bjornson, 1832—1910），挪威作家，1903年诺贝尔文学奖获得者。比昂松与亨里克·易卜生、约纳斯·利和亚历山大·谢兰并称挪威"四大作家"。比昂松还是挪威国歌的词作者。

[2]本特松（Thérèse Bentzon, 1840—1907），法国记者、散文家、小说家。

[3]也就是上文提到的《威斯敏斯特评论》上的文章。

惠特曼，1871

读再读。我对你所给予的赞美表示衷心的感谢。可以说，我感觉你距离我并不是那么遥远，而是那么的近。约翰·巴勒斯寄来的信件，更是证实了这点。我对你的朋友在信件里所提到的内容非常感兴趣，我一直以来认为他们也是我的朋友……请将我对他们的善意传递给他们。特别是你，还有道顿夫人以及你们的家人，我非常感谢你们的善意，我感觉距离你们是如此的近。我希望你们每个人都能够感受到我的祝福（如果方便的话，可以将我的这封信拿给他们看）。

我非常喜欢你在《威斯敏斯特评论》上那篇文章所持的立场与表达的思想——你似乎抓住了我想要表达的核心思想，否则你不会取《民主的诗歌》的标题。要想写出像你那样的文章，需要作者进行全盘细致的考量，才能以更加全面、流畅且信服的方式完成这篇文章。我完全接受你在那篇文章里所提到的观点。我同样意识到，这可能是你作为我的忠实读者，认真阅读与思考的结果。除此之外，我认为你在那篇文章里所提到的中心思想，其实是最为重要的——除了中心思想之外，其他方面的问题都是可以通过各种方式去进行讨论的。

我想说，我那本书的核心原则（当然，你肯定也能明白），就是创立一个模型或是理想化的形象（这是适用于新世界的，或者说可以慢慢融入新世界的），从而让现代人变成更加健康、勇敢与务实的人——无论是在情感上、道德上、精神上与爱国主义情感上——都能成为一个更好的儿子、兄弟、丈夫、父亲、朋友或是公民——这一切都是需要与当代科学的发展相一致的，与美国的民主制度以及我们目前的工业与专业发展所提出的要求相吻合——当然，这同样是对女性提出了要求——让她们成为更好的女儿、妻子、母亲与公民。我希望能将一种充满活力的人类个性精神表现出来。在男性方面，这表现在一种充满力量的动物本能、激情、爱意以及黏合性。在女性方面，这表现在一种巨大的母性。总而言之，无论对男女来说，这都需要他们具有强烈的道德良知，让他们意识到神性的法则会通过间接或是直接的方式控制着世间的一切。

在《民主展望》一书里，我想要填补我们这个时代在想象文学与艺术方面的巨大真空，让更多有信仰且心智健康之人能够感受这样的文学作品。我希望通过此书表明一点，只有创造出这样的文学，才是维系我们整个民族长久生命活力的唯一途径。至少，我想要勾勒出这种文学作品的轮廓——这需要一些具有全新思想的作家、诗人、真正的美国人，需要他们具有黑格尔派的哲学思想，具有民主精神与宗教思想——同时还拥有着更为宽阔的人生视野以及创新的写作方法。

你在《威斯敏斯特评论》上提到的一点让我很感动，如果以后有机会的话，我会详细讨论这点的——那就是你在那篇文章里对美国那些杂志、编辑、出版商或是所谓"评论家们"对《草叶集》的冷嘲热讽表现出不屑的态度。至于我的《民主展望》，可以说没有几个美国读者愿意去阅读。如果你能够写文章宣传我的这本书的出版，或是有机会在其他文章宣传这本书的话，我认为你在这些文章里，一定要将这本书无法被那些正统的文学家或是文学界的权威所理解的事实写出来——很多人都对这本书持强烈的反对态度，而这本书的作者其实就是政府的一名小职员，他之前曾因为所创作的诗歌而遭到内务部长的解职。

事实上，我对这些事情都看得非常淡然。我知道自己是以一种愉悦且心满意足的心态去进行创作的——因此，我保持着这样的精神与态度（我也希望，当我的朋友们宣传我的作品时，也能够将我创作这些作品时愉悦的心情表达出来）。

我现在的健康状况很好，我依然在华盛顿的一个政府部门担任普通职员。

我最近经常看到约翰·巴勒斯，他也一切安好。他前不久刚刚给我看了你寄给他的一封信。

（因为我现在认识了你，所以我们不再是素昧平生的人了。）我也越来越希望能够有机会横渡大西洋，去到欧洲那边的英国以及你的国家看一看。

丁尼生已经给我写了两封非常真诚且友善的来信。他邀请我在恰当的时候前去拜访他。

我也收到了杰奎因·米勒[1]的来信。他现在居住在俄勒冈州，在慢慢地恢复健康，阅读着书籍，享受着美丽的自然景色，有时还会进行一些创作。

爱默生最近在进行巡回演说（已经在巴尔的摩与华盛顿发表过演说了）。他依然保持着一贯的态度——还是谈论着25年前的那些主题。在我看来，爱默生的演说带给听众的影响力是在慢慢下降（这就好比一壶泡久了的茶水，爱默生就好比那些好茶。当我

---

[1]杰奎因·米勒（Joaquin Miller，1837—1913），美国诗人、传奇拓荒者。

们品上第一口的时候，会觉得醇香，但多喝几次之后就会感觉味道越来越淡）。我将会随信给你寄去爱默生在前几天晚上发表演说的新闻报纸。你可以从报纸上感受爱默生的风采。

我亲爱的朋友，我必须要停笔了。我一直都希望给你写一封长信，告诉你我非常感谢你的善意、怜悯与同情心，也希望我们之间的书信往来能够越来越频繁。以后，我会将自己出版的作品寄给你或是告诉你可能会让你感兴趣的事情。你也可以随时给我回信。

永远忠诚于你的朋友：沃尔特·惠特曼

写于美利坚合众国华盛顿的财政部律师办公室

1872 年 6 月，惠特曼踏上了前往新罕布什尔州汉诺威的旅程，他要去达特茅斯学院的毕业典礼朗读他的诗歌。关于他受邀的故事，这是第一次披露。整个过程非常有趣。关于这件事的详情，我要感谢达特茅斯学院的查尔斯·F. 理查德森①教授，他向我确认了这个故事。现在仍健在的当年那些邀请惠特曼前来朗读的校方人士表示，他们原本是希望通过这样做来跟学院的教职员工开玩笑。此人在给我的信件里这样写道：

现在回想起来，当初我们之所以选择邀请惠特曼前来朗读他的诗歌，至少从某种程度上来说，是因为当时一些学生与教职员工们产生了一些矛盾，因此希望邀请惠特曼这位一些人不是很喜

---

①查尔斯·F.理查德森（Charles F. Richardson, 1851—1913），美国作家、教育家。

欢的吟游诗人前来朗读诗歌。当时的美国文学协会已经渐渐衰落了，而选择演说者与诗人的权利落在了高年级学生的手上。一些学生就按照字母的排列顺序去进行选择。一般来说，这些高年级的学生都不知道每个诗人是属于那些文学协会的，直到出现了选举学生图书管理员或是在毕业典礼上邀请一些名人发表演说的时候，他们才有所了解。1872年，这些高年级的学生组成了一个带有玩笑性质的团体"克顿上尉的军校生"——这不是一个真正的团体，也不是那些学院里具有宗教性质的团体。这些"军校生"负责了那一年的高年级选举，然后很偶然地决定邀请惠特曼前来。正如爱默生在1838年也是因为运气的成分，在当时保守主义浓厚的学院发表了那一篇震惊世人的演说。

惠特曼还是穿着平常一样的衣服过来了。根据一些还记得当时现场的学生的回忆，惠特曼朗读的诗歌是单调乏味的，没有任何演说者的激情。惠特曼的声音比较小，无法让坐在教堂后排的学生们听到。当惠特曼回到他的座位之后，台下的很多学生都还不知道原来他已经说完了。不过，当校长走上前，握住惠特曼的双手时，大家才意识到惠特曼说完了，不禁都松了一口气。惠特曼所朗读的诗歌没有引起大家的兴趣，也没有招致他们的反感。这晚，惠特曼在参加毕业典礼音乐会时，给其他人最深的印象是，他的年龄看上去已经不止53岁了。当其他人为歌手们的演出鼓掌叫好时，惠特曼只是挥舞着手臂，或是大喊着"唱得很好！"来表达自己的喜欢之情。如果这些学生们一开始的目的，是想要戏弄那些保守的教职员工，认为惠特曼是一个严格意义上的公理教会教徒，那么他们的算盘就打错了。因为惠特曼这位白发好诗人非常乐意前去大学牧师 S.P. 利兹博士的家里做客，当时的利兹博士身在欧洲，他的妻子热情地招待了惠特曼。在告别的时候，惠特曼送给了利兹夫人一本《像一只自由飞翔的大鸟》的诗歌集，感谢达特茅斯学院之前给予他的热情欢迎。（惠特曼对此并没有感觉到任何的不愉快。）

为了让这个充满讽刺意味的故事在文学界里变得更加完整，我斗胆引述一篇惠特曼所写的，从未出版的手稿《美国的荷马》。他在这篇文章里谈到了他的诗歌激起了许多人的好评[1]。

沃尔特·惠特曼。达特茅斯学院之前邀请了这位名人前去朗读诗歌，这件事再次引起了大家对他关于诗人艺术理论以及他的作品的一些关注。可以说，在过去的十六七年时间里，惠特曼一

---

[1] 我要感谢来自阿尔巴尼的约翰·博伊德·撒切尔先生允许我使用这篇文章。惠特曼是在6月26日朗诵诗歌的。在这份手稿的顶部使用蓝色铅笔所写的。惠特曼这样写道："无论是6月28日的星期五还是在6月29日的星期六，我都可以按照当时的情况来进行使用——我可以按照这个手稿去重写，然后认真地进行校样。"这份手稿写在司法部信纸的背面。因为惠特曼在达特茅斯学院发表演说时的手稿是打印出来的，因此我们可以推测惠特曼在离开汉诺威之前就已经写下了上面的评论。他在6月27日写给多伊尔的一封信里就这样写道："皮特，我前来这里朗读诗歌的事情是否登上了华盛顿那边的报纸——我认为这可能会在周四或是周五的报纸上出现，可能是《编年史报》或是《爱国者报》上。如果真是这样的话，你可以给我寄来一份（如果两份报纸都报道的话，那就各自给我寄来一份）"——不过，事后证明，《编年史报》与《爱国者报》都根本没有对惠特曼前去达特茅斯学院朗读诗歌这件事进行报道。

直在努力地创作着自己的作品，他的《草叶集》也变成了一本很厚的诗集，他还出版了一本名为《民主展望》的书。直到现在，惠特曼仍表现出旺盛的创作活力，经常受邀前去一些文学团体发表演说，或是参加一些大学的毕业典礼。惠特曼的《像一只自由飞翔的大鸟》以及其他的诗作构成了他刚刚出版的诗集的部分内容。在这本书的前言里，惠特曼表示，他希望《草叶集》能够成为一首赞美每一个具有民主精神的人的赞歌，希望这样的作品能够让这个国家的民众更加具有民主的精神。

一开始，沃尔特·惠特曼的作品呈现出来的形式，对那些已经习惯了阅读诗歌的读者来说，是丝毫不具有吸引力的。他的诗歌作品与传统意义上的诗歌作品，在形式上有着天壤之别。惠特曼认为，过去那种诗歌形式已经不适合当代文学发展的需求，特别是不适合美国这个充满民主精神的国家，因此他决意要创立一种符合当代的诗歌风格，希望能为之后的作家创立一种更加适合表达情感的写作体裁。惠特曼的创作理论认为，我们这个时代即将迎来两种特别重要的全新发展或是影响，这将会对人类的文明造成巨大的变革影响。按照他的说法，其中一种影响就是科学的发展；另一种影响就是民主共和国制度的出现；还有第三种影响，就是一种能够更好表达品格与形式的全新诗歌。他认为，过往的诗歌创作应该适应这种全新的精神与现实的情况，与民主精神以及科学精神保持一致，而且保持这样的一致是必不可少的。惠特曼说，美国必须要创造出属于本土的想象性文学与诗歌，绝不能继续沿袭过去封建世界所残留下来的东西。因此，惠特曼的文学目标，就是对这样的现状进行一场深刻且本质的革命。他厌恶一切符合正统文学创作的方式，讨厌那些限制创作者更好表达情感的韵律与规范，厌恶那些讲述老套爱情故事的诗歌作品，而希望以更加自由松散的方式去创作出自己的诗歌，不需讲究每一句诗歌的长短。这些诗歌初读起来看似杂乱无章，若能认真精读的话，就会发现其中蕴藏着某种固定的规律，就像海边的沙滩上不时会涌来较大或是较小的海浪，让观者有一种欣赏潮起潮落的节奏感。

关于这种自由的韵律或是诗歌——当你抓住其中的本质之后——就会发现这让人异常兴奋，就像一个行将窒息的人突然间呼吸到了大量的氧气，瞬间恢复生命的活力，想要将内心的情感全部迸发出来。以自由的韵律去创作诗歌，这能让创作者将每一个关乎人性、身体、激情、经验、男女情感或是智慧与灵魂的想法都全部表达出来，同时这样的情感在很大程度上都是关乎我们这个时代与国家的，这样的创作同样可以是描述历史上其他时代或是其他国家。

在惠特曼即将要出版的新诗集里，显然会包括他在达特茅斯学院里朗读的那首《一只坚强的小鸟》的诗歌。虽然惠特曼作为诗人的名声是存在争议的，但是他能够从之前一切关于他的争议中超越出来。他所提出的文学主张给普通的读者带来了一种强烈的刺激效果。事实上，随着时代的发展，大众读者的阅读期望也在慢慢地提升。在这个时候，需要一些最为勇敢的预言家敢于提出一些无畏的理论。只有时代的潮流才能证明这个时代是否需要这种全新的创作理念。沃尔特·惠特曼——绝大多数人都会饶有兴致地看着这位古怪的人——在这些年里依然坚持着自己的创作理念，依然能够看到他在纽约或是华盛顿的大街上慢慢行走，友善地对待自己遇到的每个人。他喜欢与农民交谈，喜欢与那些近海船上的水手成为朋友，而这些人也经常会向他打招呼。关于他表现出来的随和性情，这是我们每个人都要表达赞许的。他是一个有着优秀品格的人，他最突出的贡献就是在内战中后期每天都自愿前往战地医院里照顾来自南方与北方的伤员——很难想象，这位穿着普通衣服，没有打着领带的中年人就是惠特曼。正是这位罕见独特的诗人不断歌颂着美国的民主精神，通过自己创作的诗歌表达作为美国人的骄傲。在他眼里，历史上的任何时代，无论是希伯来的精神，还是史前希腊的战争时期，还是代表着欧洲国王与贵族的莎士比亚，都无法与这样的时代相比！

至于未来是否会为惠特曼的崇拜者对他的极度崇拜所正名，我们只能留给时间去做评判。但是，沃尔特·惠特曼在美国文学历史上，肯定会作为一位具有原创能力且带来了全新影响的诗人存在。他的作品在这个共和国激发了一些人的热情，这是古老的欧洲大陆上很多年轻诗人都无法与之相比的。毋庸置疑，惠特曼在美国文学界所遭遇的很多反对之声，都是源于一些文学权威，这样的反对之声在未来肯定也会存在下去。但是，惠特曼在过去10多年的时间里，已经经受住了被世人误解、诽谤、中伤或是责骂所带来的重重压力，因此他现在可以勇敢地说，就正如保罗·琼斯在屠杀了塞拉皮斯之后，别人问他是否已经完成了这次任务，他平静地回答说："完成任务？不，我还没有完成任务呢，我才刚刚开始这场战斗而已。"

在惠特曼对这次达特茅斯学院之行的记录里，罕见地将他对文学名声追求过程中所遭遇的幽默、愚蠢与哀婉的情感都展现出来了。

离开汉诺威之后，惠特曼在回来的路上路过了佛蒙特州的伯林顿，他那位已经出嫁的妹妹汉娜居住在这里。7月1日，惠特曼回到了华盛顿。在9月份的时候，他那位此时已经75岁、身体虚弱的母亲已经搬到了新泽西州卡姆登，与他的儿子乔治一起居住。此时的乔治在经商方面做得比较好。但是，惠特曼的母亲在卡姆登生活的时间很短，而惠特曼在华盛顿地区将近十年的生活也即将结束。

随着冬季的到来，惠特曼有时会抱怨他的大脑经常会出现"嗡嗡声"。从1864年他第一次感受到这样"嗡嗡声"之后，就会断断续续被这样的情况所困扰。1873年1月23日，他在财政部大楼办公室里待到深夜，认真阅读着爱德华·布尔沃·利顿①的小说。当他离开的时候，一位保安觉得他的脸色很差。在凌晨大约三四点钟的时候，惠特曼在自己那间简陋的住所里醒来，他发现自己身体出现了部分瘫痪的情况。在接下来的几天里，他的朋友们都担心惠特曼可能会面临最糟糕的后果。多伊尔、奥康纳夫人、埃尔德里奇以及其他的朋友都轮流过来照顾他。过了一段时间之后，惠特曼感觉身体渐渐恢复了。到了3月31日，惠特曼能勉强回到办公桌上，每天做一点工作。但是，世上的事情就是这样，往往是祸不单行。"杰夫"的妻子玛莎这位受到大家喜欢的女性，

---

① 爱德华·布尔沃·利顿（Edward Bulwer-Lytton，1803—1873），英国小说家、诗人、剧作家、政治家。代表作：《暴风骤雨》《笔锋胜过剑锋》《庞贝末日》等。

在圣路易斯去世了。他在卡姆登居住的老母亲也生病了。这一连串的坏消息让惠特曼的内心感到无比焦虑。在 5 月 10 号这一天，他立下了遗嘱。10 天之后，虽然他的身体依然非常虚弱，但他已经下定决心要返回卡姆登看望母亲。因此，当他的母亲在 5 月 23 日去世时，惠特曼就在他的弟弟位于史蒂文斯大街 322 号的家里，陪伴在母亲身旁。

"我的内心无法相信母亲去世这一事实。"他在 8 月写给皮特·多伊尔的一封信里这样说。"这是我人生中遭遇的最大打击！"在惠特曼与他的简朴性情母亲之间，存在着一种最深厚的血缘关系，他们对彼此都有着一种发自内心的强烈怜悯心。可以说，母亲的去世，让惠特曼在这个世界变成了孤苦伶仃的人。他的弟弟乔治也是一个友善之人，但却与惠特曼完全不是一个世界的人。惠特曼曾说："我的弟弟乔治更加关注的是自己的烟管，而不是诗歌。"乔治为惠特曼在卡姆登提供了一个住处。对于此时身患疾病与沉浸在悲伤的惠特曼来说，要想返回华盛顿，至少从现在来说是不大可能。

事实证明，惠特曼再也不会返回华盛顿了。此时的惠特曼已经 54 岁了，他的生命只剩下十多年了。但是，他在 1873 年离开华盛顿前往卡姆登，这代表着他一个人生阶段的终结。虽然，他有时依然会创作一些诗歌或是写一些散文，而且真正确立他名声的作品早已完成了。他想要结交更多新朋友，越来越成为很多想要在文学领域朝圣的年轻人去拜访的对象。但不管怎么说，惠特曼在华盛顿过着快乐生活的日子一去不复返了。当他选择留在卡姆登，不再返回华盛顿之后，他与华盛顿那边朋友的关系也慢慢疏远了。皮特·多伊尔前去宾夕法尼亚铁路公司工作，约翰·巴勒斯在哈德逊购买了一处农场。一直忠诚于惠特曼的威廉·奥康纳与惠特曼的关系也开始慢慢疏远。据说，他们俩之间的关系之所以变得疏远，就是因为在萨姆纳参议员提出的重建南方的立法议案存在着严重的分歧。在这个问题上，惠特曼反对萨姆纳这个议案，而奥康纳则坚决拥护这个议案，直到他们两人最后吵得不可开交。最后，他们和解了，但是这种疏远的友情对他们这两个都是重情感的人来说，却是一个永远的痛。

在接下来的十多年里，惠特曼在一个方面做得可以说是失败的，那就是他没有更好地延续之前与那些朋友之间的友情。他平静地接受那些年轻人表达的崇拜之情，这些年轻人每天都有很多空闲时间，表现出巨大的文学热情，虽然他们身无分文，依然支持着他的文学创作理念。看到这群年轻人，惠特曼也会回想起自己过去被很多人中伤与诽谤，现在却获得了他们热情的拥护。看来，这些年轻人都非常了解他的人生。事实上，这些年轻人根本不了解他。惠特曼在《草叶集》里使用了很多多余的语句，显得比较啰嗦，表现出一个精神处于狂暴状态之人在忏悔时的内心世界，但在布鲁克林居住的沃尔特·惠特曼是一个沉默寡言的人。如果能够让他重新选择的话，他可能还会选择保持沉默。

自然的秘密，

更多的在于她的沉默。

第六章
卡姆登的吟游诗人

呜呼！预言家与先知的内心

是充满着多少的恐惧啊！

在他们所生活的时代，

世人无法宽恕他们的离经叛道，

不知道他们为什么要做出那样的选择，

这是因为他们走在时代的前列！

——朗费罗《基督：一个神秘的故事》

新泽西州的卡姆登，这是惠特曼人生最后19年居住的地方，这里距离费城很近，只是被一条特拉华河分开，就好比霍肯博与纽约，切尔西与波士顿一样，都是各自被一条河流所分开。纽约的《太阳报》曾将这个地方说成是那些深陷质疑、债务以及绝望当中的人的庇护所。但是，现在这个地方拥有了一位充满神性的预言家与他的一大帮忠实的拥护者，这些拥护者长途跋涉前来这里朝圣他们心中的文学巨人。最后，这里还有惠特曼那座著名的坟墓。因此，不管卡姆登这个地方在之前是多么的平凡，但在惠特曼前来这里定居之后，这变成了一座幸运的城镇。

在母亲去世几个月之后，惠特曼在他弟弟位于斯蒂文斯大街 322 号的房子里拥有了自己的房间。他找来了一位名叫沃尔特·戈迪的人来履行他在华盛顿财政部那里的职责。财政部的领导对惠特曼当时的状况也是比较关心，保留了他在一年之内可以回来上班的待遇。要是惠特曼在一年之内不前来上班的话，那么他的职位将会被其他人所取代。与此同时，惠特曼已经习惯了这种经常性病弱状态。他需要为自己的住房支付费用，他所节约下来的金钱足够他眼前的开支。1873 年 9 月，惠特曼搬到了史蒂文斯大街 431 号一座新房子，他还是按照过去的习惯，选择了顶层的一个房间。在天气晴好的日子，他会拿着手杖，步履蹒跚地来到渡口，然后乘坐轮船穿越特拉华河，前往费城。费城集市大街上的马车司机都将他称为"卡姆登诗人"。他们往往会让他坐在马车前面的座位上，让他在每次长途旅行中更好地欣赏外面的风景。他有时会给埃尔德里奇与皮特·多伊尔写信，给他们送去当时刚刚出版的《苏格兰首领》以及其他书籍，有时还会对他们的穿衣风格给予一些有趣的意见。

随着惠特曼的健康慢慢得到恢复，他再次开始了创作诗歌的工作。在《哥伦布的祈祷》里，惠特曼将署名写成是一位著名的热那亚人，这篇文章刊登在 1874 年 3 月的《哈帕》杂志上。1874 年，惠特曼让他的代理人出席马萨诸塞州塔夫茨大学①的毕业典礼，代为朗读了他的诗作《宇宙的歌曲》。惠特曼的《红杉树之歌》②也是在这个时期创作的。惠特曼这3首诗歌都以各自充沛的情感以及相对独立自由的创作形式而闻名。事实上，惠特曼在这些诗歌里还娴熟地使用了常规的韵律节奏，并使用了很多循环的句子以及其他技术性的手段。他的这些诗歌差点就陷入了他当年非常厌恶的那种"常规"的诗歌模式当中。

在他弟弟乔治的屋檐下生活，惠特曼感到不是很快乐。他想出了一些计划，就是希望购买一块廉价的土地，然后在这块土地上建一间简陋的房子，从而"真正在卡姆登这个地方落脚"，就像

①塔夫茨大学（Tufts University），创建于1852年，是一所研究型大学，位于美国教育重镇波士顿，是美国公认的优秀大学之一。塔夫茨大学重视培养学生的公民社会活动和公共服务意识，并以其国际关系专业和海外学习项目而闻名。

②《红杉树之歌》，写于1874年，那时惠特曼患偏瘫症已经一年多，经过肉体和精神上的一番苦斗之后有了起色，可以过河到费城去走走了。有一天他在费城图书馆读到了一种关于加利福尼亚红杉树的文字，这种树生长在沿海地区，可高达300英尺，直径15—20英尺，是世界最高的树木之一，有的树龄长达2000年，诗人对这种树木顿生敬畏之心，并联想到自己就像它们中间一株正在被砍伐的大树，他同情它，要为它唱一曲"死亡之歌"。后经过酝酿构思，诗人觉得最好不要唱挽歌。二是表白自己在做了一生的贡献后愿意诚恳地接受那不可抗拒的命运。因为他相信一切都是发展的，过去是为未来做准备，旧的应当给新的让路，没有什么值得伤感的地方。诗人是借那株红杉树的歌唱在抒发自己不屈的壮志，以及对那即将取代他的一辈人的希望和赞颂，后者便是当时在西海岸崛起的美国年青一代的建设者。诗人在创作这首诗的时候，还没有去过美国西部，至于加利福尼亚更是终生不曾到过，当然也不曾见过那种高大的红杉树。因此这首诗完全是凭想象写的，真实感人，便完全是诗人那颗诚挚的心和娴熟的艺术修养相融合的结果。

一个漂洋在外的水手终于返航了。但是，他之前所存下来的钱越来越少了，虽然他有时会自嘲地说，希望能在卡姆登一间印刷办公室里印刷自己的一些诗歌。在1875年这一年里，惠特曼都处于精神不振的状态——他过着孤独的生活，再加上手头比较拮据，这让他每天都在焦虑中度日。在接下来一年的春天里，罗伯特·布坎南先生，这位英国的诗人与作家此时已经卷入了与罗塞蒂与斯文伯恩的争议当中。他在《伦敦新闻》里发表了一篇文章，讲述了美国民众漠视正处在疾病与贫穷当中的沃尔特·惠特曼。罗塞蒂马上给惠特曼写信，询问相关的情况是否属实。惠特曼在回信里用非常简朴且带有尊严的方式说，他其实并不是过着非常贫穷的生活，但是如果他的英国朋友们能够帮助他更好地销售他的作品，他肯定会感到非常高兴的。我们需要记住一点，在这之前，惠特曼都是自己销售这些作品的。现在，他的《草叶集》已经出版到了第六版了，而所谓的1876年欧洲大陆版本——包括了两大卷，其中一卷是《草叶集》，另外一卷则是《两条河流》①，除此之外，还包括了惠特曼刚刚创作的几首诗歌，还有《民主展望》以及其他散文作品。

　　惠特曼的回信带来了让他非常满意的结果。"来自英国那边吹来的温暖春风也许（必定）拯救了我。"惠特曼后来这样写道。当时，惠特曼整套书的售价是十美元，但是他的很多英国朋友都愿意仿效丁尼生与罗斯金，出两倍或是三倍的价钱来购买惠特曼的

①《两条河流》，1875年5月2日，惠特曼写给爱德华·道顿的一封信里，他解释了这个名字所象征的意义：这是诗歌与散文交汇的两条河流，事实上就代表着现实与理想之间的交汇。

作品。"金钱与情感的喜悦是非常有效的良药。"惠特曼后来这样说道。在一大串的订购者当中，就出现了很多著名人物的名字，包括但丁·罗塞蒂、霍顿爵士、爱德华·道顿、吉尔克里斯特夫人、爱德华·卡朋特、阿尔弗雷德·丁尼生爵士、约翰·罗斯金、W. B. 斯科特、埃德蒙·戈斯①、乔治·圣茨伯里②、G. H. 路易斯、G. H. 鲍顿③、亚历山大·爱尔兰④、M. D. 康威、T. E. 布朗牧师⑤、P. B. 马尔斯顿⑥、J. H. 麦卡锡⑦、A. B. 格罗萨特⑧、赫伯特·赫科默⑨、R. L. 内特尔希普⑩、W. J. 斯蒂尔曼、F. 麦多克斯·布朗等人。难怪惠特曼

①埃德蒙·戈斯（Edmund Gosse, 1849—1928），英国诗人、作家、文学评论家。代表作：《父与子：信仰与偏见》《托马斯·布朗爵士传》《菲利普·戈斯传》等。
②乔治·圣茨伯里（George Saintsbury, 1845—1933），英国作家、文学史家、学者、文学评论家、红酒鉴赏家。
③G. H. 鲍顿（George Henry Boughton, 1833—1905），美国插图画家、作家。
④亚历山大·爱尔兰（Alexander Ireland, 1810—1894），苏格兰记者、藏书人。
⑤T. E. 布朗牧师（Thomas Edward Brown, 1830—1897），英国学者、教育家、诗人、神学家。
⑥P. B. 马尔斯顿（Philip Bourke Marston, 1850—1887），英国诗人。
⑦J. H. 麦卡锡（Justin Huntly McCarthy, 1859—1936），爱尔兰作家、爱尔兰民族主义政治家。代表作：《爱尔兰简史》《法兰西之花》《上帝之爱》等。
⑧A. B. 格罗萨特（Alexander Balloch Grosart, 1827—1899），苏格兰牧师、作家、文学编辑。
⑨赫伯特·赫科默（Hubert von Herkomer, 1849—1914），英国画家、先锋电影导演、作曲家。
⑩R. L. 内特尔希普（Richard Lewis Nettleship, 1846—1892），英国哲学家。

这位居住在卡姆登落魄的诗人，这位被他多数的同胞所嘲笑与忽视的人，再次焕发了生命的活力。从一封日期标明是 1876 年 3 月 4 日写给爱德华·道顿的信件里，惠特曼就写了一段充满感激的话语，这段话非常恰当地表达了惠特曼当时的情感："今天，我收到了你在 2 月 16 日寄来的那封充满温情的信，你还在信件里汇来了 12 英镑 10 先令，这让我极为感动。你寄来的现金让我感到开心，但是你在信件里所传递出来的情感才是真正让我动容的（这就像从爱尔兰海边吹来的一阵清新的海风，让我感受到了友情所带来的无限暖意）。我不知道你是否知道你已经做了一件让我极为感动的事情。"

在一篇文章里，布坎南就表达了对美国民众漠视惠特曼生死的做法的不满。乔治·威廉·柯蒂斯在 1876 年 6 月出版的《哈帕》杂志上，发表了一篇名为《安乐椅》的文章，对此进行了非常有礼貌的反驳。他在文章里这样写道："惠特曼先生在美国所获得的机会与布莱恩特以及朗费罗都是一样的。很多人都读过他的作品，当然很多人也对他的作品提出过批评。他在一些主要的杂志上也成为了撰稿人。现在，他有了一群非常热情且忠诚的支持者，这些支持者将他称为是超过当代所有美国作家的人。无论从哪个层面上来看，惠特曼都绝对没有被大众所忽视或是遗忘，相反很多公众出于好奇心前去拜访他……可以说，美国民众不存在针对惠特曼先生的阴谋，也不存在任何人嫉妒他在文学领域方面的成就。要是惠特曼或是他的朋友们授权布坎南发表那样的文章，这就值得我们去进行回应。可以肯定的是，这样的回复肯定能够消除布坎南那篇文章里含沙射影所带来的不良影响。"

惠特曼始终保持着有尊严的沉默。他有着一种比任何理智更加强大的本能，他遵循了这种本能的指引，将专注力转向了自然，这位始终对他敞开怀抱的母亲。在距离卡姆登大约十几英里的地方，他发现了木溪附近有一处比较清幽的地方，这里靠近名叫斯塔福德的一座农舍，这是一些友善民众帮忙建造的。从早春开始一直到深秋，惠特曼与他们一起在这里建造自己的房子。在接下来的两三年里，他的大部分时间都是在室外度过的，经常沿着木溪河岸行走。一开始，他想要追求的东西并不多："我发现人生的真谛就在于，将你的需求与品位调低到足够低的状态，然后用积极的心态去看待一些看似消极的事情，感受更多的阳光与欣赏天空的景色。"不过没多久，他就发现了更为积极舒适的生活。"当你在工作或是政治斗争中消耗了所有的能量，感觉无法感受到欢乐或是爱意了，那么你就会发现所有其他东西似乎都无法满足你内心的渴望了。此时，到底还剩下什么呢？自然！只有身处在自然的世界里，你才能让身心获得长久以来无法得到的真正休息，只有让男女都走到户外，呼吸新鲜空气，欣赏大自然里的树木、田野，感受四季的变化，欣赏日出与日落，欣赏夜空中美丽的星星……亲爱的朋友们，这是多么有益于身心健康的美好时光啊！"

春天的时候，独自一人沐浴在一个装满雨水的泥坑里。在身体力量渐渐恢复之后，一动不动地坐着与那些充满活力的年轻人进行聊天。之后，出去外面看着蜻蜓与翠鸟在空中飞翔。惠特曼渐渐地感受到了他过去那种追寻幸福的习惯了。疾病似乎让他拥有了比过去更加敏锐的感知能力，获得了观察自然的一种更强大能力。他的听觉与视觉能力始终处在一种敏锐的状态，但是每当他外出散步的时候，他更多的是怀着一种休闲愉悦的心情，而不是带着要刻意观察某些事物的心态。在这样的心境下，任何声音、色彩或是香气似乎都无法逃脱他的感受，他会在半夜聆听着候鸟发出来的优美歌声，也会聆听草地上的大黄蜂发出的嗡嗡声，倾听树梢上吹过的一阵微风。他欣赏着天空飘过的云朵在草地掠过的阴影，看着老鹰在天空中盘旋，此时他的内心感到无比满足。他感受到了树木带给人类的许多道理。他列出了一个名单，这似乎与现在 20 世纪的小学生一样，第一次认真研究他们所看到的花朵与小鸟。惠特曼在日记里将自己所见到的这些事物都记录下来，后来收录在《典型的日子》这本书里。可以说，即便是梭罗、理查德·杰弗里斯 [1] 或是约翰·巴勒斯，都无法写出像惠特曼如此简朴且充满美感的散文作品。

不过，随着惠特曼纯粹的创作冲动慢慢地减弱，他的心智出现了一种强烈倾向，就是希望从外在的自然现象中寻找满足他个人精神与目标的东西。"我与其他人一样，都能够感受到当代社会发展的倾向（从之前的文学作品以及诗歌）就是将一切事物都变成一种无病呻吟的东西，让人产生厌倦、病态、不满足的心理，直至最后的死亡。但是，我现在能够清楚地看到，这些根本都不是自然发展的结果或是产生的影响，而是因为人们内心的灵魂出现了扭曲与病态，从而变得愚蠢麻木。在充满狂野气息与自由的

---

① 理查德·杰弗里斯（Richard Jefferies，1848—1887），英国自然作家。代表作：《世界的尽头》《红鹿》《神奇的森林》《大地的生命》等。

自然里，每个人应该都能够感受到那种健康的气息，感受到内心的愉悦以及心灵的纯粹与活力！"惠特曼经常会在晚上沿着小径或是小溪边行走，他喜欢观察夜空中的星星，然后就像阿米耶尔[①]与塞纳科尔[②]那样的梦想家进行长时间的沉思，之后再对这样的沉思进行反思。

这是我第一次感觉到，创作会以一种无声无息的方式进入我的灵魂深处，这一切都是那么的平静温和，那么的无法言说，超越了世间的一切——这就是无穷无尽的宇宙！这超越了一切艺术、书籍、布道演说或是科学技术。在这样充满灵性的时刻，在这样充满宗教感的时刻——这似乎就是上帝在时空世界里给予我们最为明确的暗示——一旦我们真切地感受到了上帝的暗示，就永远都不会忘记。这样的暗示源于星空。只要当我们抬头仰望星空，就有可能会萌生出这样的感想。整个银河系就像某个超人进行的交响曲，让我们在感受着宇宙演奏的乐曲中，聆听着世间的每一个声音——这就是神性所闪耀出来的光芒，直抵人类的灵魂。在万籁寂静的时候，在这样一个无法用语言描述的夜晚与星空下，我深陷其中，不能自拔。

惠特曼表现出这种孤独热烈的情感，正是他在木溪岸边恢复健康时期内心的一个典型特点。不过，在这些年里，惠特曼与很

---

①阿米耶尔（Henri-Frédéric Amiel，1821—1881），瑞士伦理哲学家、诗人、文学评论家。

②塞纳科尔（Étienne Pivert de Senancour，1770—1846），法国散文家、哲学家。

多人形成了全新的友情。1876 年，吉尔克里斯特夫人就带着她的孩子在费城生活了很长一段时间，惠特曼也经常会去她家做客。1877 年 1 月，惠特曼在托马斯·潘恩 [1] 诞辰一百四十周年的纪念日发表了一篇简短的演说。在接下来的一个月里，惠特曼前去拜访了 J. H. 约翰斯顿夫妇以及他在纽约那些刚刚结交的友善朋友，他受到了朋友们热情的款待。在 5 月份的时候，爱德华·卡朋特 [2]，这位充满魅力的英国年轻人怀着对惠特曼巨大的文学热情，亲自前来卡姆登拜访惠特曼。在这之后，R. M. 巴克博士，这位负责加拿大安大略伦敦地区一所精神病院的医生也前来拜访他。此时，巴克博士只有 40 岁，是一个充满力量与有着坚毅品格的人，在医学界有着良好的声誉。正如他在日后所著的《宇宙的意识》一书里所展现的，他本人也是一个神秘主义者。根据他的说法，某次，他在半夜驾驶着二轮轻马车回家的路上，被一团火焰色的云团包裹着，这让他感受到了永恒生命存在的意识，也感受到了所有人都是可以不朽的。1877 年之前的九年时间里，他一直都在认真研究沃尔特·惠特曼的作品。虽然他在一开始阅读这些作品时，内心也感到愤怒与困惑。但是，他现在却按照当地的姓名地址目录，找到了惠特曼的地址"沃尔特·惠特曼，诗人，居住在史

---

①托马斯·潘恩（Thomas Paine, 1737—1809），英裔美国思想家、作家、政治活动家、理论家、革命家、激进民主主义者。美利坚合众国的国家名称（The United States of America）也出自潘恩，被广泛视为美国开国元勋之一。代表作：《常识》等。

②爱德华·卡朋特（Edward Carpenter, 1844—1929），英国诗人、哲学家。代表作：《迈向民主》《创造的艺术》《沃尔特·惠特曼及他的朋友》等。

蒂文斯大街 431 号"。巴克博士谈到了他"对惠特曼这个人展现出来的魅力以及神圣的感觉所震撼，感觉有一股纯净的空气围绕着他"。他们的第一次见面比较简短，惠特曼也没有说出什么让巴克博士印象深刻的话。但是，巴克博士"却感受到了某种精神层面上的沉醉……在我看来，在那个时候，他要么是一个真正意义上的神，或是某种意义上真实存在的超人。无论他是神还是超人，可以肯定的是，与惠特曼这位诗人一起聊天的那段时间，是我人生中的转折点"。在接下来的 15 年里，巴克博士与惠特曼成为了极为亲密的朋友，他还在 1883 年出版了一本关于惠特曼的珍贵传记，最终成为了惠特曼的遗稿保管人。

此时，约翰·巴勒斯也在哈德逊的农场定居下来了，过着幸福的生活。惠特曼在 1878 年与 1879 年两次前去拜访他。1879 年 4 月 14 日，惠特曼依然还有足够的体力前去纽约发表了一场纪念林肯总统的演说，在之后几年分别前往费城与波士顿发表相关的演说。只要他的身体状况还能够支撑他这样做，他都愿意这样做。在这些演说里，有一些听众是出于对他的好奇，有的则是他的忠实拥护者。惠特曼的这些演说也得到了一些报纸的报道。1879 年 9 月，惠特曼进行了人生中第二次比较漫长的旅程，他与一些朋友最远去到了西部的落基山脉，在返程的路上还在圣路易斯与他的兄弟"杰夫"待了一段时间，在第二年 1 月份回到了卡姆登。惠特曼将旅程中的见闻写入了他的作品《典型的日子》。这本书里纳入了几首有趣的诗歌，比如《达科特的意大利音乐》以及《构成一幅景象的精神》。在这些诗歌里，惠特曼描述了许多峡谷、裂谷以及落基山脉的壮观形象。雄伟的景象让他忍不住一再

惠特曼与哈里·斯塔福（Harry Stafford），1878

惊叹："我终于找到了我的诗歌的法则了！"当他看到了无边无尽的密西西比河与密苏里山谷时，感觉身心再次得到了充分的释放。他感觉这个国家如此壮美的景色都是之前从没有人去进行过描述的，而他则希望自己来做一个开头。

在这一年的6月，惠特曼受到了巴克博士的热情邀请，以朋友身份前往加拿大。在前去加拿大的途中，他看到了壮观的尼亚加拉河。"我们已经非常接近那一条吊桥了——我们不是距离这条吊桥很远了，而是非常近——这一天天气晴朗，阳光明媚，天空中没有什么白云——而我则置身于这样的景象当中。从我当时的视力来看，我可以听到一英里之外的瀑布发出的声音，这样的声音是那么容易辨认，但却不会给你一种喧嚣的感觉——只是一种与喃喃细语相差无几的声音。这条河一眼看上去是绿色的，但却因为不断翻滚的河水而变成了白色。我的脚下是一片黑乎乎的高地河岸，还有一大片树荫，那里有很多青铜色的雪松处于阴影当中。眼前的这一切都在证实这个世界无尽的物质性。我的头顶则是一片晴朗的天空，只有偶尔飘过一两朵白云。总而言之，眼前的这一切是如此透明、充满神性，让人的内心趋于平静。"惠特曼对巴克博士的精神病院在周日所进行的宗教仪式留下了深刻的印象，因为他看到了很多精神病人的面部表情都是非常僵硬的。"说起来可能比较讽刺，上帝所带来的平静内心却没有在这些病人的脸上呈现出来。"他的哥哥杰西10年前就是在这样的精神病院里去世的。在巴克博士的指引下，惠特曼沿着萨格奈①一直前往西库

---

① 萨格奈（Saguenay），加拿大魁北克省中部一城市。

蒂米①，这一段旅程给他留下了极为深刻的印象。可以说，这是他老年生活最为快乐的一个夏天了。结束了这段旅程之后，他返回了卡姆登。

1881年2月，托马斯·卡莱尔去世了。虽然惠特曼与托马斯·卡莱尔从未见过面，但是他还是认真读过卡莱尔的一些书籍。毫无疑问，卡莱尔的《衣裳哲学》给他带来了极深刻的影响，这也是让他当年产生萌发出要创作《草叶集》这本诗集的原因之一。除此之外，惠特曼在《民主展望》一书里的很多段落，其写作的出发点都是回应卡莱尔所写的那些小册子《前进的尼亚加拉》。得知卡莱尔去世的消息之后，他陷入了深深的沉思。这也是晚年惠特曼经常表现出一种追求精神层面上的情绪。

在一个寒冷的晚上，天空万里无云（这一天是1881年2月5日），当我走到附近一片开阔的空地上，我得知卡莱尔身患重病，可能已经奄奄一息，即将要去世了的消息。这让我的内心充满了很多无法言说的思想。我内心的复杂情绪与当时的环境融为一体。天空上的金星挂在西边的天空，显得那么明亮，似乎恢复了过去的光芒（在过去一年里，金星发出的光芒都是暗淡的）。在这个过程中，我还生发了之前从未注意到的一种情感——这不单纯是一种奢侈、淫荡或是让人着迷的情感——而是一种沉静、严肃且傲慢的情感——我感觉自己见到了米洛·维纳斯。在天空的更远处，我仿佛看到了朱庇特。月亮在他的旁边，似乎在围绕着它转

---

①西库蒂米（Chicoutimi），加拿大魁北克省中部一城市。

动。我还看到了昴宿星团在它的身边，金牛座星团与红色的毕宿王星。此时的天空没有一丝云朵，猎户星座在天空的东南方向出现了，一同出现的还有它那闪耀着光芒的带状——在猎户星座的下方，悬挂着夜晚的"太阳"天狼星。每颗星星似乎都在不断地膨胀，变成了透明的玻璃，比以往任何一个时候都更加接近我。事实上，即便是在一些晴朗的夜空里，也不是一些较大的星星发出的光芒就可以盖过其他星星的。每一颗小星星或是星团都清晰可见，一切都是那么的明亮，发出的光芒就像宝石发出的光芒一样美丽。在东北面以及北面的地方，就是西克尔星团，还有仙后座、卡斯托星座以及双子座星团。我看到了这些星团都在沉默不语，似乎在进行着一场秘而不宣的表演，深深地吸引着我的整个灵魂。与此同时，我的脑海无法抹去卡莱尔已经去世的消息。（也许，在夜晚观察着天空中的星星，这能够让我们解释死亡与天才的存在之间的神秘之处，可以缓解我们在面对这些情况时内心的困惑，让我们的内心变得清净起来。）

现在，托马斯·卡莱尔已经去世了。被埋在土地下面的卡莱尔会迅速分解，最后变成了粉末，被风吹起，散落在空气中。他还会变成一个象征的符号吗？也许，这样的想法是过去一万年里，很多人都在思考与猜测的，但是他们始终无法去理解——也许，这的确超越了所有凡人所能理解的范畴——难道卡莱尔作为一个个体在去世之后，就真的再也没有了他充满活力时所散发出来的魅力吗？也许，卡莱尔的灵魂现在已经随风吹到了茫茫的星际之间，变成了无处不在的存在。我对此是深信不疑的。在这样一个美好静谧的夜晚，这些问题直抵我的灵魂深处，也许只有在这样的环境下，我们才能得到最好的回答。对我来说，每当感受到特别悲伤的情感或是棘手的问题，我都会躺在草地上，看着星空，认真地聆听着整个宇宙告诉我的无声答案，这让我的内心充盈着无限满足感。

这一年4月，惠特曼前去波士顿，发表了一场纪念林肯总统的演说。在这次旅程里，他很高兴看到这座古老的城市"有了很多古希腊式的人"，而且这里"也变得更加英俊了"。特别是那些前来聆听他演说的头发灰白的女性，"她们看上去是那么的健康、那么的贤惠与充满母性，她们都是极具魅力的美丽女性。"他受到了朗费罗"热情的招待"，3年前，朗费罗就曾前往卡姆登拜访过惠特曼。在"让人着迷的两个小时"，他坐在昆西·A.肖[①]的家里，认真地欣赏着 J. F. 米勒[②]的图画。他能够感受到这位伟大的画家透过画作想要表达出来的精神，而他想要表达的精神与惠特曼内心的情感是有共鸣的。一个周日下午，惠特曼长时间地在"剑桥地区的纪念堂里安静地欣赏着很多画作，看着墙壁上的字碑，看

---

① 昆西·A.肖（Quincy Adams Shaw，1825—1908），美国金融投资家、商业大亨，曾任美国著名卡卢米&赫克拉矿业公司（Calumet and Hecla Mining Company）首任总裁。

② J. F.米勒（Jean-François Millet，1814—1875），法国画家，巴比松派学校创办人之一，以乡村风俗画中感人的人性在法国画坛闻名。他以写实彻底描绘农村生活而闻名，是法国最伟大的田园画家。罗曼·罗兰在所著的《米勒传》指出："米勒，这位将全部精神灌注于永恒的意义胜过刹那的古典大师，从来就没有一位画家像他这般，将万物所归的大地给予如此雄壮又伟大的感觉与表现。"

到了当地那些当年参加内战而牺牲的大学生"。他知道，这些已经牺牲的名字意味着什么。

几周之后，他回到了他出生的那个村庄，这一别已经过去了40年了。巴克博士陪伴他前来这里，他们乘坐马车来到了惠特曼祖辈们经营的那座废弃的农场，并且拨开长满了青苔的坟墓，这里就是埋葬着他的祖父与范·威斯勒的地方。在亨廷顿这个地方，只有极少数人还记得他。时至今日，当地人似乎也从来没有因为惠特曼所赢得的名声而感到骄傲。1883年，在萨福克县成立两百周年的纪念大会上，一位演说者用骄傲的口吻介绍了这个县出来的诗人："在诗歌方面，我们县出了露西·特里①、加德纳、图克等人。"但是，此人忘记了最为重要的一名诗人沃尔特·惠特曼的名字。

在从长岛回到卡姆登之后，惠特曼在纽约逗留了一段时间，并在第二十四大街上找到了他之前的老板百福。这两位老人找了一个酒馆，一边喝酒一边谈起了他们过去的记忆。此时的惠特曼穿着简朴的衣服，"倒了满满的一杯香槟酒，一脸沉默地喝了下去"。

在4月完成了波士顿的旅程之后，惠特曼收到了一个邀请，这是约翰·博伊尔·奥莱利②为詹姆斯·奥斯古德联合出版公司奉上的一份重新出版惠特曼诗集的建议书。奥斯古德联合出版公司希望能够出版一个最终版本的《草叶集》。惠特曼在回信里表示，

①露西·特里（Lucy Terry, 1730—1821），美国诗人。

②约翰·博伊尔·奥莱利（John Boyle O'Reilly, 1844—1890），爱尔兰裔美国诗人、记者、小说家、编辑。

倘若这家出版公司真的想出版这本书，就必须要保持这本书的完整性。"至少要在书的封面上对一些读者提出警示，即一些描述性爱方面的颂歌必须要保持原样，不再进行任何修改与删除。"此时，出版商表示希望看看惠特曼寄来的稿子，他们最后接受惠特曼的提议，同意为惠特曼支付 2.5% 的版税。自从塞耶和埃尔德里奇出版社 1860 年出版的《草叶集》导致出版商经营惨败后，惠特曼的《草叶集》终于找到一家实力雄厚的出版商再来出版。这年8月，惠特曼回到了波士顿，监督了出版的整个过程。在接下来的两三个月，他的精神状态都非常好。他在布尔芬奇酒店住了下来，将大部分时间都花在到波士顿绿地公园或是城市边缘的海边散步。这个时候，惠特曼也受到了各方人士的热情招待。

在惠特曼看来，他所获得最热情的礼遇还是来自康科德。他收到了 F. B. 桑伯恩①先生的邀请，前去他家做客。他来到这里之后，还与爱默生进行了一场"长时间的友善对话"。惠特曼描述此时年龄已经很大的爱默生具有一种难以用语言来描述的魅力，也许只有卡莱尔才能超越这样的魅力："他脸上的气色很好，一双眼睛明亮，脸上的表情依然非常丰富，有着一如既往清晰的凝视。"第二天，惠特曼与桑伯恩夫妇一起前去爱默生家里共进晚餐。众所周知，此时的爱默生的记忆力已经迅速衰退了，他的儿子告诉他那个人就是沃尔特·惠特曼，爱默生才记起来。不过，对惠特曼来说，这次晚餐是具有深刻的象征意义。关于这次晚餐，有传记作家试图站在惠特曼

①F. B.桑伯恩（Franklin Benjamin Sanborn，1831—1917），美国记者、作家和社会改革家，也是美国超验运动时期的核心人物传记作家。

的角度做了动人的描述：

　　我认为，在爱默生一生的文学旅程中，是否还有比这次晚餐更加让人动容且感动的了——这就像即将下山的夕阳将最后一缕的光芒都洒落在大地上——1881 年 9 月，惠特曼特意与桑伯恩夫妇一起前来康科德，拜访 25 年前曾给予他鼓励的爱默生，以表达他内心对爱默生的敬意。真正让惠特曼感动的，不是他们这一次共进晚餐，而是第二天早上，爱默生夫妇亲自为惠特曼做早餐，这是极具象征意义的。这是一个美丽的秋天周日。在这一天的下午，惠特曼在爱默生家里，看着他身边的家人，包括他的妻子、儿子、女儿、女婿还有其他一些比较亲近的亲人以及两三位亲密朋友——总人数大约在 14 到 15 人——如果这样的情景还不能代表爱默生那颗简朴或是严肃的心，那么惠特曼肯定也会明白了爱默生在 1856 年给他的信件里，给他带来的鼓励与帮助。如果这些都还不能让人心生感动的话，那么人类生活、情感或是一切的行为都是毫无意义的[①]。

　　这一年的 11 月，惠特曼回到了卡姆登。整个冬天，他都因为奥斯古德出版公司出版《草叶集》取得的成功而感到精神振奋，这个版本的《草叶集》大约卖出了 2000 本。1882 年 3 月 1 日，惠特曼遇上了一些麻烦。波士顿地区的检察官奥利弗·史蒂文斯接

①出自没有出版的《惠特曼与爱默生之间关系》的回忆录，是写下这段文字的人在1882年5月28日寄给奥康纳的一封信随信附上的，因为奥康纳当时在纽约《先锋报》上的撰稿需要这样的资料。

到了抵制不良文学协会的投诉。在州检察官乔治·马尔斯顿①的指示下，奥斯古德联合出版公司出版的《草叶集》就在这个被投诉的名单里面，并且"建议"限制这本书的发行。惠特曼不久就收到了出版商寄来的信件，表示"他们当然不愿意就这样的事情去走法律程序"。在收到信件不久，惠特曼就收回了他之前的立场，在回信里表示："我愿意对那本诗集里的部分内容进行修改或是删除——难道这样做还不够吗？也许，我需要对十行诗的内容进行删除，只保留几个段落。"但是，惠特曼的妥协方案也无济于事。地方检察官列举了《草叶集》里必须要删除的段落以及句子。此时的惠特曼再次变得强硬起来，完全拒绝了这样的要求。接着，出版商向惠特曼提议，他们要尽可能达成一个让彼此都感到满意的方案，只删除其中的两首诗歌，其他的诗歌则原封不动。对此，惠特曼在回信里表示："不行，我不能接受删除其中的两首诗歌。"因此，出版商只能面临两个选择，要么是为此事打官司，要么停止发行这本书。显然，他们会选择后者。在出版商与惠特曼进行一番友善的信件交流之后，他们将这本书的印刷版寄回给惠特曼。惠特曼则很快将印刷版寄给了费城的雷斯与威尔士联合出版公司，不久这家出版公司的老板就换成了大卫·麦基。

惠特曼在写给奥康纳的一封信里说："我本人对奥斯古德联合出版公司没有任何不满，他们的行为是我完全可以理解的。在这个过程中，他们对待我的态度很友好，我理解他们的难处。他

---

①乔治·马尔斯顿（George Marston, 1821—1883），美国律师，马萨诸塞州检察官。

们那样做也是无奈之举。马尔斯顿应该成为你所抨击的对象。"当时，奥康纳与惠特曼刚刚和解，但是惠特曼知道他在紧要关头还是可以依靠这位脾气火暴的爱尔兰人。5月25日的《纽约先锋报》刊登了奥康纳的文章。在文章里，奥康纳将抨击的对象瞄准了奥斯古德、马尔斯顿以及史蒂文斯。在奥康纳看来，只有同时抨击他们三个人，才能消除他心头的怒气。美国其他地方的一些报纸——几乎都毫无例外地——发表社论指责马萨诸塞州当局的不当做法。波士顿的邮政局长托比之前曾禁止邮局快递《草叶集》这本诗集，但后来被华盛顿当局勒令撤销这个不当的命令。事实证明，这是《草叶集》在美国最后一次遭到迫害了。在惠特曼人生的最后10年里，虽然他的诗歌还是经常遭到读者的嘲讽，但是他已经从报纸或是公众那里得到了友善的对待与尊敬。

1882年春天期间，朗费罗与爱默生相继去世了。朗费罗的任何传记作家或是评论家刻画的形象，都无法与惠特曼在日记里写的下面这段话相比："毫无疑问，朗费罗就是一名吟游诗人，同时他又反对我们这个时代很多人都追求的物质主义、金钱崇拜等盎格鲁—撒克逊民族的通病。特别是对当下的美国来说——这个时代的一切规则几乎都是那些制造商、商人、金融家、政客以及工人们所制定的——对那些出于底层的工人们，朗费罗是一位能够创作出充满节奏、韵律诗歌的诗人——是一位类似于德国、西班牙与北欧大陆上那些圆滑的诗人——受到很多女性以及很多年轻人的喜欢。要是有人问我，还有谁比朗费罗为美国做出更多的贡献、做出更多正确的指引，我可能要思考大半天都无法回答。"一个月后，爱默生去世了。惠特曼在日记里对他的评价更是趋于完美："爱默生是一个公正之人，是一个充满爱意、包容心与理智之人，他就像我们这个国家的太阳。"惠特曼在《散文集》里，对爱默生进行了比较正式的评论，其中就包括了一些非常具有洞察力的句子："爱默生最为重要的影响，在于让他的追随者不再去崇拜任何事物——让他们不再去相信任何东西，不再去迷信任何除了他们自身之外的外在事物……爱默生主义思想最为精妙的一部分，就是催生了很多摧毁偶像崇拜的人。谁想要一辈子成为别人的追随者呢？这样的思想是爱默生所有作品中潜藏的核心思想。任何老师都不曾像爱默生这样，要求他的追随者们过上更加独立自主的生活——爱默生才是真正的进化论主义者。"惠特曼这段评价爱默生的话，加上他对爱伦·坡、布莱恩特、惠蒂尔、彭斯以及丁尼生等人的评价，都展现出了惠特曼无论是在洞察力还是遣词造句方面，娴熟的技巧。这可能会让很多认为惠特曼只是一位"只懂得发出野蛮声音"的读者大吃一惊。

1882 年的秋天，惠特曼出版了《典型的日子文集》，这部文集收录了惠特曼当时所能收集到的所有散文。他在一封写给奥康纳的信件里这样说："你知道鸭子是什么吗？好吧，《典型的日子》这本书就像鸭子那样，从我生命的池塘表面掠过……我没有在这部文集里触动到真正的东西，而是像平坦的鹅卵石那样铺在路上——至少，这能够给读者带来一些充满生命力的感受或是某些感想①。"事实上，这是惠特曼对这本书的一种谦虚的评价，《典型的日子》是一本包含很多让人觉得有趣且充满暗示的散文集，却

---

① 出自惠特曼一封没有出版的信件。

始终没有赢得与之相对应的名声[1]。

巴克博士将自己对惠特曼的生平以及批判性研究都写入了《沃尔特·惠特曼传》一书里。这本书在 1883 年出版面世了。坦率地说，这是惠特曼的一位私人朋友与追随者所写的书，书中将关于惠特曼有记录的事实都呈现出来了。巴克博士在书中收集到了许多当时见证者的证言以及询问了很多人的看法。1880 年 6 月，就有人希望巴克博士能够创作一本关于惠特曼的传记，巴克博士只是简单地说："我认为，沃尔特·惠特曼是最伟大的人物之一，即便他不是最伟大的，至少也可以列入最伟大的行列。"本书附录收录了很多关于第一版《草叶集》所招致的批评。附录里还收录了奥康纳的《白发好诗人》——后来，这本书做出了一些局部修改之后，再次出版了。奥康纳加入了一封全新的信件，这封信件的篇幅大约是原先那本小册子的一半左右。在这封信里，奥康纳以激情与愤怒的语言抨击了那些批评惠特曼的评论家。所有这些内容都让巴克博士写的《沃尔特·惠特曼传》弥漫着一种争论的气息，这显然会让这本书失去客观与公正，限制其影响力。1880 年 11 月，E. C. 斯特德曼在《斯克里布纳报》（现为《世纪报》）发表的一篇深思熟虑的文章——他在这篇文章里显然不像奥康纳或是巴克那样偏颇地评论惠特曼——也许，这样的文章要比惠特曼那些忠诚狂热的追随者们的任何文章，都更能为惠特曼赢得更多读者。不管怎么说，巴克博士对惠特曼忠诚与狂热，让很多惠特

---

[1] "没有人会在乎什么散文作品的。"惠特曼曾对当时的读者阅读需求进行了有趣的总结。

曼的支持者都非常佩服。直到现在，巴克博士的这本书依然吸引着对惠特曼感兴趣的读者。

在惠特曼出版了《典型的日子文集》之后，他与奥康纳之间又重新开始了往日频繁的通信。惠特曼在其中的一封信里，就对爱默生进行了恰当的评价，这是在《卡莱尔与爱默生通信录》一书出版之前公开发表的。

新泽西州卡姆登，1883 年 2 月 21 日，下午

……我一直对卡莱尔与爱默生之间的通信内容深感兴趣——（我之前从来不知道他们俩之间竟然有如此之多的通信往来）——你在很久之前就谈到了为什么爱默生的思想会发生转变，或是违背了他原先的观点——无论我们对此有怎样的说法——毫无疑问，这是一种欺骗。那些对我怀着最深恶意的人——那些非常憎恨我的人——无论是在波士顿还是其他地方，他们始终在找寻着这样的机会。

读者可以从这里找寻到明显的证据，这些证据在惠特曼晚年时期变得特别明显。在惠特曼感到恼怒的某个时刻——特别是当他认为自己遭到别人的迫害而感到悲伤的时候。爱默生却以这样的方式不断让别人去"陷害"他，这显然是绝对意义上的无稽之谈。惠特曼对罗斯金的看法同样是荒谬的，当罗斯金对他的朋友们谈论《草叶集》一书时，这样说："爱默生与惠特曼都是无比真诚的——从某种意义上，他们就像一把来复枪，将我们每个人身上最为致命的弱点都杀死了"。但是，罗斯金却始终不敢给惠特曼

写信。不过，惠特曼在一封信里却表达了极为有趣的想法。

1883 年 10 月 7 日

可以说，罗斯金对《草叶集》一书的忧虑，实在是过于个人化与情绪化了——我之所以要创作《草叶集》这本书，完全是源于内心的热烈的情感、激情、欢乐、渴望、疑惑以及内心的满足感：这其实也是我想在这本书里传递出来的东西。（无论这样的激情、欢乐或是思想以怎样一种形式呈现出来，这都是根植于美国本土的。）

因此，我认为，罗斯金在他对《草叶集》进行具有民主精神的吹嘘方面表现出一种退缩的心理。

罗斯金的一些朋友前来拜访过我，我通过他们对罗斯金有些了解——可以肯定的是，他原先肯定是想要给我写一封信的——并且已经写好了书信的草稿——但是他因为内心的恐惧与担心，始终都没有将这样的一封信寄给我。

罗斯金是一位真诚的英国人，他显然相信高尚的诗歌艺术是复杂的，认为创作诗歌需要有某些固定的套路或是主题，希望激发起读者内心的情感，让他们对某个中心主题产生高尚的情感，而不需要将诗人的一些个性表现出来，或是丝毫都不能展现出诗人个人的倾向性——就像莎士比亚创作出的很多无与伦比的戏剧作品。但是，我更愿意创作一些能够代表我内心想法以及人类共性的作品——这才是我想要追求的目标。

沃尔特·惠特曼

在巴克博士所著的《沃尔特·惠特曼传》的读者当中，就有拉夫卡迪奥·赫恩[1]，他当时是新奥尔良地区的一名正在奋斗的记者。他之前与奥康纳有过通信，非常了解奥康纳在这本书中所扮演的重要角色。赫恩在写给奥康纳的一封信里，就充分地展现出了 19 世纪 80 年代的年轻文学爱好者对惠特曼的看法：

新奥尔良运河大街 278 号，1883 年 8 月 9 日

我亲爱的奥康纳：

……你寄来的这本杰作——因为我无法非常直观地感受到其中的个性——这就像我家里收藏的《草叶集》一个有价值的补充。我的内心崇拜着惠特曼，也不止一次希望在报纸上表达我对惠特曼的看法。但是，你也知道像我们这些做记者的，要想公开这样做其实不是一件容易的事情。我认为，在任何一份普通的报纸上赞美惠特曼，这都是非常不容易的。因为这些报纸的编辑会告诉你，他们的报纸"是要面向很多受人尊敬的家庭"，或是如果你想要通过发表文章来引发一些争议的话，他们会说你是一个喜欢看淫秽文学作品的人。事实上，记者这个行业并不能真的算是文学领域。当代的记者需要更好地服务于整个社会——就像封建时期意大利的罗马骑兵，或是过去其他年代那些自由自在的船长。如果记者通过不断拓展自己，从而在这个充满邪恶斗争的社会里获得相对独立的话，那么他才能自由自在地表达出内心的情

---

[1] 拉夫卡迪奥·赫恩（Lafcadio Hearn，1850—1904），日本小说家。出生于希腊，1896 年归化日本。改名小泉八云。

感，或是沉浸于自己的思想中，就像查尔斯·伊里亚特[1]在创作《乔瓦尼·马拉泰斯塔》时，可以充分表达自己的情感与偏向。

我认为，不能对你寄给我的诗歌做出那么高的评价——虽然你所给出的批判性评论在我的脑海里留下了极为深刻的印象。我认为天才们肯定拥有一种更加伟大的特质，正是这种伟大的特质才让他们脱颖而出。相比于这种伟大的特质，他们的创造性能力反而是相形见绌的。他们所创作出来的作品必然是充满美感的，如果其中包含了太多物质方面的内容，肯定无法满足我的阅读需求。我对于那些充斥着尚未淬炼的矿石或是需要打磨的珠宝类的文学作品不感兴趣；我想要看看那些淬炼过后的黄金，想要看看那无比精妙的成品。我想要看看那些钻石被切割成玫瑰的形状，就像古希腊人通过艺术创作，将毫无瑕疵的魅力融入了那些裸体的雕塑当中。在我看来，惠特曼的黄金似乎仍然留在矿石里，他的钻石与绿宝石依然没有打磨。要是荷马没有创作出汹涌澎湃的诗歌，他还是荷马吗？荷马的诗歌所具有的完美韵律始终给人一种无比和谐的感觉。历史上的文学杰作不都是每个创作者呕心沥血去打磨每一个句子，琢磨每一个用词，然后按照最为严格的艺术创作原则去创作出来的吗？惠特曼的确也希望通过他的作品来表达出巨人的声音，但在我看来，他想要发出来的声音似乎仍然隐藏在火山口之下——仍然被压抑着，无法让更多人听到。世人要想真正听到他的声音，依然比较困难。因为对杰作的任何理解，

---

[1] 查尔斯·伊里亚特（Charles Yriarte，1832—1898），西班牙裔法国作家。

都是需要时间去沉淀，很多都是无法在当代完成。

美感是存在的，但美感必须要去找寻。惠特曼在《草叶集》里并不是急着要表现出美感，只有当读者进行深入全面的精读后，才能发现其中蕴藏的美感，这就好比要想解释某个神秘现象，只有在进行长时间的认真研究后，才有可能打开其中的奥妙。但是，我认为要想获得这样的奖赏，付出这样的代价是很有必要的；因为我们所要找寻的这种美感代表着一种世界美感。在惠特曼的《草叶集》里，存在着某种由来已久的泛神论思想，还有某些更宏大的思想，这样的思想让人将目光拓展到天空上的星星以及星星之外的宇宙。不过，真正最让我着迷的，是惠特曼始终关注着这个世界所发生的事情。有时，我会对一些评判惠特曼的声音感到有趣，特别是那些所谓评论家做出的批判——他们认为惠特曼可能对自然美感有一定的欣赏能力，但他的这种欣赏能力与动物的欣赏能力没有什么区别！哈！这其实也是一种不错的视角。不过在我看来，惠特曼在书中所表达出来的一种动物本能，正是这本书具有一种强大力量的原因之一——当然，我所说的动物本能绝对不是那种残忍的兽性，而是一种人道的动物本能，正如很多古代诗人都在向我们表达这样的思想：存在本身是具有一种难以言喻的乐趣，完美的健康会带来一种陶醉的思想，呼吸着高山上的清风会给人带来难以言喻的快乐，欣赏着蔚蓝色的天空，或是跳入一条清澈的小溪，或是与一个会游泳的人一起中流击水，让脑海里一些陌生的思想随着水流流得更快，这样的感觉都是无法用语言表达的。与自然之间的交流能够让这样做的人产生一种哲学思想。有时，自然会让我们陷入安静的状态，从而强迫我们去进行思考；平原上的人们会比较沉默。"当你在这里生活的时候，你不会感觉有多少话要说的。"我就曾听到一个在平原上生活的人这样说，"这样的沉默会让你变得更加沉默。"他无法告诉我们他在这片一望无际的平原上，内心所想到的世界，也无法将内心的沉默说出来。但是，惠特曼却有将内心的沉默思想说出来的能力。他还告诉我们应该有什么样的想法，应该记住哪些东西，记住哪些并不单纯是自然的东西，而应该与人类活动相关的事物。如果那些所谓的评论家们愿意的话，他们可以说惠特曼就是一头动物，但他却是一头有着人性的动物——绝不是那些在看到城门之后悲伤啜泣的骆驼。在我看来，惠特曼是一个不修边幅、充满乐趣、无所畏惧且不讲究艺术形式的人——他就像一位根本不知道音乐法则的歌手，但他唱出来的歌曲却像潘神那样让人着迷。惠特曼是一个散发出巨大磁性魅力的人，他的作品充满着生命的活力，展现出内心的真诚与善意，表达了他对宇宙生命存在的感想——有时，当我阅读惠特曼的诗歌，忍不住想象自己看到了某些古老森林里的神——这可能是半人半羊的农牧神或是森林之神。当然，惠特曼绝对不是当代被廉价小说所扭曲的森林之神，而是古代那些真正意义上的神，"与狄奥尼索斯①崇拜有着不可分离的关系"，然后向世人分享他具有的治愈性力量，拯救我们的心灵，预言着人类的走向。在我看来，这些都是只有神才能做到的，而惠特曼的诗歌在很多方面都有这样的功能。

①狄奥尼索斯（Dionysus），古希腊神话中的酒神。

因此，我在惠特曼的作品中感受到了一种强烈的美感、强大的力量以及宇宙般的真理。在我看来，惠特曼这位将这些情感与真理表达出来的人却显得有点野蛮。你之前曾将他称为吟游诗人，他的确是一位吟游诗人！但是，他所吟游的歌曲就像古代斯堪的纳维亚的吟唱诗人，或是像那些在森林里居住的德鲁伊教徒：他们都有着深邃的思想，有着热烈的文字表达，但是他们所谱的乐曲是那么的粗犷、刺耳、粗鲁与原始。我认为，要是没有这样的前提条件，很难想象这会像一切伟大作品那样名垂青史：我从来不认为惠特曼这位吟游诗人是一位创作者，相反，我认为他是一名先驱者——就像一个人在荒原里发出的哭泣声音——只是为了让那些后世的伟大歌唱者能够踏上一条康庄大道！因此，虽然我与你对惠特曼的个性方面的评价存在着分歧，但是我喜欢他的作品所流露出来的灵魂，我认为每个真正热爱文学的人都应该努力帮助惠特曼赢得他应得的文学名声。无论你为惠特曼的名声进行怎样的辩护或是推崇他的作品，其实都是为了诗歌创作自由做出努力，为了人类心灵的自由做出努力。因此，你寄来的那本书对我来说就更具意义了。我认为，你的这本书将在很长一段时间内为读者所铭记。当后来人在写"20世纪的文学运动历史"时，他们肯定会提到你的名字。

随着时间的流逝，惠特曼渐渐产生了要拥有一座属于自己房子的念头。他那位在斯蒂文斯大街431号居住的弟弟与弟妹对他都非常友善。他也非常喜欢他们的小儿子沃尔特，他的小侄子就是以他的名字来命名的。如果人们还记得他早年生活秘密，就会知道当他看到孩子夭折的时候，内心所感受到的那种强烈痛苦。在一封写给奥康纳夫人的信件里，惠特曼这样写道：

卡姆登，1876 年 7 月 13 日

今天，内利变成了一座悲伤的房子——小沃尔特在昨晚八点半左右夭折了。他之前就身患重病，最后还是离开了我们。他将会在明天下午四点钟的时候下葬。

乔治与路易莎都表现得很坚强，我的内心感到极为痛苦。小沃尔特非常喜欢我，我们一起度过了许多美好快乐的时光，我的内心实在是太伤心了。

惠特曼在弟弟的家里度过了快乐与悲伤的时刻之后，他想要拥有一间属于自己的房子。约翰·巴勒斯一直想要劝说惠特曼前往伊索普斯生活。惠特曼的另一个朋友也愿意为惠特曼在费城提供一间房子。可能是因为人老了不怎么愿意走动的缘故，惠特曼更愿意继续生活在卡姆登。为了实现内心的愿望，他在 1884 年 3 月耗费了 1750 美元购买了一间面积不大的两层房子，地址在米克尔大街 328 号。当时，他的手头只有大约 1300 美元的现金，这是 1883 年费城那边寄过来的稿费。乔治·W. 柴尔德[1] 还是一如既往地慷慨大度，借给了他几百美元。惠特曼购买的这间房子非常简陋，门前的大街也不美观。有时，火车经常会经过不远处的铁

---

[1]乔治·W. 柴尔德（George William Childs，1829—1894），美国著名出版人、费城《大众纪事报》联合创办人。

轨，发出刺耳的噪音与轰鸣声。当一阵大风吹过来的时候，惠特曼还要想办法清理门前的一些海鸟粪。夏天，他的这间房子非常闷热，在寒冷的冬天却没有暖炉。但是，惠特曼对这座房子的简陋与不舒适毫不在意。在房子的后院，有一堆丁香花，这让他感到非常满意。在经过一番挑选之后，他雇用了一名叫玛丽·戴维斯的寡妇做女管家。一些评论家认为她是一位不称职的女管家，虽然她有着天生随和的性情且为人忠诚。不过，她更愿意为惠特曼缝补花边领，而不愿意拿起扫帚或是垃圾铲来打扫卫生。除此之外，一只黑猫、一条斑点狗、一只鹦鹉还有一只金丝雀，这就构成了惠特曼这个新家的全部。

在惠特曼 65 岁的时候，这就是他所居住的毫无舒适度可言的房子。他将在这间房子里度过人生的最后八年。数以百计的拜访者慕名前来拜访他，想要一睹他那高贵的风采，触碰他那双写出过充满美感诗歌的双手。有时，这些拜访者还会与惠特曼一起共享简单的饭菜。有时，一些拜访者还会给惠特曼带来一些小礼物：水果、惠特曼最喜欢的咖啡或一瓶酒。他喜欢将这些小礼物分给附近那些患病或是贫穷的邻居。拜访者中，托马斯·埃金斯[1]、赫伯特·吉尔克里斯特[2]与约翰·怀特·亚历山大[3]等画家都曾前

---

[1]托马斯·埃金斯（Thomas Eakins，1844—1916），美国现实主义画家、摄影家、雕塑家、艺术教育家，被誉为美国绘画之父。

[2]赫伯特·吉尔克里斯特（Herbert Gilchrist，1857—1914），英国画家。

[3]约翰·怀特·亚历山大（John White Alexander，1856—1915），美国肖像画、人物画、装饰画画家、插画家。

来描绘他的肖像，很多雕刻家都前来帮他雕刻半身雕像，还有很多摄影师前来这里帮他照相，他们深知上天可能再也创造不出一个惠特曼这样的人物，直到惠特曼对于照相机都感到厌烦了。一开始，人们会偶尔看到他坐在房子前面人行道上的一张椅子上，在前面房间楼梯口接待拜访者，他将自己出版的很多没有卖完的书堆积在那里。在之后几年，他会让拜访者进入到二楼一间更大的房间，此时惠特曼经常坐在靠近窗户一张坚固的橡木椅子上，椅子上覆盖着一张灰色的狼皮。他身边的拜访者都很喧嚣。凌乱的地板上随意堆放着报纸与杂志、还有一些过去的信件与手稿，其中大多数的手稿与信件都是惠特曼用绳索认真捆绑起来的。惠特曼这位有着文学才华的年老单身汉，不愿意将他这些珍藏起来的手稿堆积起来，因为这样会被清洁卫生的人弄脏了。他经常会在家里拿着手杖找出一些碎片，然后掏出他想要找寻的手稿。在椅子与桌子旁边，摆放着更多报纸、靴子、一些没有洗刷过的餐具，以及一些印刷出来的样张。行李箱与箱子都靠在墙壁上，那张简易床则放在角落里。木材则被放在一个密封的钢制火炉里面。他家里摆放着一些书，其中绝大多数都是他过去喜欢作家的作品，比如他从小就喜欢阅读的沃尔特·斯科特的作品，巴克利翻译的荷马史诗，还有约翰·卡莱尔翻译的但丁诗集、菲尔顿翻译的希腊作品，提克诺尔所写的《西班牙文学》以及乔治·桑所写的《康素爱萝》——他认为，这本书里的女主人公要比莎士比亚刻画的所有人物形象都要更加深刻。除此之外，还有爱默生、奥西恩、欧玛尔·海亚姆、爱比克泰德、莎士比亚等人的作品，以及他携带了一辈子的《圣经》。墙壁上还挂着他很多朋友与名人的照片。

不过，相比于惠特曼这位吟游诗人而言，这间到处堆满垃圾的低矮房子是可以忽略不计的。此时的惠特曼行动比较缓慢，脸上总是露出平静的面容。他此时已经进入了老年的一种相对静止的状态。他感觉身体笨重起来了，不愿意多加走动。他的双手依然呈现出荷兰人特有的粉红色。他的胡须已经全白了，遮住了大部分的喉结。每过一年，他的脸庞都变得更加和蔼可亲，似乎正随着时间的流逝而越发地充满神性。直到生命的最后一刻，他的嘴唇都保持着红润的肤色。他那双灰蓝色的眼睛似乎变得沉重起来，再也没有了往日的神色，但他显得更加耐心且喜欢沉思了。随着白发渐渐稀疏，他那圆圆的头部似乎变得更加具有尊严，散发出某种英勇的美感，代表着过去一个时代的结束。自从爱默生去世之后，在美国这片新大陆上，再也找不到像惠特曼这样一位面容慈祥且平静的老人了。

很多慕名而来的崇拜者纷纷前来惠特曼这间位于米克尔大街的房子里做客，正如奥尔科特、梭罗与爱默生在 40 年前前往布鲁克林拜访惠特曼一样。还有一些拜访者是远渡重洋而来。现在，包括亨利·欧文与布莱姆·斯托克 [1] 等作家都会前来拜会惠特曼。与很多受人崇拜的演员一样，惠特曼似乎也天生给人一种戏剧性

①布莱姆·斯托克（Bram Stoker, 1847—1912），爱尔兰裔英国作家。以他1897年的小说《德古拉》（Dracula）闻名于今。他曾担任欧文爵士的私人助理和隶属于欧文爵士的兰心大剧院的主管。

的感觉。前来拜访惠特曼的埃德蒙·戈斯①、贾斯丁·麦卡锡②、来自博尔顿的约翰斯顿博士，他们都在个人的日记里表达了对惠特曼的这种印象。恩内斯特·瑞斯③、H. R.哈维斯④以及爱德华·卡朋特都曾两度前来拜访惠特曼。约翰·莫利⑤与霍顿爵士是最早一批前来拜访惠特曼的人。奥斯卡·王尔德，这位"有着极高天赋的人"，在1882年自己名声达到巅峰的时候，前来这里拜访惠特曼，与他进行了两个小时的交流，并且喝了一瓶乳酒，这让当时身为报纸幽默作家的奥斯卡感到非常高兴⑥。除此之外，前来拜访惠特曼的人可能是一些流浪汉、社会主义者、日本的留学生或是

---

① 根据埃德蒙·戈斯的日记，戈斯于1885年1月拜访了惠特曼。根据戈斯后来的描述，惠特曼的书房兼卧室杂乱无章，"但是整个房间，以及老人自己，都清洁到了极点"；那"灰白的头发和更白的胡子蓬松地飘垂着，好像给认真漂了，很干净"。戈斯把惠特曼形容为"住在空房子里、以其耐性与达观而显得荣耀的老迈诗狂"。

② 贾斯丁·麦卡锡（Justin McCarthy, 1830—1912），爱尔兰民族主义者、小说家、历史学家、政治家。

③ 恩内斯特·瑞斯（Ernest Rhys, 1859—1946），英国作家、剧作家、散文家、编辑。因创办和编辑兰登书屋旗下的《人人文库》系列文学经典书系而闻名。

④ H. R.哈维斯（Hugh Reginald Haweis, 1838—1901），英国牧师、作家。

⑤ 约翰·莫利（John Morley, 1838—1923），英国政治家、作家、报纸编辑。代表作：《伏尔泰传》《妥协》《文学研究》《卢梭传》等。

⑥ 1882年1月19日英国诗人王尔德来访。那时王尔德才28岁，他自称少年时读了母亲手边的一本《草叶集》之后，对惠特曼一直心怀敬仰。主宾二人一见如故，谈得十分融洽。青年诗人还故意恭维了眼前的长者，使得惠特曼完全被迷住了，以致第二天他赶紧对费城《新闻》报记者发表谈话，称王尔德是"真诚的、朴实的，而且很有才气"。

惠特曼，1878

一个充满热情的大学女生。惠特曼在华盛顿那边的老朋友约翰·巴勒斯、埃尔德里奇、奥康纳与多伊尔——每当他们方便的时候，总会在卡姆登这个地方停留一下，顺便过去看看惠特曼，虽然他们后来这样做的次数越来越少了。

　　渐渐地，惠特曼的身边出现了一群全新的追随者。威廉·斯隆·肯尼迪 [1] 在 1880 年认识了惠特曼，当时他在费城一份报纸工作，后来经常前来拜访惠特曼，并且经常与惠特曼进行通信与当面聊天。费城地区的其他记者，比如塔尔科特·威廉姆斯、哈里森·莫里斯与托马斯·多纳德森 [2] 等人都以各种方式来帮助惠特曼，正如弗朗西斯·霍华德·威廉姆斯 [3] 与 R. 皮萨尔·史密斯 [4] 一样。惠特曼与鲍勃·英格索尔上校渐渐成为了亲密的朋友。英格索尔上校是一位有着慷慨心灵的律师与演说家。在那个时候，他以"怀疑主义者"闻名。但是，惠特曼在这段时间里最为亲密的朋友，要数贺拉斯·特劳贝尔，当时的特劳贝尔是一个深受惠特曼作品影响的年轻人，慕名前来卡姆登拜访惠特曼。在惠特曼的人生最后几年里，特劳贝尔耐心地照顾着惠特曼。他成立了一个名叫沃尔特·惠特曼的俱乐部，之后又成立了沃尔特·惠特曼联谊会以

---

①威廉·斯隆·肯尼迪（William Sloane Kennedy, 1850—1929），美国传记作家、小说家、诗人。

②托马斯·多纳德森（Thomas Donaldson, 1843—1898），美国律师、作家、政治家。

③弗朗西斯·霍华德·威廉姆斯（Francis Howard Williams, 1844—1922），美国作家。

④R.皮萨尔·史密斯（Robert Pearsall Smith, 1827—1898），美国圣洁运动领袖之一、作家、出版家、企业家。

及《保守党报》，这是一份专门用于宣传惠特曼的期刊。多年来，特劳贝尔一直保存着一个笔记本，他将惠特曼所说的话几乎全部都记录在这个日记本里。他已经将这些日记的内容出版了。特劳贝尔与他的妹夫托马斯·B.哈内德以及 R. M. 巴克博士一道成为了惠特曼的遗稿保管人。毫无疑问，惠特曼的很多追随者肯定会对他的传记作者所提到的一些问题或是内容有不同的意见，这是无法避免的。但是，特劳贝尔作为惠特曼最忠实的门徒，这点是毋庸置疑的。

在惠特曼最后几年岁月里，有关他的社会活动的记录非常少。对年迈的惠特曼来说，只需有上文已经提到的那些朋友前来拜访，这足以让他的内心感到无限满足。比方说，1885 年，随着惠特曼的身体状况越来越糟糕，惠特曼表示希望朋友们能够捐钱给他购买一匹马与双轮单座轻马车，并且限定每个最多捐十美元。惠特曼所提出的捐款额度很快就达到了。演艺界的弗洛伦斯、巴雷特与布斯等人，费城当地的社会名流乔治·H. 波克①、韦恩·麦克维格②、塔尔科特·威廉姆斯以及查尔斯·艾莫里·史密斯③都纷纷慷慨解囊。作家圈子里的吉尔德、克里门斯、华纳、霍尔姆斯、惠蒂尔以及约翰·博伊尔·奥莱利等人

---

①乔治·H.波克（George Henry Boker, 1823—1890），美国诗人、剧作家、外交家。

②韦恩·麦克维格（Wayne MacVeagh, 1833—1917），美国律师、政治家、外交家。

③查尔斯·艾莫里·史密斯（Charles Emory Smith, 1842—1908），美国记者、政治家。

也纷纷相助。他们纷纷向这位此时身残体弱的诗人表达自己的善意与祝福。

遗憾的是正当英国朋友们进行这次募捐时，吉尔克里斯特夫人于 1885 年 11 月 29 日去世了。12 月 15 日惠特曼从夫人的儿子赫伯特来信中得知这一噩耗，便立即回信说："亲爱的赫伯特，我收到了你的信。现在除了一种甜美而丰富的回忆之外，什么也没有了——在整个时代，整个人生，整个世界，没有比这更美的回忆了——今天我写不成信，我要独自坐下来想想。——W.W."几年以后他还说："这是个极大的打击，我一直没有完全恢复过来。"谈到吉尔克里斯特夫人为他辩护的文章时，他说："她直到最后一息仍坚持认为《草叶集》不是客厅里的套话，不是什么文雅之词，而是力量、才能、热情、紧张、吸引、诚恳……的语言。"他赞美她"完全是她自己；像自然一样朴素，真诚；美丽得像一棵树，高高的，多叶的，茂盛而丰满，就是一棵树……她有最广阔的博爱之心，最可贵、最深情的乐观主义……她是激进派中的激进派……异常敏感，属于未来的时代，她的幻想向前不已。"

1886 年 4 月 15 日，塔尔科特·威廉姆斯与托马斯·多纳尔森邀请惠特曼到费城栗子大街的剧院里发表纪念林肯的演说，包括维尔·米歇尔博士、弗内斯先生、波克以及其他人都纷纷认捐，再加上门票的销售，一共筹到了 700 美元。惠特曼将这称为"我人生中所遇到的最善意与恰当的帮助"。这年 12 月，伦敦的《蓓尔美尔公报》刊登了一则不实的消息，说美国诗人沃尔特·惠特曼正在忍受饥饿，希望为他筹集 150 英镑。在同一个月，惠特曼在波士顿的一位朋友西尔维斯特·巴克斯特[1]找到国会众议员亨利·B.洛夫林[2]，希望为惠特曼申请一份津贴，理由是惠特曼在内战期间在照顾伤兵方面做出了巨大的贡献。但是，这些努力没有取得成效。

在1887年华盛顿诞辰纪念日这天，惠特曼参加了费城当代俱乐部专门为他举办的招待会。同年4月，通过皮尔萨·史密斯与纽约珠宝商约翰斯顿的帮助，惠特曼在纽约麦迪逊广场戏院里朗读了一篇纪念林肯的演说。当时台下的听众包括克莱门斯、邦纳、斯托克顿、康威、海约翰、爱德华·埃格尔斯顿[3]、奥古斯塔斯·圣·戈登[4]、丹尼尔·柯伊特·吉尔曼院长[5]以及其他名人，罗威尔、诺顿、巴勒斯、吉尔德与斯特德曼也在包厢里观看。安德鲁·卡内基先生在给惠特曼的一封信里，附上了一张350美元的支票"当《蓓尔美尔公报》说要为惠特曼捐款，我感觉这是民主精神的耻辱。可以说，惠特曼先生是美国当代最伟大的诗人"。惠特曼在威斯特敏特酒店参加了专门为他准备的晚宴，他为自己获得大家的友善对待而感到惊讶。这

---

[1]西尔维斯特·巴克斯特（Sylvester Baxter，1850—1927），美国专栏作家、诗人、城市建设规划师。

[2]亨利·B.洛夫林（Henry B. Lovering，1841—1911），美国政治家、国会议员。

[3]爱德华·埃格尔斯顿（Edward Eggleston，1837—1902），美国历史学家、小说家。代表作：《世界尽头》《美国人和美国历史》《国家的创建者》等。

[4]奥古斯塔斯·圣·戈登（Augustus Saint-Gaudens，1848—1907），美国著名雕塑家、艺术家。

[5]丹尼尔·柯伊特·吉尔曼院长（Daniel Coit Gilman，1831—1908），美国教育家、学者。曾任加州大学第三任校长、约翰霍普金斯大学首任校长、卡内基研究院首任院长等。

是惠特曼写给当时居住在加利福尼亚州的埃尔德里奇的信件。显然，惠特曼在信中流露出了极为愉悦的心情：

　　　　　　新泽西州卡姆登米克尔大街 328 号，1887 年 4 月 21 日
亲爱的埃尔德里奇：

　　你的来信在今天上午寄到了，我认真地读了好几遍，还将你的来信复印件寄给了肯尼迪、约翰·巴勒斯以及巴克博士——他们都急切想收到关于奥康纳的消息。收到你的来信，这可以说是最让我感到鼓舞的事情了。上帝必然会让我们亲爱的朋友完全康复。亲爱的朋友，你要经常给我写信。我现在的身体与生活状态都波澜不惊。我过着比较舒适的生活，最近的身体状态也还可以。我之前去了一趟纽约——受到了我那些教友派老朋友皮尔萨·史密斯的接待，他在 14 号安排我发表了一场演说（我最终得到了 600 美元，其中安德鲁·卡内基先生捐给我 350 美元）——之后，他们还为我举行了一场规模庞大的宴会，参加人数大约 300 人，也有很多女士参加。那晚在威斯特敏特酒店举行的晚宴——也有很多报社的朋友或是作家朋友前来。我是在周五下午 4 点钟乘坐火车回到这里的。我接下来要前往费城，纽约的雕刻家圣·戈登也会前往那里，帮我雕塑半身像。春天的迹象虽然来得有点迟，但终究还是来了。平时也会有人叫我去吃晚餐（吃的是烤鲱鱼）。

　　　　　　　　　永远忠诚于你的：沃尔特·惠特曼

收信地址：

加利福尼亚州洛杉矶 P.O 大街·705 号

查尔斯·W.埃尔德里奇先生 收

在这几年的秋天，惠特曼在波士顿地区的一些朋友为他筹集到了 800 美元的款项。"我们这样做，"马克·吐温在将这笔钱寄给惠特曼的信件里写道，"就是为了让惠特曼这个有着伟大灵魂的老人能够过得舒适一些。"1888 年，在惠特曼的 69 岁生日时，他的很多朋友都在卡姆登的约翰·弗雷德里克·哈内德 [1] 家里为他举行了生日宴会与晚餐。当时的惠特曼显得神采奕奕，精神状态非常良好。仅仅 4 天之后，他的身体就出现了麻痹性休克症状。当时前来为他看病的奥斯勒医生，对惠特曼的病情也是显得态度不是很明确，但惠特曼的朋友们却对此非常紧张 [2]。一位身强体壮的年轻人前来负责充当照顾惠特曼的护士，因为此时的惠特曼再也无法自由地行走了。此时，惠特曼之前购买的马车与轻便马车都已经卖了，惠特曼也准备写一个全新的遗嘱。这一切迹象似乎都在表明，惠特曼的人生即将要走到尽头。虽然惠特曼在这一年的 11 月再次出现了麻痹性休克症状，但他还是艰难地熬过了这个寒冷的冬天。惠特曼体内的康复性能量再一次让他的身体慢慢恢复过来。冬天过去了，惠特曼在写给朋友的信件里，不再像过去那样写满了关于他病情的事情。在 5 月 9 日这天，传来了一个让惠特曼感到极为悲伤的消息：奥康纳在与疾病进行了长时间痛苦的

---

[1] 约翰·弗雷德里克·哈内德（John Frederick Harned，1856—1929），美国报人、记者、编辑。

[2] 惠特曼在1888年3月28日到7月14日这段时间发生的事情，都可以从贺拉斯·特劳贝尔的《在卡姆登的沃尔特·惠特曼》一书里找到详细的细节。

斗争之后，在华盛顿去世了，此时的奥康纳才只有 57 岁而已。

在 1889 年 5 月 31 日惠特曼的七十大寿上，他的朋友与邻居都纷纷来到卡姆登一个公众大厅里为他贺寿[①]。很多人上台发表演说，还有很多人纷纷寄来了祝贺性的信件以及电报，其中就包括了当时很多著名的人物。1890 年 4 月，惠特曼最后一次发表了纪念林肯的演说，当时演说的地点是在当代俱乐部的大厅里。五月时，惠特曼还能参加在费城里亚尔酒店为他举办的生日晚宴。当时，30 多人来到现场，其中就包括了英格索尔。英格索尔在演说中以极为流畅的方式说了 45 分钟，对惠特曼进行大肆褒奖。之后，他坐在惠特曼的对面，与惠特曼就永恒这个主题进行了长时间的交流。英格索尔认为无法找到任何证明永恒存在的证据，但惠特曼坚持永恒的确是存在的。当这两人在进行激烈辩论的时候，一些记者在旁边进行着速记。在 1890 年 10 月 21 日，惠特曼发表了他最后一次公开演说，这是英格索尔邀请他在费城的园艺大厅发表的演说。惠特曼的这篇演说后来以《文学的自由》题目刊登在报纸上。这是惠特曼为自己的文学生涯进行辩护的一篇演说。当时，惠特曼乘坐轮椅来到了演讲台上。在英格索尔的热烈介绍演说之后，惠特曼这位吟游诗人对台下的听众说了几句感谢的话语。之后，惠特曼就坐着轮椅回到了灯光有点昏暗的大厅，他与英格索尔一直聊到很晚。他们一边喝着香槟，吃着面包屑，一边聊着关于死亡的话题。可以说，此时的惠特曼聊天的兴致是

---

①想了解这次晚宴上发表的演说以及传递出来的信息，可以参看《卡姆登民众对沃尔特·惠特曼的赞美》一篇报道。

非常高的。

1891 年 5 月 31 日，惠特曼还参加了他的朋友在米克尔大街为他举办的生日晚宴。此时的惠特曼已经 72 岁了。一般老年人想要享受的隐私生活所带来的快乐，却正是惠特曼所没有感受过的。公众对他的兴趣随着他的年龄越来越大而越来越强烈，这样的强烈兴趣在惠特曼人生的最后几年里达到了巅峰。很多报纸都对他的作品进行重新的评论，而一些勤快的速记员则几乎将惠特曼无论是在公开场合还是私人场合下说的话都全部记录下来了。此时的惠特曼再也不像年轻的时候，他几乎没有能力再继续进行写作了。尽管如此，1888 年，惠特曼还是耗费了巨大的心力，整理好了一本名为《十一月的树枝》的作品，这是一本将惠特曼过去诗歌与散文作品都融入在内的书籍。惠特曼的诗歌被放在了《七十岁的沙子》的目录里。不过，比较著名的还是《回顾过去走过的道路》这篇散文。在这篇文章里，惠特曼总结了过去的人生以及想要努力成为诗人的决心，现在，这篇文章一般都会放在惠特曼的诗歌全集里，这样的安排也非常合理。关于惠特曼的其他散文作品，最有趣的，当数他对伊莱斯·希克斯与乔治·福克斯的描述了。惠特曼对希克斯的人生所进行的描述，将他的记忆带回了童年时期，他重新感受到教友派的神秘主义所带来的那种"安静且神迷"以及他对所有宗教机构的不信任感觉。这样的感觉让他感到非常亲切。比方说，在写给威廉·奥康纳的一封信里，他就这样写道：

卡姆登，1888 年 4 月 18 日

我亲爱的奥康纳:

你今天寄到的那封内容丰富且充满善意的信件已经收到了,我反复阅读了好几遍。在我这种单调的生活里,可以说没有什么新意了——我已经收到了伊莱斯·希克斯的石膏半身雕像(看上去还是比较大的),我将这尊半身雕像放在房子的角落里——也许,这是我在进行创作时所需要的。从根本上来说,伊莱斯是一位具有宗教情感的人,就像古代的希伯来神秘主义者——虽然我可能不是很相信宗教方面的事情,但是我认为主要是对那种充满神性的事物极为好奇,想要了解这样的精神会让他们在现实生活中做出什么样的具体行为。

关于老年时期的惠特曼对精神主义价值的看法,可以从他对乔治·福克斯与莎士比亚之间的对比窥探一二。在惠特曼看来,乔治·福克斯代表着人类灵魂最为深层且永恒的思想。当那些精神最为丰富的人只是单纯去创作诗歌,即便是莎士比亚那样的诗歌,也是无法将人类品格中最为世俗或是符合审美情感都全部表现出来。只有上帝的宏伟思想才能自然而然地展现出来。"人类身上所有共同的人性特质都是最容易被忽视的,很容易被表面的面包屑所覆盖起来,让我们蒙受欺骗,产生拒绝的念头,只有某些资源是我们可以利用的,但是真正能够发现这样核心的人是少之又少。关于这方面,我本人只是看到了其中的表面,而关于最深层的事物则代表着最高层次的艺术,代表着文学与生命的最高目标。我要说,每个为此做出努力的人,都会做出相应的贡献,都能够将生与死表现出一种具体化情况,只有这才是最符合我们的人性——在一切外在物质都消失之后，这些东西才会继续存在。当我们明白了这点之后，才能够真正明白像伊莱斯·希克斯这样的人——因为乔治·福克斯在他很多年前就已经这样做了——他过着漫长的人生，最后去世了，但他活着的时候忠诚于自己的人生，在死亡之后也必然是充满忠诚。"

1888年，惠特曼仍然想办法让出版社出版了他的诗歌与散文全集。在1889年他七十大寿的时候，用这份有亲笔签名的第八版《草叶集》来作为回报那些支持他的人。1891年，他发表了一本很薄的新诗歌集，这本诗歌集有一个让人悲伤的名字《再见了，我的幻想》。接下来的一年，也就是惠特曼人生的最后时光里，他还在努力地为第九版《草叶集》的出版而做好准备——这也是惠特曼个人《诗歌与散文全集》的第四版了。他最后创作的一首诗歌是《关于哥伦布的一些想法》，现在已经出版了。这首诗歌与阿尔弗雷德·丁尼生最后创作的《过沙洲》有类似之处。关于这两首诗歌的对比，也非常有趣。

惠特曼在人生最后时期的很多对话内容都完整地保存下来了，我们甚至可以说是以事无巨细的方式"无情地"保存下来了。他从来就不是一位非常健谈的人，他缺乏足够灵活的谈话能力，他在说话的时候经常断断续续，出现重复或是语意不清的情况。虽然他有着随和的天性，但他缺乏预言家们在谈吐方面的圆滑与幽默。他在每次与人对话的时候，总是怀着一种比较认真严肃的态度，这也限制了他与别人所能够涉猎的话题。但是，在与他比较熟悉的朋友聊天，他会说出一些非常有趣的话。与绝大多数具有原创能力的人一样，他也有一套属于自己的说话用语，随着他年龄的增长，这些用语就越能够显示出他的个人特点。惠特曼是一个随和善良的人，有时他还会像年轻时候创作诗歌时那样，造出很多与众不同的词语。

关于将文学当成一种艺术这个问题，惠特曼没有什么可说的。"我从来都没有将文学创作当成一门职业。我对文学的感觉就好比格兰特将军对战争的感觉。格兰特将军憎恨战争，我也憎恨文学。我绝不是所谓文学界里的西点军校毕业生。我从不喜欢与那些自认为是文学界人士的人交往……我认为，文学创作只是一种表达方式而已，而不是一个神秘目标"。与所有先验主义者一样，惠特曼更加注重内容的实质而不是内容的形式。虽然他之前在创作诗歌的时候，就曾对诗歌的韵律进行了一番思索，但他从来不去谈论这些事情。年轻时，他曾用流畅的文字谈论伟大诗人所产生的影响，他与别人的对话能够展现出他对历史上那些最伟大诗人的尊敬："我并不是很在乎弥尔顿或是但丁。"不过，他却非常喜欢荷马的诗歌里散发出来的简朴主义。但他又不是很喜欢莎士比亚，因为他认为莎士比亚的作品"充满着封建思想"，显得比较遥远，缺乏民主精神与"精神性"。关于歌德的作品，惠特曼了解得比较少。他喜欢谈论维克多·雨果作品中表现出来的"偏狭"性。"我简直受不了雨果作品中的夸大其词与过度渲染的预言！"这些话出自沃尔特·惠特曼，还是让人感到比较惊讶的。他对塞缪尔·约翰逊博士的评价，则可以说是文学历史上最幽默的了："我不是很喜欢那个老头沉闷呆板的自大……他的作品缺乏真实性……约翰逊博士显然不是我们这个时代所需要的作家。"关于沃尔特·斯科特爵士的作品，惠特曼在每次谈论的时候都是充满了情感。他对丁尼生的作品做出的判断与评价还是相当有眼光且充满技巧的。他认为布朗宁的作品"并不适合他"。他认为阿诺德只是一位纯粹的文学评论家而已。他甚至还用一个粗俗的绰号来指代史蒂文森。他并不是很看重斯文伯恩的诗歌，虽然斯文伯恩在他从原先对惠特曼的热情消失之后，转而在 1887 年 8 月出版的《双周评论》上对惠特曼发表了那篇著名的攻击性文章。但是，惠特曼拒绝对这篇文章进行评论，只是用比较哲学化的口吻说："难道他不是最可恶的幻影吗？"

美国老一代的诗人——比如布莱恩特、爱默生、朗费罗、爱伦·坡与惠蒂尔——惠特曼都一一进行了分析与评价，关于这点上文已经提到了。惠特曼热情洋溢地谈论库珀这位诗人，他认为梭罗的作品充满着过强的自我主义。"梭罗最大的一个缺陷就是鄙视万物——他对人类的鄙视，其实在于他没有足够的能力去欣赏普通的生活。""他的作品不大可能名垂青史。"事实上，惠特曼对罗威尔的作品应该不是很熟悉，但在 19 世纪 80 年代，他对当时刚刚给他阅读了《纪念颂歌》的泰勒说，他"不知道罗威尔还是一个生物"。——这是一句相当具有赞美意味的词语。但是，惠特曼对与他同时的许多文人都怀着鄙视的态度，他之所以会有这样的想法，显然是与他的作品长期受到这些人的批评与贬损有关。但是，惠特曼对经常照顾他的斯特德曼与吉尔德这两个人作品的评论——按照特劳贝尔的说法，其实与他对豪厄尔斯、詹姆斯、诺顿、奥尔德里奇、凯布尔以及其他受人尊敬之人一样，都怀着一种指责态度。随着惠特曼的身体活力慢慢下降，他似乎越来越怀疑有人正在制定着反对他的阴谋——正如他当年写信给爱默生时说的一样，很多敌人正在联起手来准备陷害爱默生，并且让爱默生不敢自由地表达自己的想法。但是，惠特曼这样的想法纯粹是病理学上所说的迫害妄想症。他不信任那些被他称为"新英格兰人群""大学生"等之类的人。他之所以会有这样的想法，部分原因是在爱伦·坡还活着的那个时代，波士顿那边的文人与纽约以及费城那边的文人产生了深刻的矛盾，另一个原因可能是因为惠特曼后来的很多崇拜者都是接受过大学教育的人，他们无法感受到美国生活散发出的那股真正力量。惠特曼对那些具有学术气质的人感到不解与恼怒。比方说，来自康奈尔大学的海勒姆·科森教授[①]拜访惠特曼之后，给惠特曼写了一些充满真诚情感的信件。惠特曼后来说："科森教授似乎有着某种很强的能力，他不像那些崇拜者那样表现出强烈的热情，而是以随和的方式与我见面……我认为科森教授的很多话都是公正的——也许，这正是他最大的不足。我喜欢那些有话直说的人，喜欢那些敢爱敢恨之人，喜欢那些明确说出对错的人……但是，很多饱读群书的学者却经常做不到这点。我甚至可以说很多读过太多书的人都做不到这点。不过，没关系，让他们去吧。"

　　也许，正是出于这样的想法，年迈的惠特曼会对斯特德曼的文章、吉尔德的诗歌、阿诺德的评论文章以及布斯的表演表达了不满之情：他认为，这些人都没有将修饰过的一面放下来。他想像那些苦行僧那样，追寻激发他当年创作出《草叶集》的那种精神

[①]海勒姆·科森教授（Hiram Corson, 1828—1911），美国文学教授、作家。

的神迷与灵魂的陶醉感觉。当他无法从当代其他文人身上发现这点之后，他就将精力转移到身边的朋友上了。他对英格索尔、奥康纳、西蒙德斯、肯尼迪以及其他"忠实的追随者"都表达了自己的感激之情。若是按照惠特曼的自然本性以及他在智趣层面上的自大来看，他其实更容易选择宽容对待那些当初谴责《草叶集》这本书的当代文人，而不是按照他们当时的评价去进行区分，不应该据此来区分出哪些人是优秀的，那些人是不优秀的。但是，我们应该记住一点，1888 年，惠特曼已经是一个风烛残年的老人了，他对某些礼拜仪式的着迷对任何人来说都是不健康的。无论是路德、约翰逊博士还是歌德——我们都知道他们是要比惠特曼有着更为强大品格的人——虽然他们也像居住在卡姆登的惠特曼那样受到过很多人的追随，但他们却依然保持着淡然平静的心态。

惠特曼很多记录下来的对话都是关于个人或是文学方面的话题。他的拜访者很自然地会向他提出关于他以及某些书籍的问题。当然，惠特曼偶尔也会谈论关于人类交往这样更加持久的话题。与绝大多数美国文人一样，惠特曼对形象化或是可塑性的艺术都知之甚少。在他人生的最后 10 年里，每当他想起当年在波士顿看到米利特的画作时，内心就会感到高兴。关于音乐方面，他对音乐的了解仅仅局限于意大利歌剧，这些都是他从童年时期就比较喜欢的。瓦格纳所创作的"关于未来的音乐"与他的诗歌，是很多人都会进行比较的——但是，这并没有给惠特曼留下非常深刻的印象。不过，惠特曼对科学的发展进步，还是怀着一种非常包容开放的态度。虽然惠特曼本人并没有科学方面的才华，但他与歌德以及丁尼生一样，都本能地认识到科学发展与进步能够给人类带来更大的益处。作为诗人的他喜欢以一种宏大却又模糊的方式去谈论这些话题。

他还喜欢沉思德国哲学所传递出来的一些思想。童年时期，他就经常会在周日晚上前去聆听关于康德、费希特、谢林以及黑格尔等人的哲学思想的讲座。黑格尔哲学体系所呈现出来的宏伟轮廓，让他特别感到着迷。但是，他对德语一窍不通，因此无法对此进行深入的了解，从而成为一个系统性的思考者。真正吸引他的，是那种散漫且二手的"哲学八卦"，因此，任何对哲学这个主题进行研究的学生，都无法从惠特曼的作品或是对话中找到任何连贯的哲学思想。惠特曼曾经谈论过路易斯·拿破仑[①]，但他却无法区分出"做梦"与"反思"这个词语。因此，我们可以说，惠特曼所谓的哲学思想其实就是某种梦游病的表现症状。

在惠特曼的谈话内容以及作品里，宗教都是一个常见的主题。毫无疑问，惠特曼是一个有着深厚原始宗教情感的人。与大多数诗人一样，他不相信那些正规的宗教信条或是宗教仪式。惠特曼早年就曾在日记本里写下了这段字迹模糊的文字："我可以大胆地认为，所有那些牧师都是真正的异教徒，而只有……才是真正忠诚的信徒。"不过，这只是惠特曼当时个人的一些想法而已。正是惠特曼在宗教这个问题的如此态度，才让他无法被真正列入某一门宗教的信徒。"你可以说，我是一个佛教徒，或是基督教徒，也可以说我是伊斯兰教徒与佛教徒，或者说我什么教都信仰，也什么教都不信仰。"可以说，这

---

①路易斯·拿破仑（Louis Napoleon，1808—1873），法兰西第二共和国唯一一位总统及法兰西第二帝国唯一一位皇帝。是拿破仑一世的侄子和继承人，史称"拿破仑三世"。

代表着惠特曼是一个根本不信仰基督教的人，而不是一个不愿意信仰基督教的人。虽然他在所创作的很多诗歌里流露出来的精神，都是与基督教的伦理观念是一致的，但是我们却找不到惠特曼有意识要这样做的任何证据。惠特曼在1880年对巴克博士这样说："我从未有过什么特别的宗教体验，我从来不认为自己需要被上帝拯救，从来没有感觉到自己需要精神层面上的重生，从来都没有产生过要对地狱产生恐惧，也不相信整个宇宙是由上帝所创造的。我始终认为，这样的观点是绝对正确且是最好的。"毫无疑问，爱默生在实质上也是持相同观点的。虽然惠特曼在想象层面上要表现得更加丰富，但是他在宗教方面的表现，却更像是18世纪多愁善感的自然神论，其中最为典型的要数卢梭创作的《萨瓦牧师》了。不过，至于惠特曼所处那个时代的教堂与牧师，他的态度更加倾向于伏尔泰，而不是倾向于卢梭。可能正是他在长岛地区度过的童年时光，让他终生都保持着对教会的反感态度。在年轻时所写的一篇日记里，他就谈到了"《圣经》已经不适合这个时代了"，并且说"神学院与教堂所宣扬的善意都是被阉割过的"。当他年老的时候，依然会对"教区牧师或是警察"感到厌烦。他会在周日这天将家里的所有窗户都关紧，让附近教堂敲响的钟声不会传到他的家里。"我始终不相信任何教堂的执事，我认为他们的道德标准是非常低下的……所有教堂传递出来的思想都是低下的、让人憎恨且可怕的。"

因此，惠特曼非常赞同鲍勃·英格索尔所宣扬的反基督教活动。"看来，英格索尔与赫胥黎能够在没有任何人的帮助下，就能推翻基督教会这个巨人。"他梦想着一种更好的新宗教能够真正展现出人类的基本人性，传递出真正兄弟情义与人类大同思想的宗教。他认为自己创作的《草叶集》正是这个新时代的福音书，"是所有书籍里最具宗教情感的书，里面充满着各种人生的信仰。"我们还记得，拜伦当年也曾对自己创作的《唐璜》说出过类似的话。惠特曼对那个看不见的世界总是怀着无比虔诚的态度。与大多数神秘主义者一样，他感觉自己必将会得到永生，认为这个世界上所有的诗人都没有像他那样创作出更能够将死亡与灵魂表现出来的诗歌作品[①]。随着惠特曼慢慢走向人生的终点，他不断地表达出对过去自己所反复赞美的事物所具有的短暂性。当德国皇帝威廉一世在 1888 年死于喉癌的时候，惠特曼大声地惊呼："千万不要将你的财富放在这个世界上！只有上帝才知道一切！从来没有人像我这样赞美过生命的——每个人都应该从愉悦的现实中感受到最终的乐趣：但是，生命中所具有的物理性因素，那些我们最为珍视的东西，都是很容易逝去的！真的是很容易逝去的！我们将这些东西握在手上，但是他们却是那么迅速地就溜走了！我不敢说这些东西都代表着满足我们虚荣心：我只是说费尽心力去追寻某些东西的确是徒然的。我似乎已经感受到了恩瑟·弗里茨所遭遇的悲剧——感受到了他在人生之火慢慢吞噬他时的那种无可奈何。"

在惠特曼日常话语里，我们能够看到他说出这样的话。这些都不是关于政治制度或是人类社会方面的任何具有智慧见解的话。在惠特曼的谈话集里，很多激进主义者、保守主义者、无政府主义者以及那些社会主义者都各自得到了相当程度的共鸣。比方说，惠

---

①可以参看惠特曼在这些主题上的发言记录。由贺拉斯·特劳贝尔所编辑的《神性死亡之书》里就涉及这方面的内容。

特曼是一个坚定的自由贸易主义者，他甚至认为自由贸易的思想应该超越党派斗争或是整个国家的利益。他从来都不担心他所持的思想，可能会对这个国家的同胞带来各种后果。可以说，在南北内战结束之后，没有哪一个人像惠特曼那样更加厉声反对我国政治领域内出现的严重腐败情况。但是，我们必须要认清一个事实，那就是惠特曼的生活方式以及所处的环境，让他对那个时代很多真正重要的问题做出深刻的阐述都显得比较无奈。撇开惠特曼在人生最后十几年长期处于疾病的状态，他在晚年几乎都表现出了过分强烈的自我主义思想，因此根本无法对发生在他身边的事情有足够的认知。"给那些男孩一些机会吧。"当他看到那些在特拉华河上游泳的顽皮孩子时，对来自博尔顿的约翰斯顿这样说。"通过这样的方式，他们会慢慢形成英雄主义的品格，成为真正的男人，但是他们却可能因为人类已有的文明、宗教或是那些该死的惯例所腐蚀。他们的父母希望他们在长大之后成为一个具有良好教养的人。"事实上，这就是惠特曼对父母与孩子的教育方式上出现了严重的认知误区。在这些方面，惠蒂尔要比惠特曼更加了解美国的普通民众。

事实上，与惠特曼同时代的很多人都要比他在一些重要的社会问题、教育以及政治运动方面，有着更加深刻的认知与清晰的理解。比方说，克莱门斯、斯特德曼、海约翰还有乔治·威廉·柯蒂斯这些人，都要比惠特曼更加了解美国人的生活全貌。与很多波西米亚人一样，惠特曼从来没有意识到，他对更为圆满且自由的人生的追求，事实上让他关闭了感受更多人生体验的大门，而不是为他敞开了更多感受人生体验的大门。当然，惠特曼是一位具有天赋的观察家，但他却无法理解其他人积极投身到他只愿意去旁观的社会改革浪潮当中。他根本没有能力去衡量诸如柯蒂斯等人为了政治清廉所做出的努力是多么的重要，无法衡量出埃利奥特校长为了教育改革做出的巨大贡献，无法理解菲利普斯·布鲁克斯为了宗教精神改革做出的贡献。这些人都是"真正的绅士"，但惠特曼却似乎对这些绅士要保存人类身上所有这些宝贵的特征而感到不屑。简而言之，在惠特曼看来，这些绅士只是更好的产物而已。惠特曼就是因为远离了这些事务，而渐渐失去了很多观察的机会。更为宏大的人类智慧、与人类文明进行范围更广的接触，或是家庭生活的亲密关系或是悲伤的情感，这些都可以从约翰·吉普森·洛克哈特① 的《斯科特》或是沃尔特爵士的日记里看到，但这些内容却无法从惠特曼的作品中看到。

事实上，惠特曼在谈论自己的时候，最多也只是像蒙田或是其他伟大的文学自我主义者一样罢了。不过，惠特曼在人生最后二十年里虽然经受了疾病所带来的真切痛苦，但他仍然保持着善良的心灵。他对创作出永恒作品的信念没有丝毫的动摇。他在人生晚年曾对 G. H. 帕尔默教授这样说："在《草叶集》这本诗集里，倘若我当时不将自己的想法表达出来，那么我宁愿砍掉自己的右手。但我很高兴看到最终还是出版了这本诗集。"在他去世前的六个月，惠特曼就对泰勒谈到了他之前阅读《草叶集》的感想。惠特曼说："这是我第一次产生了这样的困惑，这本书是否会名垂

----

①约翰·吉普森·洛克哈特（John Gibson Lockhart，1794—1854），苏格兰作家、编辑。因其撰写《沃尔特·斯科特传》而闻名。该传记被誉为同福斯特的《狄更斯传》和鲍斯威尔的《约翰逊传》英语世界的三大最伟大传记之一。

青史？"不过，幸运的是，惠特曼这种自我怀疑的想法很快就消失了。惠特曼始终都没有太多谈论他早年的生活。1880年，惠特曼在与巴克博士进行交流的时候，就曾谈到了他不结婚的一个理由："我对形成任何一种束缚我的关系感到不满。"不过，当惠特曼与塔尔科·威廉姆斯进行交流的时候，却这样解释说："我曾经认为，结婚可能不利于我自身的发展。但我现在结婚可能更加有助于我的发展。"但是，关于惠特曼为什么终生未婚的秘密一直持续到他去世的时候都没有说出来。惠特曼的很多朋友都曾给他捐献小额金钱，让已经年老且身患重病的惠特曼能够安度晚年。惠特曼的这些朋友在1891年惊讶地发现，惠特曼竟然花费了将近4000美元在哈利公墓[1]修建了一个庞大的坟墓。在他人生的最后时刻，很多人都认为他肯定是已经身无分文了，但他竟然还有几千美元存在银行账户上[2]！

　　惠特曼长年的疾病不知不觉地在摧毁着他的身体，让他终于走到了人生的尽头。1891年12月，惠特曼感染了肺炎，接着他的身体机能全面崩溃。但是，惠特曼还是一直支撑到了第二年的3月26日。这段时期，他几乎都是在忍受着巨大的身体疼痛中度过。最后，在一个下着细雨的周六下午，他安详地走入了永恒的黑暗世界。惠特曼逝世的消息一经宣布，新闻记者便纷纷写稿，第二

---

[1]哈利公墓（Harleigh Cemetery），位于美国新泽西州卡姆登和科林斯伍德交界处，是新泽西州最古老的公墓之一。占地130英亩（5300平方米），1995年起被列入新泽西州历史景观名单。公墓内葬有美国新泽西州的历史政要等，还有沃尔特·惠特曼、尼克·维吉里奥等一些文化名人。
[2]详细的内容可以参看附录。

天美国所有大城市的报纸都发表了报道，其分量之大超过了诗人整个一生所获得的篇幅。各报的评论也比诗人生前友好多了。如纽约《先驱报》写道："对于人民大众来说，惠特曼的诗将永远是不可懂的，但是他们中间却很少有人不能欣赏《啊，船长，我的船长！》的美妙……"文章最后预言："惠特曼的死将激起一种对他的诗歌的兴趣，引导人们去更好地了解他的天才。"

在接下来的周三，他被安葬在他之前在哈利公墓上修建的坟墓里。在惠特曼下葬的这一天，当地有数千人都站在米克尔大街的惠特曼家的门口，想要最后一睹惠特曼那慈祥的面容。惠特曼的很多朋友认为，邀请一位基督教牧师来主持惠特曼的葬礼，这是不适合的。惠特曼的下葬仪式在坟墓附近的一个帐篷内举行，当时来了很多人。弗朗西斯·霍华德·威廉姆斯负责宣读悼词，他将惠特曼与孔子、乔达摩、耶稣、《古兰经》、以赛亚、圣约翰、《阿维斯陀》以及柏拉图等置于同等的高度，之后托马斯·B.哈内德①、丹尼尔·加里森·布林顿②、巴克博士和罗伯特·英格索尔等纷纷发表了饱含深情的告别词。英格索尔发表演讲的主题是"在生之神秘中的我们又来面对死之神秘"，他在结束演讲时说道：

他活过了，他死了，而死已不像以前那样可怕了。千百万人将拉着沃尔特·惠特曼的手走入"黑暗的阴影之谷"。到我们死后

——————————

①托马斯·B.哈内德（Thomas B. Harned，1851—1921），美国律师、惠特曼的朋友，也是惠特曼部分手稿的拥有人和文学代理人。
②丹尼尔·加里森·布林顿（Daniel Garrison Brinton，1837—1899），美国考古学家、民族学家。

惠特曼

许久，他所讲过的那些勇敢的话还会像号角般向那些垂死者响亮地吹响。因此，我将这个小小的花圈放在这位伟人的坟墓上，他活着时我爱过他，现在我仍然爱他。

　　奥德里奇、斯特德曼、吉尔德等感人且负责地为惠特曼的灵柩放上常春藤与月桂编织而成的花环。惠特曼在文学界里的一些朋友，还有他在卡姆登与费城的一些朋友则充当抬棺人。原本大家以为这一天的天气会很糟糕，但事实证明却晴朗温暖。在葬礼进行的过程中，蓝知更鸟则在树林中歌唱。皮特·多伊尔坐在帐篷外面的草地斜坡上，没有去聆听那些演说词。一些售卖花生的小贩则沿着人群的边缘走来走去。可以说，这一天成为了卡姆登地区的一个节日。但是，惠特曼的那些忠实追随者都非常感动。其中一名追随者说："我们都处在情绪的最高点。我感觉自己仿佛感受到了耶稣基督下葬时的情景。"其他人则可能只是记住了惠特曼对永恒所持的坚定信念，认为惠特曼其实根本没有死去，而只是以一种全新的面貌出现了。对于惠特曼所具有的独特个性所创造出来的神奇，是不可能因为惠特曼肉体的消失而消失的。

第七章
五十年之后

　　我的作品（指的是《培尔·金特》）是一本诗歌集。如果这算不上是诗歌集的话，那么这最终也会变成诗歌集的。在我们国家——挪威，世人对诗歌的概念将会按照这本书来产生。

　　　　　　——易卜生在 1857 年 12 月 9 日写给比昂松的一封信

　　从长远来说，真正的诗歌是"代表着人性是绝对不会自然而然地消失"，这样一个事实可以从历史上许多不同的诗歌中都能找到，更为重要的是，这些诗歌"在散文或是韵律方面进行了前人所没有进行过的创新。"

　　　　　　——爱德华·凯尔德[1] 所著的《华兹华斯的论文》

　　今天这个时代，无论是在作品上，还是在作家的竞争上，特别是在小说家当中，那些所谓成功的小说家都是喜欢谈论一些平庸的

------

[1]爱德华·凯尔德（Edward Caird，1835—1908），苏格兰哲学家。

主题，喜欢挑逗读者的感官神经，喜欢进行挖苦或是讽刺，喜欢描述那些追求感官刺激的外在生活。我们可以看到，对最为成功的小说家来说，他们可以获得似乎无穷无尽的读者，获得许多经济层面上的回报。但是，对于那些描述内在人性或是精神层面上的作家，受众面是比较狭窄的，而且通常还会招致很多批评的声音——但是，只有这样的作品才能真正流传下来。

——沃尔特·惠特曼的《民主展望》

　　从惠特曼出版第一版《草叶集》到现在，已经过去了将近半个世纪了。在世界文学的历史上，五十年只是弹指一挥间而已。而在美国的文学历史上，半个世纪却是相当长的一段时间。虽然单就这个时期而言，读者所公认的杰出作家有爱默生、霍桑、朗费罗、爱伦·坡以及其他人，他们都是在1855年之前就已经创作出了比较成熟的作品。这个年份之后，可能是因为民众智趣且物质层面上的改变，文学界的观念就出现了一种时刻变化的情况。新的一些问题不断冒出来，其中一些老问题也变成了重要的新问题。虽然，《草叶集》究其本质上来说是一本充满想象的诗歌作品，只能通过激发读者的想象力来激发他们的热情。但时至今天，我们还是很难想象这本半个世纪前的作品，仍然给我们带来很大的影响。

　　我们都知道，惠特曼想要将那个充满科学与民主精神的时代最为典型的人物情感展现出来。当惠特曼产生了这样的创作思想与涉及的范围如此之广时，就必然存在着一种危险——巴尔扎克在创作《人间喜剧》以及左拉创作《卢贡－马尔卡家族》系列小说的时候，都遇到过这样的危险。因为这样的创作使命超越了事实以及任何一个艺术家的想象能力。1872年，当斯文伯恩对惠特曼的狂热热情消失之后，就曾在《双周评论上》发表自己的反对观点。他在这篇文章里以非常深刻的笔调写道："在沃尔特·惠特曼身上，事实上存在着两个最无法和谐且特点鲜明的'人'，其中一个是诗人，另一个则是形式主义者……在诗歌历史上，从未出现过通过混杂或是掺入次品的创作方式，并以最为浅显的方式呈现出来的诗歌……正是当他想到了自己的职责，想到了自己作为一名代表性诗人所具有的使命与义务，作为一名民主主义者的时候，事实上就放弃了自己的创作。因此，他所创作的诗歌不再具有任何的音乐性。"事实上，正是斯文伯恩所谈到的惠特曼作品中掺杂着太多不同的元素，才让我们对惠特曼作品的分析变得容易了一些。科学技术的发展以及民主精神在世界各地的传播，这都是半个世纪前最为鲜明的发展潮流。无论人们是否愿意接受，这两大潮流都必然会引起所有人的注意。这两大思潮也必然会在进入文学界，让某些人愿意承担起通过诗歌或是其他方式，来宣扬科学与民主精神的使命。显然，从这个角度来看，惠特曼的背后显然有着强大的盟友，因为他的作品传递出来的思想与他所在的那个时代最为重要的世界潮流是不谋而合的。任何评论家在对我们当代社会生活的精神思潮进行分析时，都无法忽视惠特曼在这方面所做出的巨大贡献。即便是那些否认惠特曼是真正意义上诗人的人，都不得不承认一个事实，即没有哪一位作家的作品能够像惠特曼的作品那样，更能经受未来文学历史学家的一再考验。

即便我们不去谈论遥远的未来，就是从惠特曼的《草叶集》出版半个世纪后的今天来看，我们也可以非常清楚地看到，惠特曼的作品在思想领域以及文学界都占有一席之地。在惠特曼的本能思想里，他是一个神秘主义者——在人生的每个阶段，他都似乎有着各种不同的宗教信念，这些信念都是他与生俱来的，让他强烈地感受到了精神世界的现实性。在他所创作的想象性作品里，他更像一个东方人，而不是西方人。他与我们印度语系民族之间深层次的亲密关系，他的诗歌风格在很大程度上都与《圣经·旧约》存在着联系的。他阅读过当时最好译本的印度与波斯诗歌。当他在华盛顿战地医院照顾伤兵时，就经常拿出威廉姆·朗斯维尔·阿尔杰① 编选的《东方诗歌》，念给那些受伤的士兵听，同时做了很多笔记。据说，在惠特曼拥有一本《薄伽梵歌》② 时，他在诗歌里就非常喜欢用第一人称来称呼自己，他就像苦行僧那样，对那条无尽的开阔大道有着强烈的激情，甚至连他那种分类的方法都似乎要与东方诗歌有着类似的排比句式。

---

① 威廉姆·朗斯维尔·阿尔杰（William Rounseville Alger，1822—1905），美国诗人、学者。

② 爱默生就曾笑着对桑伯恩说，惠特曼的《草叶集》是《薄伽梵歌》与纽约《先锋报》的合体。事实上，爱默生的这种说法还是有道理的。若是我们进行一番比较，就会发现，惠特曼非常喜欢用"我"的主格形式，在《薄伽梵歌》第九章的克利须那神的演说里"我就是以各种形式存在于任何地方的存在。我就是祭物，我就是整个献祭仪式。我就是献给祖先的祭品。我就是咒语，我就是献祭的黄油。我就是火焰。我就是焚香。我就是父亲、母亲、生产者。我就是宇宙的祖父——这代表着一种神秘主义的信条"。还有很多单音节词语的使用，都可以看出来。除此之外，在《薄伽梵歌》的第十章："在众多马匹当中，我就是吃着神的食物长大的。在众多大象与人类当中，我就是你们的生产者与保护者。我是所有河流中的恒河……我还代表着永恒的时间……我代表着能够夺走一切的死神，还代表着能够创造出全新生命的存在……我是这场能够欺骗世人的骰子游戏的主人。我是所有辉煌成就中最为辉煌的。我已经创造出了宇宙中唯一存在的真理，这个真理就是我自己。"这段话出自J.C.汤姆森翻译的版本，伦敦赫特福德出版社在1855年出版。

对惠特曼影响最大的欧洲文学作品，当数那些浪漫主义作家的作品。可以说，沃尔特·斯科特爵士的作品全集，"是他五十多年来取之不尽的创作宝库与财富"。无论是在欧洲大陆还是英伦三岛，很少有比惠特曼更受到卢梭思想的影响了。惠特曼在很早的时候就阅读过卢梭的作品，还准备创作一首与卢梭有关的诗歌，但他始终都没有真正动笔去写。无论是惠特曼还是卢梭，他们都是多愁善感主义者，都是追求感官表象主义者与自我主义者。他们都是那种吟诵史诗的人，能够对自然、教育以及宗教等议题表达自己的看法与观点。他们与所有的神秘主义者一样，都没有足够能力去精确地表现某一种具体的思想，无法对某些真正关键的事实有深入的了解。他们在病态的自我意识方面都有着类似的问题。他们都体验过所谓的"启示"。在惠特曼的《草叶集》里，他描写了夏日晴朗的早晨所发生的事情，这对他来说是人生的转折点。对于卢梭来说，当他在 1749 年沿着炎热的道路前往万塞讷①的时候，准备为第戎学院举办的有奖论文比赛进行苦苦思考的时候，他突然感觉自己"仿佛看到了另外一个世界，变成了一个跟之前完全不一样的人"。相比于卢梭而言，惠特曼有着更为健康的身体与健全的心智能力。但是，这两人都对他们并不属于的有教养世界怀着一种天生的猜疑情感，有着一种仇视或者说是一种漫不经心的鄙视态度。也许，这是他们的某位祖先将这种流浪汉的性格遗传到了他们身上。他们之间的共同点，还可以从他们都对

---

①万塞讷（Vincennes），法国法兰西岛大区马恩河谷省的一个镇，位于巴黎东部近郊。

音乐有着共同的激情，对身体的干净有着一种近乎挑剔的态度，甚至还要精心选择自己要穿的衬衫看得出来。他们都曾就父权这个话题发表过非常独特的见解，但是他们要么是终生都没有结婚，没有孩子，要么就是有了孩子不愿意抚养，而将之抛弃。

　　无论是他们的写作还是各自的人生，他们都想要触碰那一根颤动的细绳。"回归自然"，这都是他们感到身心疲惫之后内心的呼喊，回归到那个没有任何人为添加与社会束缚的自我当中。关于他们各自表达出来的"忏悔"，无论是卢梭还是惠特曼都表现出一定的热情或是兴奋，这似乎是他们展现出来的一种特殊的灵性，这不仅让他们成为了文学自传学者们最喜欢为之创作的对象，而且给这些自传作家们一种强烈的个人追随感。卢梭所创作的那些迂回曲折且充满柔和情感的散文，与惠特曼创作的流畅诗歌是相得益彰的。他们都像那些真正的"演说家"去进行写作——用布莱克的话来说，就是用耳朵去聆听更多的声音，然后描述声音的洪亮程度、色彩以及带来的运动感觉。他们两人在创作时的速度都是比较缓慢，并在创作过程中经常会遇到很多困难。他们就像他们的同类人拜伦那样，会大声地说："描述才是我的特长。"但是，正是因为他们的描述具有持久的荣耀，不是他们对外在自然风景的描述，不是他们对自身那些刚愎自用或是缺乏廉耻内心的反思，而是因为他们将芸芸众生的共同情感都表达出来了，这才是他们的作品具有长久生命力的一个重要原因。惠特曼的诗歌全集里是以下面这段话开头的：

　　我要歌唱自我，这是一个与我不同的简单之人，但是，他们都异口同声地说出了民主这个字眼。

从文学的角度来看，惠特曼的这两句诗可以追溯到卢梭的作品。第一句诗让人想起卢梭在《忏悔录》一书开头的一段话，而第二句诗则让人想起卢梭在《社会契约论》里的核心思想。在欧洲的历史上，这是第一次有人去真正关注社会上的普通民众，关注数百万在田野里耕种、在战壕里挖坑的普通人。正是这样一个没有任何限制前提的背景，让卢梭在《社会契约论》里提出了令世人震惊的伟大理论。关于卢梭这部伟大专著所提出的很多历史、经济理论以及哲学思想都是谬误的。但是，他的思想却可以为当时的欧洲国家在政治领域上加以利用，让那些高高在上的贵族们第一次对那些普通人的劳作、悲伤以及高兴有所关心。惠特曼对于政治制度的想象性构想同样是真实且具有怜悯心。"在普通民众的耕地上认真地开路前进吧。"——这不单纯代表着良好的政府治理与常识——而且还充分反映出了美国这个国家的立国之本。惠特曼与卢梭之间的不同之处，就在于卢梭对人类的进步从来都不抱什么希望，认为人类的黄金时代早已经过去了。但是，卢梭之后大约一个世纪的惠特曼在经历了民主精神的发展以及科学的进步，认为人类真正的进步与提升将会在未来实现。

从个人气质上来看，惠特曼是一位神秘主义者；从文学倾向上来看，惠特曼是一位浪漫主义者。我们都知道，惠特曼的创作成熟期是在美国的先验主义思潮兴盛的时期。无论是来自东方的神秘主义，还是德国较为极端的思想哲学还是英国的浪漫主义，都能够在康科德、剑桥、费城与纽约等地方生根发芽。就智趣发展层面上来说，19世纪40年代的期刊文学就是惠特曼的个人大学。对于20世纪的读者来说，这一类的文学作品似乎就像《草叶集》那样让他们感到不可思议。玛格丽特·富勒女士担任编辑的《日晷》①杂志，是宣扬傅里叶主义与完美主义的期刊，甚至连《弗雷泽杂志》与《布莱克伍德杂志》都宣扬着某种不受限制的个人主义思想，完全无视过去的传统陈规。整个美国的思想界都弥漫着"超自然主义者"的思想，每个文人都有想要剥去一切伪装以及陈规陋习的冲动——这些人类文明的阻碍性元素——然后让"自然的人"获得自由。正如之前一个章节所指出的，将《草叶集》视为先验主义者思潮迟来的产物。我们在阅读这本诗集的时候，绝不应该按照阅读尼采或是易卜生的作品那样用比较单一的思想去看，而应该按照阅读丁尼生·卡莱尔的《衣裳哲学》、瓦尔多·爱默生的《论文集》以及卢梭的《日记》去看。这些作品中呈现出来的古怪特性，就与其高贵特性一样，都是激进思想的一部分，都是那个时代的思想结晶。

不过，我们不应该忘记一点，直到现在，《草叶集》可以说已经被两代的美国人阅读过了，但他们不会纠结于这是否是源于先验主义思想或是与此相关的思想。在内战结束后接下来的十年时间里，当惠特曼的名声在国外慢慢传播开来的时候，他在美国依然没有什么名声，而此时19世纪的文学似乎已经非常遥远了。那

---

① 《日晷》（*The Dial*），1840—1929年间美国著名的杂志，1840—1844年间，该杂志主要是超验主义者们的思想阵地；1880—1919年，转变成一本政治杂志；1920—1929年，转变成英语现代文学的推广杂志。

些读过《草叶集》的读者——或者说绝大多数读者是在某个时刻阅读的时候——都会感到震惊，认为这不大可能是出自先验主义思潮时期的个人主义思想，因为《草叶集》在创作形式以及其对待性方面的那种自然的态度，都是与此有所不同的。可以说，这就是大众对惠特曼作品难以接受的两大障碍。不过，这两大障碍随着时代的转变都慢慢地淡化了，读者对惠特曼作品的评价也多了几分宽容。

就创作的形式而言，我们可以清楚地看到，在 19 世纪中期的美国，大众对审美观念方面的态度已经渐渐地出现了一个比较自由的倾向。对于自然界的向往与追求所引发的强烈共鸣，在 18 世纪后期的英国已经慢慢出现，这与当时的绘画、音乐以及其他艺术是共同发展休戚相关。经过一代人的熏陶之后，大众开始能够欣赏莫奈的印象派山水画，能够欣赏罗丹的雕塑以及理查德·施特劳斯的音乐了。惠特曼对此都是怀着一种包容的态度，因为他也是以一种不同于以往的创作去进行创作的。当代文学的一大倾向，就是强调艺术作品中所要传递出来的情感或是展现出来的品格——也许，将形式大于内容这样的想法排除在创作之外的观念，已经在很多重要的浪漫主义作家的脑海里逐渐形成。当然，其中就包括惠特曼这样的浪漫主义作家。大众的这种审美观念的扩张与收缩，都是历史上一个反复出现的现象，这些都是文学作品必须要去面对的一件事。但是，无论读者对历史上任何经典作品所做出的反应，他们都不可能不对惠特曼完全不顾创作形式的创新做法感到惊讶。

事实上，随着世界各地的文学作品在创新结构上不断出现进步，而且民众对这方面的了解也越来越深刻，他们意识到这些作品在形式上都与西欧大陆上的传统作品是有区别的，但即便如此，这些作品依然能满足读者的阅读审美情趣，让我们在提出批判性思想方面显得更加灵活。当惠特曼在创作《草叶集》的时候，就曾从《圣经·旧约》中汲取了一定的养分，他也从中获取了关于某些韵律方面的规律。但在这之前，从来没有人将这样的作品称为诗歌。今天，无论是这样的创作结构特点还是东方希伯来的意象创作，都已经受到了英语系读者的接受。其他的东方文学作品要比半个世纪前更加为我们所熟知，东西方在文学方面的接触与交流在未来必然会变得更加紧密。这样的情况就让传统的教条主义慢慢地破碎起来，不再成为定义什么是诗歌，什么不是诗歌的标准了。就艺术作品产生的效果而言，情感上的效果显然要比推理演绎出来的结论要更加重要。在我们当代人看来，布莱克当年所创作的那些形式古怪的诗歌似乎也不是那么的重要，因为读者能够从其形式背后的实质内容中感受到他是一个真正的诗人。我们在植物学方面培育了很多杂交植物，却没有意识到在文学领域里，这样的"杂交"也能同样出现。显然，"杂交"之后的效果肯定不会比原先纯种的种类变得更差，有时甚至会出现优良的情况。简而言之，当代人在面对文学作品的时候一个重要的倾向，就是更加看重作品所传递出来的情感，而不是过分注重其表达这种情感所采用的方式或是形式。因此，大众读者也渐渐地承认一点，如果惠特曼的作品能够让他扮演起一个诗人所具有的功能，那么他也许就是一个地地道道的诗人。如果一个飞行器真的能够飞在天空上，那么我们到底使用什么材料去制造飞行器就显得不是那么重要了。

惠特曼以古怪形式创作出来的作品所引发的震惊，随着大众对其他采用不同于传统形式创作出来的诗歌的慢慢熟悉，也慢慢消除了。这也从另一个侧面证明了一点，即任何艺术形式都必须要服务于艺术效果。除此之外，大众对这些古怪形式的震惊感慢慢消除的另一个原因，就是因为其他国家的读者也接受惠特曼是一位真正的诗人这一事实。《草叶集》这本诗集已经被翻译成了欧洲很多国家的语言。这些翻译版本随着时间的流逝还在慢慢地增加。特别是在德国与意大利的版本里，惠特曼在原版里表现出来的韵律与节奏似乎依然保留着，还存留着一些原先的味道。从这个方面来看，他与拜伦还是有些相似之处的。德国人或是法国人肯定会认为《马帕泽》①要比《廷登修道院的道路》②更加容易翻译，并且觉得前者比后者更加有趣，但并不能证明拜伦就是一个比华兹华斯更加优秀的诗人。当然，欧洲大陆的读者对爱伦·坡与惠特曼的兴趣，再加上他们对罗威尔与惠蒂尔的冷漠，证明了这一理论的完整性，表明了当代外国人的判断力是能够为他们的后代所认同的。但是，这也无法适用于惠特曼的这个例子。正如在惠特曼之前的斯科特与拜伦，虽然他们的作品都展现出来某些宏大的力量，某种沟通的情感，但这样的比重要远远超过诗意表达所能承受的范围。

---

① 《马帕泽》（*Mazeppa*），英国浪漫主义诗人拜伦于1819年创作的叙事诗。

② 《廷登修道院的道路》（*Lines upon Tintern Abbey*），英国浪漫主义诗人威廉·华兹华斯的诗歌。

惠特曼在欧洲大陆、英国以及美国的模仿者都始终无法得到其精髓。爱德华·卡朋特就曾以惠特曼的风格创作诗歌，但他创作出来的诗歌显然是生硬粗糙的。但是，绝大多数关于"自由诗体"的实验，总是让人不忍卒读。惠特曼在诗歌中是使用的韵律，就像用扩音器那样大声将诗歌情感传播出去。那些神经过敏的女性读者会对他这样的作品嗤之以鼻，但是惠特曼对这些根本不在乎，因为作为一个真正的诗人，他使用韵律的唯一原因，就是这能够更好地表达出他的情感。但是，所有惠特曼的模仿者都缺乏他那种娴熟的技巧，其中的根本原因可能就是因为他们缺乏像惠特曼那样的强烈情感。

总的来说，很多打油诗作者都不单纯是崇拜惠特曼的模仿者。诸如斯文伯恩、贝亚德·泰勒[1]、H.C.邦纳[2]以及J.K.史蒂文森[3]等人创作出来的诗歌，也还是能够让我们感受到与惠特曼诗歌一样的气息——当惠特曼在闲逛的时候，他的这些模仿者依然会继续模仿他的创作风格。通过娴熟地使用一些目录技巧，加上使用一些与美国俚语混合起来的外国句子，加上松散的语法结构以及多用感叹号，每个人都能对惠特曼进行拙劣的模仿。但是，诸如邦纳的《家，甜蜜的家》等作品，其实就已经不单纯是模仿惠特曼风格的作品了，因为这些诗歌都传递出了一种真实的情感，

---

①贝亚德·泰勒（Bayard Taylor，1825—1878），美国诗人、文学评论家、翻译、旅行作家、外交家。

②H.C.邦纳（Henry Cuyler Bunner，1855—1896），美国小说家、诗人。

③J.K.史蒂文森（James Kenneth Stephen，1859—1892），英国诗人。

这其实是深刻理解了惠特曼的思想之后进行创作的。从这个角度来看，邦纳并不是在简单地模仿惠特曼，而是在进行真正的诗歌创作，就像惠特曼进行创作那样。这样的做法虽然是比较有趣，但也让我们能够更好地了解惠特曼创作的真正理念，而不是单纯像那些批判家那样进行所谓的分析。让人遗憾的是，惠特曼并没有像布朗宁或是丁尼生那样有足够的幽默感，而读者也未能从那些模仿他的拙劣作品中得到一些乐趣。

但是，无论是评论家、翻译家还是打油诗作者与模仿者，他们的做法都让世人更加熟悉了惠特曼特有的韵律结构，而且让后世人对这些韵律在审美方面的价值有一个更加真实的评价。在这个讲究标准韵律的时代，没有人能够准确地说出惠特曼对诗歌形式的发展到底起到了多大的作用。不过，说惠特曼在这方面占据极为重要的地位，这也是不为过分的。正如某个学派的评论家所说，惠特曼从来没有想过要"超越于艺术之上"，而是始终忠于自己。惠特曼也绝对不是那些毫无艺术细胞或是缺乏缜密心思的农村佬，而是一个有着充满爱意与随和天性的人。正如丁尼生在对菲利普斯·布鲁克斯[①]所说的，惠特曼"不是一个诗人"。但是，除非我们能够发明出一套能够更好地管控韵律节奏的标准，就像在发表演说与充满情感的文章时的那种固定要求，否则我们无法否定惠特曼的创新所带来的作用。我们知道并以符号来表达诗歌的韵律节奏。我们可以在不需要任何符号系统的方式就能了解演

---

①菲利普斯·布鲁克斯（Phillips Brooks，1835—1893），美国作家、神学家。

说的韵律。但是，惠特曼的"慷慨激昂的全新民族性表达方式"就像一曲韵律不断变化的咏叹调与吟诵的宗教剧，或者说像教堂唱诗班吟唱的歌曲那样，这是介乎歌曲与演说之间的。我们无法区分出这到底更加倾向于哪一方，因为关于这方面的研究始终都没有一个定论。不管怎样，当诗韵学者们在分析惠特曼所采用的诗歌韵律时，越来越多的文学爱好者已经认可了这样的事实。"我在文学形式上是一个顽固的人，"理查德·沃森·吉尔德说，"我欣赏惠特曼的重要一点，就是他在作品中表现出宏大的形式。"

阻碍惠特曼的《草叶集》受到大众欢迎的另一个障碍，就是这本书中宣扬了过多裸露的内容：

我要歌唱身体从头到脚的每一个部分！

惠特曼宣扬这种思想所带来的震撼，就好比他创作的古怪形式一样，随着时间的推移，慢慢地减弱了。惠特曼始终顽固地坚信这样的理论，即人的身体与灵魂是一样充满神性的，而且身体的每一个部位都与另一个部位一样具有神性。这是他的一元论哲学思想在符合逻辑的推理之后得出的结论。但是，对于他这样一位"当时刚刚迈入文学界的吟游诗人"来说，这才是倒霉的开始。当他在谈到关于英文历史的时候，这样写道："预言家经常被用来代替诗人这个名称。英国的所谓预言家都是那些牧师或是生理学家。"在牧师与生理学家这双重角色里，惠特曼毫无疑问会创作一些诗歌，不仅是在现在还是未来都会冒犯一些挑剔的读者。惠特曼的这些诗歌通常都是有一定标记的，这表明了他的想象能量并不像写作机器那样可以随时迸发。惠特曼诗歌里的一些内容的确不是为年轻人来阅读的，但是奥康纳认为惠特曼诗歌中有80段话的内容，只是反对"那些不道德的品质"，而其余绝大多数的诗歌句子就像生理学的图表一样，都是纯真无邪的。对于心智正常的人来说，这些句子就像突然打开了一扇错误的客厅大门，他可能会感受到很有趣、尴尬、幻灭或是反感，他们会有怎样的想法，完全取决于他们的个人气质与之前所接受过的训练。

　　即便从最坏的角度来看，惠特曼最多也只是一位缺乏谦卑之人，而绝对不是一位缺乏道德精神的人。任何受人尊敬的评论家在总体研究了惠特曼的作品之后，都不会批评惠特曼是一个色情狂，虽然惠特曼有时所写的内容的确是不适合这一类人去阅读。但是，惠特曼不仅在生前，即便是在去世之后也将会继续为他反抗传统的道德观念付出代价。在将每一个自然事物的本质美感以及神性都展现出来的神秘努力当中，惠特曼就像大卫在耶和华的约柜前舞蹈一样。但是，粗俗的世人却以警察法庭审判的目光去看待这些，他们并不是从惠特曼这些作品所表达的情感去看待，而是直接针对惠特曼这个人。显然，当年爱默生与惠特曼在波士顿公园的散步谈话，就已经清晰地指出了这点。惠特曼依然坚持自己的创作风格，等待自己的时机。"我肯定会有自己的选择，"惠特曼说，"当我准备好的时候。"不过，虽然时间没有最终证明惠特曼的选择是完全明智的，但至少洗刷了他的作品传递出邪恶思想的罪名。进入20世纪充满活力的美国，与惠特曼赞美人的身体与自由精神是完全吻合的。我们很难想象发出这样赞美声音的惠特曼，竟然是一个头发花白、穿着黑色外套且患有消化不良的人。

正如詹姆斯·福德·罗德[1]所说的，这就是1855年的典型美国[2]。

　　当代的美国年轻人是不会崇拜作为诗人或是普通人的惠特曼的，他们经常会质疑惠特曼的自我意识，他们认为惠特曼在诗歌中做出了太多的抗议。相比于身强体壮且自然的林肯而言，惠特曼始终都是"柔和"的。虽然惠特曼也有着魁梧的身躯以及异乎常人的忍耐力，但他却过分多愁善感，无法承担起这样的使命。诸如西蒙德斯与史蒂文森这些比较神经过敏的人来说，他们能够从惠特曼的作品中获得一些提升精神的良方[3]。真正的年轻人，比如那些惠特曼想要影响的工人阶级，都开始慢慢地认为他是一个骗子。但是，关于惠特曼的创作形式以及他个人的道德问题，时间会慢慢地给予所有人真正的答案。任何关于惠特曼的所谓事实，无论是有利于惠特曼的还是不利于惠特曼的，都无法永远抵抗所有关于惠特曼个人真实品格的证据。惠特曼当年所拍摄下来的照片、有关他的记录、广告或是按照鲍斯威尔风格写出来的文字，都肯定不是毫无意义的。惠特曼一直想要培养的"水牛般的力量"早已经逝去了。关于加拉哈德（亚瑟王圆桌骑士）的神话是奥康纳当年那么喜欢的，现在也过去了。巴克博士的"超人"论也逝去了。撇去这些层层包裹的外衣，我们能看到一个粗俗、

---

①詹姆斯·福德·罗德（James Ford Rhodes，1848—1927），美国实业家、历史学家。

②详情可以参看罗德的《美国的历史》一书。

③西蒙兹这样说："当我在25岁的时候第一次阅读惠特曼的《草叶集》，这本书带给我的影响要远远超过除了《圣经》之外的任何其他书籍。惠特曼带给我的影响要超过歌德与柏拉图。"史蒂文森也说过："惠特曼的《草叶集》将我之前的人生观念全部都扭转过来了。"

语无伦次、自大却又充满原始生命力的真实惠特曼。

除此之外，惠特曼只是一个有些话想要说出来的人。他早年日记本上的内容都清楚地表明，他会经过一番深思熟虑之后，才将自己想要说的话写出来。大家都知道，惠特曼在创作时总显得小心谨慎——他会不厌其烦地准备很多待用的词语，耐心地思考如何让"诗歌变得更有韵律"，然后按照计划去创作每一首诗歌。他选择了"现代人"这个主题，这是以他本人作为原型，然后放在美国的文学历史上。难怪，他的创作上会出现那么多缺陷，但总的来说，他还是能够用相当公允的方式去描述一个"具有强大灵魂"的人的形象的。按照惠特曼的说法，无论男女，都必须要有健康的体魄，然后才是一颗勇敢的心以及包容的心态。是否能够培养出内心清明、身体强壮、勇敢且友善的人才是对人类文明的最大考验。惠特曼对构成一个多元化的民主社会的信念是非常强烈的。

但是，这些不同的个体如何组织成这个"系统的状态"呢？关于这个问题，我们就涉及惠特曼的心智以及艺术作品中的缺陷问题了。惠特曼有时会有意识地忽视——更多的时候是无意中忽视——那些让人类不断通往更加完美的组织社会的媒介力量。若是拿惠特曼与美国具有真诚民主精神的诗人进行对比，就会发现他们与惠特曼一样，都热爱与赞美着普通的美国民众。惠蒂尔的创作根源与惠特曼一样，都是深深植根于美国本土的。但他却不像惠特曼，他从未进行过任何的思想"杂交"，没有成为像惠特曼这样的吟游诗人。他会在火炉边吟诵，歌唱着美国的城镇、每个州、每座教堂、每个党派或是组织。他的个人日记也能够证明他是一个表里如一的人。他对联邦共和国的忠诚与他对整个国家以及全人类的利益是一致的。这样的一致性就像钟声那样发出和谐的声响。但是，惠特曼的心智却是利益从个人转移到了众人。他喜欢刻画那些普通的男女，却很少涉及一个男人对女人的爱意。他喜欢谈论父亲与母亲的光辉形象，但却很少涉及家庭。他还会描述邻居的无限忠诚，谈论社会、政治、宗教方面上的合作。他认为，正是这些元素组合起来，才构成了整个社会的合心力，才有可能不断地实现进步。有时，他会对这些问题投去看似不经意的目光。在这些组织之上，他的很多想法都是模糊的，直到他认识到这样的"联合状态"之后，才真正让自己的思想找到了一块可以依靠的磐石。

我将惠特曼所说的"神性的普通人"定义为一种模糊的说法，因为他会轻易地使用这个词语。有时，这显然只是意味着一种数值上的比例，似乎这只是在统计学上表现出来的神圣而已。有时，这可以用来赞美那些普通的事物，因为那些事物的确是比较普通的。有时，他可以让这个词语加上一些高贵的意思，这意味着每个普通人身上所展现出来的神性。惠特曼就曾这样写道：

> 画家描绘出了人群与中心人物，
> 中心人物的头上似乎散发出一股金色光芒的灵气。
> 但我要描绘芸芸众生的头，但不会在他们的头上画上
> 这样金色光芒的灵气。
> 从我的双手到每个男女的头上，
> 都会永远散发出光辉灿烂的光芒。

惠特曼想要赞美万物的想法，源于他质朴的心灵，但他这样的想法是徒劳无益的，无论是在描绘景象，还是在阐述一个理想的民主社会方面，都是如此。要想按照惠特曼的想法去描绘出一幅景象，这必然会在整个选择与创作的过程忽视一些最为本质的东西。要想描述一个理想的民主社会，必然会忽视一些精神层面上的价值，忽视了一些成就或是社会的进步。前拉斐尔派的画家可能会坚持在画布上描绘出蓝色的天空，然后将之称为天堂。而那些具有民主精神的诗人则可能认为，每个人与其他人都是一样的。但是，普通人对这些方面的了解往往更加透彻。要是像爱默生那样评论吉本："他是一个没有信仰的人，缺乏了一个人最为重要的财富。"那样去评论惠特曼的话，这就是非常不公平的。在惠特曼看来，他有很多信仰的支持。他在哲学层面上是一元论者，在现实生活中则是多神论者：他经常会在木棍或是石头面前弯下腰，也会在肉体或是精神层面上表达自己的想法，甚至会反过来咒骂那些被很多人认为是神性的东西。他从来没有所谓的等级观念。即便是天空上的星星都是按照固定的等级去运行的这一道理，他似乎从来都不在乎。在他看来，那些所谓的绅士也不比那些普通的百姓更加优秀，那些所谓的圣人也不比那些罪人高尚多少。他的内心发出本能的声音："光荣！光荣！"即便他从来都不认为地球上的光荣是一回事，而天国的光荣则是另外一回事。

　　但是，当他在描述美国的理想生活时，经常会使用一些宏伟的句子以及抑扬顿挫的韵律，甚至连他所表达出来的朦胧思想，都必须要符合他想要表达出来的宏大主题。我认为，普通读者可能不大会留意到惠特曼想要表达出来的真正思想。特别是在惠特曼后期所创作的一些诗歌里，我们可以看到他特别强调了我们国家之所以能够产生民主的精神，得益于建国元勋们的努力。他这样说："民主这艘船都有过去的痕迹。我们的现在就受到从过去射来的炮弹的影响。"事实上，我们正在踏上一个全新世界，而这个全新世界绝对不是从欧洲"古代王朝的屠杀场"那里演变过来的。

> 既顺从又指挥，更愿意去跟随而不是引领，
>
> 这也是我们这个新世界所获的教训。
>
> 在那一个古老的世界里，几乎没有新的东西。
>
> 在很久很久以前，青草在大地上生长，
>
> 在很久很久以前，雨水从天而降，
>
> 在很久很久以前，地球在不断地转动。

在惠特曼看来，新大陆上的每一个国家都应该是自由的，而绝不能被过去的历史枷锁所束缚，相反他们应该从那些血淋淋的历史汲取教训。惠特曼在下面这句话里，将自由主义的信条推到了极致：

> 多点反抗，少点遵从。

惠特曼反复强调美国人应该反对一切偶像崇拜的雕像或是仪式，也许他这样做是过分强调了自由主义的思想；但是，倘若我们从城市、州以及整个国家在当下转变成为一个中央集权国家来

看，他的理论则是相当有趣的。

惠特曼坚持认为，民主的美国必须要具有宗教精神。"我认为，联邦共和国所具有真正持久的伟大，就在于它必须要具有宗教精神。"惠特曼谈到的宗教精神其实就是一种公式化。关于这点，我们在上文已经讲过了。但是，他的另一个观点则是非常鲜明的，没有半点含糊。他认为我们应该尽一切努力避免狭隘的地方偏见主义。按照他的说法，他的目标就是"在我的诗歌里，歌颂整个联邦，同时不去表现出任何的偏颇"。无论是面对南方还是北方，无论是东方还是西方，他认为"都应该让彼此之间的友情就像树木那样繁茂"。他希望能够从同胞中"找到极为善意的友情"。当然，惠特曼这位曾经做过熟练印刷工人与木匠的人，在美国各州的旅行中，看到了很多城市的风貌，认识了很多人，他的确是感到了这样的友情。从某种程度上，他希望能够像丹尼尔·韦伯斯特那样"为这个国家而歌唱"。惠特曼认为，整个联邦政府就是一个完整的整体，每一个部分都绝对不应该分离。在南北内战结束之后，惠特曼这样的观念变得更加强烈了。从他的政治信仰层面来看，这场战争是他所遭遇的一个重要精神危机，正如法国大革命对华兹华斯所造成的精神危机一样。在人生晚年，他认识到战争就是一个"车轴"，而他的《草叶集》则是随着这个车轴慢慢地转动。因此，倘若我们不对惠特曼在这个时期的内心挣扎进行一番了解，就很难完全理解他想要表达出来的意思。他在《播鼓集》里描述了那种哀婉情感、神秘主义、大屠杀的恐怖场景以及获得自由之后的欢欣鼓舞等场景。四年的内战所呈现出来的各种悲剧或是荣耀的一面，在他看来都是能通过同胞们彼此之间的最终联合而结束。

最后，美国各州在经过了一番痛苦的挣扎与流血牺牲之后，终于找到了为未来打造一个坚实基础的主要目标。我们仍然是先驱者，我们最终的目标仍然还没有实现。未来，美国这片大地上将会出现更加美好的文明，当"普通人都能感受到日常工作以及贸易所带来的荣耀感觉"，大多数人都能够在兄弟般的情感与友情当中快乐地生活。

在我们这片广阔的土地上，虽然有着这样那样的缺陷，

但是我们彼此都有着共同的心愿，

这会让我们最终走向完美。

那么美国的民主对整个世界又会传递出什么样的信息呢？美国的民主精神又会对"人类的伟大事业或是人类的进步与自由产生什么样的影响呢？"惠特曼认为，民主精神就是人类最为重要的伟大事业，永远都能够找到衷心拥护这项事业的人，如果在有需要的时候，很多人都愿意为了民主而殉道。因此，他赞美世界各地出现的任何代表民主精神的运动，赞美一些民众自治的政府。惠特曼这样的观点着实让人感到不可思议，特别是当我们想到这是惠特曼在五十年前所表达的观点。因为自治政府在世界各地都似乎变成了一种陈旧的制度，似乎无法带来社会经济资源的节约。但是，惠特曼对自由的拥护还未到此为止。他还赞美国际主义精神，他那个时代几乎没有诗人这样做。他赞美那些"勇敢地举出旗帜的人"。在他的一篇散文里，他这样写道："我会开创美国的

国际主义诗歌。我认为，人类身上存在着的那种共同的根源，正是让我们的诗歌能够表达出最为深厚情感的东西。我认为，无论是爱国主义精神还是诗歌，我们都应该保持一种开放的态度，因为我们已经被过去一些细小的东西过分局限了，世人终将会明白这点。"约翰·哥特弗雷德赫尔德[1] 在一个世纪前就表达了类似的观点。惠特曼只是用诗歌来包裹着自己的思想而已：

一个思想总是在我的脑海里闪现：

在那艘神性的船只上，整个世界似乎都在与时空不停地前进，地球上所有的人都在沿着相同的航道前进，最后必然会抵达相同的地点。

这样的目标也许要比我们想象中更加的近：

从没有像当代人提出如此尖锐的问题，

从没有像当代普通人的灵魂是那么的充满活力，更加像上帝的。

看看他们不断地乘风破浪，没有停下来休息。

他们的双脚踩在陆地上，经过了世界各地，

他们征服了太平洋，征服了各个群岛。

在蒸汽船、电报、报纸以及战争引擎的带动下，

世界各地的工厂将各个大陆联系起来。

---

①约翰·哥特弗雷德赫尔德（Johann Gottfried Herder, 1744—1803），德国哲学家、神学家、诗人、文学评论家。代表作：《论语言的起源》等。

在过去，一个大陆上的民众说的话，能迅速传到大洋彼岸的另一端吗？

在过去，国家与国家之间能够迅速交流吗？难道整个世界不是都有着一个共同的目标吗？

华兹华斯有这样一句比较著名的话："每一个伟大的诗人其实都是老师，我希望读者要么认为他们是老师，要么认为是一无是处的[1]。"从这个层面上来看，惠特曼可以说是属于那些伟大诗人的行列里。我们无法从他的诗歌中找到他对下一次总统大选的看法，无法找到民众应该如何在 20 世纪解决所有可能摧毁民主精神的邪恶的良方。但是，用惠特曼的话来说，他的诗歌"是能够让每一个读者感受到自由的精神，唤醒他们内心的希望，让他们不断感受到自身存在的价值"。这完全满足了惠特曼对所有诗歌本应存在的目标，也就是说——让一个人能够"有着充沛的活力与正直的品格，具有宗教精神，拥有良好的心灵，并对社会改革有着比较激进的看法"。他有着优秀老师所具有的那种天然教条主义，他始终对个人、各州以及美国对世界所应该产生的作用是持正面态度的。他对这些观点所具有的价值的看法，很容易受到一些人对他是否具有一名合格诗人所具有的技术性能力的质疑而受到影响。我们甚至可以像他的朋友约翰·巴勒斯后来承认

---

[1] 请将华兹华斯的这句话与惠特曼在人生晚年与W.R. 泰勒说的这句话进行对比："我从来都不认为我所创作的诗歌是要传递出什么教育别人的东西。在我看来，诗歌只是一匹让别人来骑的马。"

"这是一个严重的错误①"。我们可能会承认一点，当惠特曼拥有广泛的名声之后，就会像布朗宁一样，必须要忍受名声所带来的各种痛苦——这都是因为他在艺术创作中所存在的缺陷。"无论我的朋友是否承认这点，"惠特曼曾经坦诚地说，"我都深知无论是在形象化描述、戏剧性的场景，特别是言语上的韵律以及所有创作诗歌的常规方式，当代的很多作品都已经超过了很多读者的阅读需求，甚至要比我之前所创作的作品领先十多年。"但是，他从来都没有坦诚自己在文学创作方面上的缺陷，也从来没有承认自己在个人品格方面的缺点，他从来都不认为自己在这两方面的缺陷，会影响到他在创作时对民主精神方面的基本观点。他已经为追求个人品格、友情以及世界大同指明了一条前进的道路。如果惠特曼真的没有更好待人接

① "只有坚决不妥协的宗教目标才能为惠特曼在《草叶集》里的诗歌正名。只有最具活力且最为宽泛的精神主义才能压制物质主义的盛行。只有最具创造性的想象力才能够抵消强大的现实主义倾向。只有彼此间的兄弟情义才能缓解盛行的美国主义。只有当诗歌散发出最为原始的精神时，才能对目前已经落入窠臼的诗歌创作带来改变。在我们看来，现在的这一切都是那么的平凡与熟悉，但却是不少人为之付出与努力的结果……温馨的家庭生活、炉边谈话以及幸福美满的家庭生活，这些都是他所追求的。我们可以从其他诗人身上所找寻到的爱意，在他身上却始终无法找到。那些田园诗歌里所谈到的悠闲或是爱意，也无法在他身上找到。个人的选择，那些具有浪漫主义的情感，艺术的魅力以及对形式的追求，这些都不是他在创作的时候所要考虑的。在他看来，宇宙的精神应该取代狭隘的田园诗歌，那些勇敢创新的精神应该取代那些无病呻吟的情情爱爱。爱国主义精神应该取代那些寻常的情感。仁慈应该取代虔诚，对人类的爱意应该取代对邻居的爱意。诗人与艺术家都应该被预言家与先知们所取代。"——出自约翰·巴勒斯所著的《沃尔特·惠特曼的研究》，1896年在波士顿出版。

298

物的美德或是无法创作出读者所期望的诗歌，那又有什么关系呢？

很多人都知道，当一个人迷失在森林里时会有什么样的感觉。面临这样的困境，一些人可能会有着不同的表现方式。一些人会大哭，一些人则会咒骂着命运的不公，一些人则会坐在一块木头上，吹着口哨，还有一些人会努力找寻一些参照物，寻求回到原先的道路上。就在此时，他听到了一个头发蓬乱的人在树林的灌木丛中走了出来，大声地说："我们不会有什么危险了，这里有一片空地！"面对这样的情景，总是会有一些内心脆弱的远足者说："那个人的声音实在太刺耳了，他的声音让我感到紧张。他所说的话实在是太粗俗了。他甚至都没有打上领结！他的额头上一直在出汗。我认为他之前已经将他的裤子脱下来了。"

与此类似的，惠特曼所发出浑厚且真诚的声音，就是在引领着我们这样一群迷失在仇恨、种族偏见且经济不平等与社会不公的歧途中走出来："我们没有危险了！不远处就有一片空地！在那里，我们能够感受到内心的平静与善意，能够找到一条康庄大道。"那些惠特曼的天生追随者，在听到了他的声音之后，就会再次背起行囊，准备跟着他们的指引者一道出发，而不会管此人的名声在大众的眼中是多么的不堪。他们会说："不要在意他身上那些破烂的衣服，抬起你的双眼，振奋你的心灵，努力朝着那片空地前进吧。"

显然，对这些读者而言，惠特曼绝不是一位单纯的作家。对他们来说，无论惠特曼创作诗歌还是散文，相比于惠特曼在这些作品中所提出的问题，是否要表达宏大的理想，这些根本都是不值一提的。要是人们想按照学院派那种方式去对他的创作方式进行评判，这就好比对圣保罗给罗马所写的使徒书上出现的松散句法进行批判一样。对这些读者来说，惠特曼已经不单纯是一位吟游诗人了，一位创作出很多为世人引用且阅读诗歌的作家，而是一位具有伦理力量的人，一个具有重新推动变革的人，一个在精神层面的开拓者，将他们带到一个全新的世界里。难怪，他们对惠特曼狂热的忠诚感，让他们忽视了所有文学创作的形式，对惠特曼的赞美达到了一个非常高的程度，将他推到了与但丁并列的地步。

像我这样的人，在过去 25 年里阅读着惠特曼的作品，必然会产生这样的情感。在某些情感当中——这些情感也许是最高尚与最真实的人类怜悯心——将惠特曼当成一名预言家与先知。但是，对于其他喜欢与书籍成为朋友的人来说，他们也会产生类似熟悉的感觉。他们会说，不要在乎惠特曼的诗歌所表现出来的形式，而要在乎这些诗歌所传递出来的美感，认为这些诗歌能够超越这个时代，并能够进入永恒。就在不久前，当我整理有关报道惠特曼的报纸与杂志，我发现一份剪报落在了地上。我捡起这份剪报，看到了剪报背面印刷着约翰·济慈 ① 所创作的《致秋天》。这首诗歌是约翰·济慈在惠特曼出生的那一年九月的一个周日创作的。我情不自禁地低声念起了这首诗歌，立即能够感受到这首诗歌所表现出的那种完美情感，在形式上也是无懈可击的。接着，我就问自己："为什么济慈这样一首诗歌——虽然没有表达出强烈的伦理观念思想——却依然会流芳百世。为什么我们就不能说惠特曼的诗歌流芳百世呢？"

我认为，要想回答这个问题，就必须要承认这样一个不容

---

①约翰·济慈（John Keats, 1795—1821），英国著名浪漫派诗人，代表作：《恩底弥翁》《致秋天》等。

忽视的事实，即约翰·济慈是一名更加优秀的艺术家。在济慈的手上，真理与美感都能以完美的形式结合起来，让读者每次阅读的时候都能感受到。相比之下，惠特曼也是具有一定文学天赋的人，并在想象领域内想要超越济慈，但他对诗歌表达的已有工具，显然不如济慈掌握得那么娴熟与完美。除此之外，惠特曼想要创作出全新的诗歌形式，也必须要经过时间的检验。

在长达50年的时间里，惠特曼当年所创作的新诗歌应该是充分接受了时间的洗礼。但是，我们似乎看到了惠特曼很多诗歌都难逃被人遗忘的后果。拜伦、华兹华斯、莫尔与骚塞等人都创作出了数百首比较平凡的诗歌，但是这些诗歌汇聚起来，则变成了一个正式的诗歌结构。但是，现在已经没有人将这些东西称为诗歌了。惠特曼的《草叶集》之所以那么的不受广大读者的待见，其实并不是因为他在诗歌里所写的内容，而是在于惠特曼没有以较好的方式使之变成传统常规的诗歌形式。一个鲜明的缺陷，就是惠特曼没有将这些诗歌的素材以完美的形式去表达他的想象。在经过了一个诗人创造性的想象之后，这往往会出现一个结构性的改变，就好比生铁变成钢铁一样。但在惠特曼的《草叶集》上，这样的改变却始终都没有出现[1]。有时，这并不单纯是想象力方面的问题，而是因为缺乏某种思想。"从阿克赫斯特先生那

---

[1] "他在文学形式创新方面做出了一定的贡献，极大地拓展了诗歌在可描述性方面的空间，但他一直在等待的结构性改变却始终都没有出现。可以说，他的诗歌要比与他同时代的其他诗人的诗歌更加优秀，但是因为缺乏固定的形式与稳定性，必然无法将他与其他诗人进行对比。"——出自埃德蒙德·古斯《奇巧的文学评判》，1896年出版。

里了解所有昆虫的名称，然后再将一些适合的思想串联起来。"这是惠特曼写在笔记本上关于创作诗歌的一条法则。但是，当我们在阅读《草叶集》一页页的内容时，就会发现这些昆虫名称的确是很容易找到，但是"适合的思想"都没有表达出来。与很多神秘主义者一样，惠特曼就像被很多现象所催眠了，虽然他始终相信这些所谓的现象不过是一些无形世界的象征。对于这样的人来说，当他们想要去尝试进行文学方面的创作，就很容易去陷入那些现实主义者所犯下的典型错误。他们急于去表现出与他们想要表达的内容的事实，却忽视了一些本质的东西。即便是在1851年布鲁克林的艺术演说里，惠特曼也曾陷入了将自然与艺术混为一谈——这一自古以来就存在的"异端邪说"。在惠特曼早年的日记本里有一段话，就表现了他遭遇这一困境的根源："我的眼睛怎么能够将盛开的荞麦田野与可见的其他事物区分开来呢？除了我所见到的一切事物之外，我还应该对人生有着怎样的期望呢？"

事实就是如此啊！当华兹华斯用内心的双眼去观察盛开的水仙花时，他的内心知道这是怎样一种感受。惠特曼所谈到的"除了我所见到的一切事物之外"，事实上就代表着《草叶集》里那些容易消逝的部分。《草叶集》里面所传递出来的品位差异以及比例不当，这些都是我们很容易在浪漫主义作家身上找到的。有时，这会表现得非常膨胀，似乎在不断地蔓延。有时，这则是以矫揉造作或是庸俗的方式呈现出来。比如惠斯勒的作品里就表现出一种虚荣心，拜伦的一些押韵的演说则根本不会注重什么韵律。雨果所谈到的人道主义理论似乎也没有展现出持续的力量。当拜伦与雨果的想象力都处于最强大的时候，那么所有这些错误就会像被洪水冲刷了一遍，只是翻滚河水上面的泡沫而已。但对惠特曼来说，这些可见的事物经常会遏制住想象的洪流。在这条想象的洪流上有太多的木头了，那些观察者与描述者对于诗人来说实在是太多了。惠特曼所使用的胶合性或是目录方法，并不是为了进行分类，而是为了更好地展现出那些不被读者所注意的事物。很多时候，惠特曼就像一位特等列车上的司机，他的名字会让人联想起这样的名字——比如马伏里奥①、马尼托巴②、马齐尼③、满洲里④、玛利亚等。但是，不管这些具有音乐节奏的名字会激发出我们多么强烈的情感，都无法让这列火车行进起来。《草叶集》展现的庞大建筑性结构都会慢慢地让读者明白一点，即惠特曼之所以要以这样的结构方式进行创作，并不是因为他可以追求的，而是因为他与傅里叶、斯文登伯格以及其他思想体系者一样，都将自己的很多理论承包给了那些理论家。讲究体系的时代已经过去了，民主思潮会改变文学创作的形式与意义，整个世界的面貌也会随之发生改变。但是，诸如约翰·济慈的《致秋天》，虽然只是一时兴致所创作的，但是他对九月下午所蕴藏的秘密精神，却依然像古希腊瓮那样，代表着一种永恒不变的美感。

对惠特曼而言，虽然他的作品融合了太多这样的元素，削弱了他想要表达纯粹的诗歌美感以及让这些诗歌获得永恒的可能性。但在

①马伏里奥（Malvolio），莎士比亚剧作《第十二夜》中的人物，剧中奥利维亚的官家。
②马尼托巴（Manitoba），加拿大的一个省。
③马齐尼（Mazzini），意大利政治家。
④满洲里（Manchuria），曾指中国的东北三省全境。

我看来，正是这样的做法，才让他的作品有可能成为永恒。惠特曼的作品会流传下来，并不是因为他在某一句诗句里阐述了完美的事物，而是因为他有着广阔的想象力，有着连续去表达个人思想的神奇能力，还有他在面对一些永恒现实时所表现出来的尊严。可以说，惠特曼是自华兹华斯以来，最具原创能力与暗示性能力的诗人。与华兹华斯一样，他始终将目光专注于自然界里那些伟大且永恒的事物，感受人类最为原始的情感。就他的全部作品而言，我们可以这样说："这就像一个悬挂在我们头上的天空。"这就像一个无比宽阔的地平线，水流慢慢地流向深处，在田野与城市里劳作的人在欢歌笑语，征服着他们之前所无法征服的事物。在这里，读者能够感受到白天与黑夜的持续变换，嗅到丁香花开时的芳香，感受到丰收的喜悦。惠特曼对童年时光的无限眷恋，成年时期的尊严以及老年的平静沉稳，都从他的作品里可以感受得到。正如他的这句诗歌一样：

黑暗这位母亲，始终迈着轻悄悄的脚步走到我身边。

在惠特曼看来，这代表着无限存在发出的低声细语。

惠特曼对事物的那种原始且本质的感受，是很少有人能够做到的。他尽最大的努力表达出这些想法，只有这个世界上那些最为伟大的诗人才能与之相比。当人们去评价一位诗人时，数量并不能说明什么。因为各种原因，惠特曼的作品受众面一直局限在那些具有智慧与道德勇气的人，他们能够理解惠特曼的用意，并愿意耗费心力去加以理解。但在一百年、甚或五百年后，可以说没有比惠特曼的诗歌更加适合当代人阅读的了。

附录

《沃尔特·惠特曼传》出版拾遗

　　第一版本的前言，第30句话。埃姆斯先生希望我能够说出一点，他的朋友沃尔特是第一个告诉他这一有趣对应的人。

　　第9页第8句话。我在这里只是粗略地一笔带过他们的童年。无论是乔治·惠特曼还是杰夫·惠特曼后来都变成了对社会有用的正直之人。艾米·哈斯勒姆·道伊小姐的阿姨嫁给了乔治·惠特曼。她非常大度地允许我引述一封她写给我的私人信件（这是1907年7月9日她寄给我的）。在这封信里，她这样描述惠特曼的兄弟们：

　　我母亲的姐姐路易莎·哈斯勒姆嫁给了乔治·惠特曼上校。我会跟你详细地说说他的情况——因为没有谁比我更加爱他且对他更加了解了。除此之外，我还要告诉你有关杰夫的事情。虽然我从未亲眼见过杰夫，但我与他的女儿杰西非常要好，她仍居住在圣路易斯。因此，我希望引述《工程联合会期刊》上的一段话来进行说明：

1867 年 5 月，我接受了在圣路易莎防水工程项目担任首席工程师的职位。正是在他与他的老朋友——前任首席工程师詹姆斯·P.科克伍德担任顾问工程师——的认真监督下，这个防水工程顺利地完工了。

　　这个防水工程项目在 1871 年 6 月竣工并且投入使用。在此基础上，增加了一些设备与机组，为我们整座城市服务了大约二十多年。直到今天，这仍是阿利根尼山脉以西所有大城市里最为实用的防水工程。我们完全可以说，这个防水工程项目就是他人生的一座丰碑。

　　我们都知道，他是一位非常有能力、心思缜密且有良知的工程师，他完全按照蓝图去完成这座防水工程的建设。他的行为就像垂直的铅锤那样耿直，他也将这样的精神投入到工作与水库的建设上。

　　现在，让我转而去谈谈我的舅舅乔治·惠特曼吧。关于他，我能够提供最为真实的信息。

　　内战爆发的时候，他主动应征入伍，一开始是列兵，之后完全凭借作战勇敢而晋升为上校。1864 年 10 月 9 日出版的《纽约时报》就刊登着一篇题目为《五十一名纽约市的老兵》的文章。这篇文章写道："在皮特斯堡接下来的战役里，指挥权慢慢落入了乔治·W.惠特曼上尉手中，他在之后的军方报告里还被特别点名表扬。他在这场战役里表现出了一名士兵的果敢与勇气。"我知道，我的舅舅就曾因为作战勇敢，而受到了布鲁克林民众赠予的一把宝剑。

　　但是，我的舅舅并不单纯是拥有勇敢的蛮力，他具有更强大的道德力量。内战结束之后，他就进入了纽约市工程都市委员会，担任管道巡视员，需要经常与其他城市的承包商打交道。这些管道承包的合同经常会被分派给不同的铸造厂，舅舅经常需要从一个地方前往另一个地方进行巡视。他所担任的职位原本让他有许多机会收受贿赂，而且很多铸造厂老板都想要贿赂他数千美元，从而承包一些工程，但都被他拒绝了。那些想要贿赂我舅舅的人没有得逞。我的舅舅是一位绝对无法用金钱收买的人，这在防水工程系统内都是出了名的。当他的年龄渐渐大了，一再表示要辞职的时候，防水工程委员会一再挽留他，希望他能够继续留下来工作，虽然他此时已经无法亲自去巡视一些工程了。但是每根管道上都刻着"G. W. W"的大写字母，这充分证明了他是一位无比诚实且追求完美品格的人。

佩里先生，你还会对我关于你在第九页里所谈到的："除了沃尔特之外，其余的孩子都没有在智慧或是道德活力上表现出什么过人之处"这段话提出异议有什么不解的吗？

除此之外，我还要对你在书中将乔治·惠特曼说成是"阴沉的"感到不满。乔治·惠特曼可以说是一个喜欢安静的人，但他绝不是一个阴沉的人。

我的舅舅乔治·惠特曼是我见过最为安静的人。他喜欢独处，或者说只喜欢与一两位他认为是亲密兄弟的人一起聊天，这就好比他的哥哥沃尔特·惠特曼喜欢研究人性一样。乔治舅舅很少说话，但是当他说话的时候，总是会让人感受到一股善意。当我还是一个小孩子的时候，就经常与舅舅和舅妈在一起，虽然我当时经常玩恶作剧，但是舅舅却从来都不会责骂我。随着我慢慢长大，我发现舅舅从来都不会反对我想要做的事情，但是他也不希望我做事半途而废。除此之外，关于我舅舅与舅妈之间的婚姻，可以说这是我见过最为理想的婚姻了。

虽然我絮絮叨叨说了这么一大段话，但我还是想指出你在第244页上出现的一个小错误。我的舅舅与舅妈只有一个孩子沃尔特，但是他在八个月的时候就夭折了。

当我看到你谈到了"沃尔特舅舅"搬到米克尔大街的内容时，我还有一些话要说。惠特曼上校非常喜欢乡村，因此就在新泽西州的伯林顿教区建造了一间宽敞的房子，这栋房子的面积要比他想象中更大，因此他们想让"沃尔特舅舅"也搬过来居住。让他们感到惊讶的是，当他们准备搬到新屋的时候，"沃尔特舅舅"第一次表示（我始终都记得这点），他不愿意与乔治一起过去那里居住。当时，乔治舅舅就表示希望能够为他的哥哥在附近建造一间较小的房子，但是沃尔特舅舅也没有同意。沃尔特舅舅表示希望能够继续居住在城镇，结果他这样做了。可以说，沃尔特舅舅居住在米克尔大街的唯一目的——就我看来——就是为了让世人看到他们一直想要看到的景象——那就是一个处于贫穷状态下的诗人！

沃尔特舅舅不愿意与乔治舅舅与舅妈一起到乡村居住的事实，根本不能表明他们之间存在任何不和的关系。乔治始终非常友善地对待沃尔特，舅妈也经常会前去看望沃尔特舅舅，为他带去一些生活用品，甚至还亲自为沃尔特舅舅缝制衣服。无论是乔治·惠特曼还是杰夫·惠特曼，都不愿意看到沃尔特深陷贫穷的生活当中。当沃尔特舅舅得到什么东西的时候，他总是非常大度地送给别人。每当我前去看望他的时候，他的第一个想法就是给予我他所能给予我的一切东西。因此，我现在还有他从很多文稿与书籍里抽出来送给我的一本诗集，他还帮我在这本诗集上签了名。

沃尔特舅舅接受他的朋友送来的钱，就像一个小孩子那样来者不拒，从来没有想过这样做有什么不对的地方。

第 27 页。夏洛特·E.摩根在《哥伦比亚大学的英语系毕业生记录》上，就指出了《哥伦比亚杂志》出版了四张惠特曼在 1844 年的描摹画：分别是埃利斯在三月份画的《精神的记录》，邓普·凯特在 5 月份画的《尘世死亡的故事》、9 月份画的《一辆轻便雪橇》以及在 10 月份画的《孩子与放浪者》。除了《一辆轻便雪橇》之外，其余的三幅画都刊登在布鲁克林《鹰报》上。摩根夫人还创作了两首诗，分别是《每个人都有各自的悲伤》与《骄傲的惩罚》，这两首诗都刊登在 1841 年的《新世纪》杂志上。

第 35 页，第九行。夏洛特·E.摩根夫人发现他在《百老汇期刊》上发表的文章题目是《艺术在歌唱，心灵在歌唱》，这出现在 1845 年 11 月 29 日周六出版的期刊上。

第 43 页，第 19 行。乔治·R.卡朋特教授非常友善地告诉我，惠特曼在《新月报》上发表的作品第一次是在 1848 年 3 月 6 日刊登的，他是在 1848 年 5 月 26 日离开新奥尔良的。

第 44 页，第 25 行。在出版时，这段话是这样写的："他对其中一些句子感到困扰，他对古希腊文学的一些段落的熟悉程度加深了他内心的不安。他给惠特曼写信表达自己的关切之情，惠特曼则对于他所遭受到的误解感到震惊。"我认为，那些段落的确是很容易给人一种错误的印象，让人无法理解创作者本身的动机。

第 78 页，第 14 行。劳伦斯·梅纳德先生告诉我，从《沃尔特·惠特曼》的题目改为《自己之歌》，只有在第十七版本里才出现，而不是我一开始所说的第三个版本。

第 124 页，第 4 行。在初版里，用"微薄的收入"代替了"略有存款"。当时，我不知道惠特曼的存款才只有两百美元而已。这就是所谓的"帕顿事件"。我所陈述的内容，都是已经去世的 E. C. 斯特德曼告诉我的，他是这两个人的朋友，他曾耗费了许多心力去证实这个事实。但是，直到第一版出版之后，我才意识到这个小小的问题引发了很多人的讨论。从那之后，很多关于这方面的文件都送到我的手上。谴责惠特曼为人不诚实或是城府太深，这些都绝对不是我的本意。我只是阐述了一个关于惠特曼的简单例子——就像戈德史密斯与其他很多受人尊敬的文人一样——喜欢借钱，却在还款日到来的时候手头上没有钱。至少，我们可以找到惠特曼无法准时还钱的真实例子。惠特曼的性格特点，会让他说服自己认为这些别人送给他的东西，都是得到了帕顿先生的允许，能够抵销他的债务。他在一封写给奥康纳的信件里就曾对这样的交易做出了解释（现在，这封信落入了赫拉斯·特劳贝尔手上），这封信里还附上了一张安家费的票据，这显然是帕顿的朋友与律师戴尔给他的。至少，一些看过这封信的人是这样跟我说的，因为我不被允许看这封信。另一方面，我可以从帕顿一家那里找到很多书面证据，说明惠特曼欠下帕顿一家的债务直到帕顿先生去世的时候都没有归还。帕顿先生在 1891 年去世。虽然我可以从很多相互矛盾的证据中筛选出来一些证据，但这些证据似乎都只能证明帕顿与惠特曼这两人的诚实性。我们还应该说明一点，随着惠特曼的年龄越来越大，他在金钱方面也表现的越发谨慎。即便是在他贫穷生活的时候，似乎都愿意将自己的钱包拿给别人去用。在此，我们可以比较一下道伊小姐在那封信所谈到的"他就像一个小孩子那样对别人给予的钱来者不拒，从来没有想过这样做有什么不对的地方"。

第135页，第6行。初版里的"阴沉的"应该换成"沉默的"，详细情况可以参看上文引述的道伊小姐的那封信件。

第244页，第9行。乔治夫妇的这个孩子在八个月的时候就夭折了，这也是他们唯一的孩子。

第245页，第26行。我修改了初版里对作为管家达维斯夫人的严厉批评。告诉我这方面信息的人都是女性。不过，其中一位是达维斯夫人的朋友伊丽莎白·凯勒，她一直照顾惠特曼到他人生的最后一刻。她写信跟我说，我在初版里对达维斯夫人的批评是不公平的。我在书中详细地描述了"花边领"，这给当时拜访惠特曼的一些人留下了深刻的印象。因此，我想引用凯勒夫人寄来的这封有趣信件的部分内容：

当我前去照顾他的时候，他有六件很旧的衬衫，这些都是达维斯夫人几年前制作的。这些衬衫都是用原色棉布做的。其中一个衣领与袖口上都还有一些花边。当惠特曼最后一次出现在纽约市的时候，他就是穿着这件衬衫。第二天，《纽约先锋报》就用非常有趣的话语来对此进行了评价。当我前去照顾惠特曼的时候，达维斯夫人给惠特曼做的那些陈旧衬衫还在那里，这些衬衫都是经过一番缝补的。之后，达维斯夫人还为他另外做了三件衬衫，这些都是她自掏腰包购买布料的。

第271页，第3行。在初版里，这段话是这样的，"很多朋友都从他们原本不高的收入中拿出一些钱来帮助他——因为他的弟弟乔治·惠特曼不愿意帮助他——这是让人感到非常惊讶的"。在这段话里，"帮助"一词是很容易引起人们误解的，因为惠特曼当时并不缺乏基本的生活用品。但是，他的确需要管家的一些帮忙，从而让他能够过得更加舒适一些。来自费城的托马斯·哈内德先生就是惠特曼其中的一位遗稿执行人，他在1906年12月22日给我写了下面这封信，阐述了相关的问题：

上述的论述是不准确且容易让人误解的。无论在任何时候，都没有人每周给惠特曼一些金钱上的资助。就我所能看到的过去40年关于惠特曼的个人信息来看，我是可以保证的。他始终都过着自力更生的生活，但很多证据都表明，他经常拿出一笔钱来养活他的母亲以及其他的家庭成员。不管他的收入多么微薄，他总是会想办法在这样的基础之上满足日常开支。他的弟弟乔治绝对不是"不愿意帮助他"，事实上，是惠特曼从来没有寻求过乔治的帮忙。在惠特曼去世前的三年里，他的身体已经很糟糕了，我们都认为他大限将至，于是我们就给当时居住在加拿大的巴克博士发去电报。当惠特曼从这次疾病中缓过来之后，巴克博士对我与特劳贝尔说，非常有必要为惠特曼请一位专业护士。在那个时候，我们知道惠特曼在银行里有存款，也知道他想用这笔钱来做什么。我们还知道惠特曼当时的身体状况要是能够多加照顾的话，还是能够继续活一些年的，倘若真是如此的话，那么额外的开销将会不菲。惠特曼当时的存款根本不足以让他支付那样的开支。我们最后凭借巧妙的劝说，才最终让他接受了这样的做法。他当时用反对的口吻说，这样做是毫无必要的，他宁愿顺其自然地接受死亡。在他人生的最后 3 年时间里，他的很多朋友都为此筹集了一些钱，专门用于护理他。在日常生活开支方面，他仍然是自力更生的。在他人生的最后三年时间里，我们请来了一些专业护士，有时也会请一些白班护士与夜班护士前来照顾他。可以说，惠特曼得到了无微不至的照顾——这样的照顾显然是延长了他的寿命。这笔资金就是惠特曼在英国与美国的一些朋友所捐助的。我从来不认为捐助惠特曼的这些朋友是"收入微薄的"。在一段时间里，我是惠特曼这笔资金的保管人，之后特劳贝尔负责这笔钱。我们都将捐助人的名字列出一个名单，这个名单里包括当时享誉世界的一些名人的名字，其中一些人捐助的钱还不少。这些人都显得非常慷慨。正如我之前所说的，这笔钱都是仅仅用于照顾惠特曼这一目的。

关于惠特曼在哈利公墓的墓地，可以说这是惠特曼被公墓管理人强迫性购买的。一位石匠前来拜访惠特曼，对惠特曼说他可以为他建造一个只需要几百美元的墓地，获得了惠特曼的同意。在惠特曼去世前，他却收到了昂贵的墓地造价单。我知道在这件事情上，他是受到了利用。我负责这件事情之后，让他免于在人生的最后时刻感到焦虑。关于墓地的事情，我认为不需要就此做出任何声明。这样做只是为了免于很多人对惠特曼为什么要花这么多钱为自己建造墓地所引发的质疑。他建造的这块墓地不仅是为他自己的，而且也是为他的家人。他的母亲、父亲与兄弟们都埋葬在这里。

关于惠特曼去世前在银行的存款问题，我认为可以说所有人都认为他那个时候应该是身无分文的。但是，真正的情况其实与此是刚好相反的，他本人以及他的朋友始终都公开承认这点。众所周知，惠特曼在卡姆登拥有房子，可以获得一些版税以及从英格索尔上校等朋友那里获得一些资助。在惠特曼发表《文学的自由》演说时，英格索尔上校就给了他一笔钱。正如上文所提到的，惠特曼并没有那么庞大的一笔钱可以让他去购买墓地。他的确想过要攒下一些钱，为他那位精神失常的弟弟艾迪提供基本的生活需求，此时的艾迪在精神病院已经住了好几年。惠特曼会将自己一半的收入用于弟弟身上，他最大的愿望就是希望弟弟能够在精神病院里安心治疗。如果你认真阅读惠特曼的遗嘱，就会发现他将这笔钱用于这个目的。那个时候，惠特曼认为艾迪还有很多年可活，但是他在惠特曼去世一两年之后去世了，因此这笔钱就落入艾迪的后代手里。在你出版这本书之前，我没有及时向你解释这些事情，感到非常遗憾。在我谈了上面这些事情的原委之后，你肯定也会发现你在书中的一些论述是非常错误的。

虽然惠特曼的遗稿执行人对此表示质疑，但我认为有必要加入这段话。在1907年的时候，依然还活着的几位惠特曼遗稿执行人向我肯定一点，他们对惠特曼当时拥有那么多钱感到"非常惊讶"。

第 278 页，第 24 行。在初版里，这段话是这样写的："他们都歌颂父亲的伟大，但他们却又遗弃了自己的孩子。难怪这两人都进行了深刻的忏悔，因为他们两人天生都是心地善良的人。"惠特曼的几位崇拜者，特别是劳伦斯·梅纳德与威克塞尔博士，都要求我修改"遗弃"这个字眼，他们给出的理由是，我们对一些准确的事实依然是一无所知。我同意他们提出的这些善意批评，认为使用更加准确的语言是应该的。那些研究卢梭作品的人可能会将这样的有趣对比推向极致。弗雷德里卡·麦克唐纳（《让·雅克·卢梭》一书的作者，1906 年该书在伦敦出版）与朱尔斯·拉马丁（《让·雅克·卢梭》一书的作者，1907 年该书在巴黎出版），都对爱德华·罗德在 1907 年 5 月 1 日发表在《两个世界月刊》上的书评进行了比较。他们认为，卢梭将自己的孩子送到福利院，这是因为他所产生的一种幻觉。事实上，卢梭根本没有孩子可以送到福利院。惠特曼的一些朋友依然认为，惠特曼在写给西蒙德斯的信件以及他对遗稿执行人的一些话，都是基于类似的幻觉。虽然我本人并不赞同这样的观点，但是日后研究惠特曼的学者可以继续进行深入的研究。在此，我想要引述惠特曼一位著名崇拜者最近写给我一封信的一段话："我不相信那些所谓的'孩子'事情。当然，我所给出的理由与某某人提出的理由是完全相反的。沃尔特·惠特曼内心的真正想法是非常有趣的。我认为其中的关键可以说是因为他们的无知，或是源于他们对惠特曼本性的妄自猜测。但是，关于他的事实（最为真实的事实）也许是那些阅读他作品的人所无法理解的。"关于这方面，可以比较拉马丁所著的《让·雅克·卢梭》一书的第 59 页。

《草叶集》的创作背景和经历

　　1888 年 7 月 21 日，爱默生在读了《草叶集》之后写给惠特曼的信中说："我祝贺你在开始一桩伟大的事业，这无疑是从一个长远的背景出发的。"这个"背景"究竟有多"长远"？这是历来批评家们讨论的一个问题，值得我们在概念上弄清楚。

　　首先，我们还是从爱默生本人的意思来看。他在那封信中感谢《草叶集》满足了他"经常对那个看似贫瘠而吝啬的大自然提出的要求，这个大自然使得我们西方的智慧变得迟钝而鄙吝了"。这里的"西方"显然是指西半球，也就是主要指美国，而那个"看似贫瘠而鄙吝的大自然"则只能令人联想到美国文化尤其诗歌界了。原来美国直到 19 世纪上半叶，在文学上仍主要从属于英国，还没有建立起来本民族的与合众国相适应的民主主义文学。从 19 世纪 30 年代开始，以爱默生为首的美国超验主义者提倡个性解放、主张打破神学和外国教条主义的束缚，给了浪漫主义以新的血液，至 19 世纪 50 年代乃出现了初步繁荣。爱默生的《代表人物》（1850），霍桑的《红字》（1850）和《七个尖角阁的老宅》

（1851），梅尔维尔的《鲸》（1851）和《皮埃尔》（1851），以及梭罗的《瓦尔登湖》（1854），在几年内相继问世，但其中没有一本是诗歌。这说明诗歌领域中，因循守旧的传统势力，以朗费罗、罗威尔、霍尔姆斯为代表的学院派诗风，其影响十分顽强，不容易产生从内容到形式都冲破英国诗歌樊篱的作品。虽然朗费罗也很早呼吁建立美国民族自己的诗歌，可是按照爱默生的标准，以民主新时代的精神来衡量，他还是属于旧世界，还不是历史使命所要求的那种美国诗人。何况，如海明威后来在《非洲的青山》（1935）中形容的，连爱默生、霍桑等人也还"像是从英国流亡出来殖民地居民，从一个与他们无关的英国流亡到一个正在创建的新的英国"，"他们都是绅士，或者相当绅士"呢！

　　不过爱默生多年以来一直在内心呼唤着一位能够唱出自己的歌的美国诗人。1842 年 3 月 5 日他在百老汇纽约图书馆发表《论诗人》这一著名演讲时便断然指出："谁要怀疑美国是否出现自己的诗人，就等于怀疑白天和黑夜。"他不知道当时坐在那里听讲的就有那个 13 年后出版那本真正"美国型"诗歌《草叶集》的、他称之为"熟练印刷工"的惠特曼。是的，当他第一次读到《草叶集》时，他从中发现了他心目中向往已久的那位诗人——"唱出自己的歌"的美国诗人，这显然不是指作者个人生活、思想的经历，而是指的他的时代和国家的历史要求，指的诗人要表现其时代和国家的历史使命。因此，詹姆斯·密勒教授指出：《草叶集》初版序言宣告了美国文学的独立，它的背景也就是美国文学独立斗争的历史。也许，爱默生还意识到了，这个"背景"是同他自己在美国文学发展中的作用分不开的，因为《草叶集》和它的初版序言明显体现了超验主义对其作者的启发，以致纽约《论坛》的编辑查尔斯·A. 达纳第一眼就从这位"无名诗人"身上认出了爱默生、奥尔科特和其他超验主义"灵魂预言家"的一个畸形产儿。

再说惠特曼个人，这位1849年以前只在布鲁克林和纽约报刊发表"三流诗歌"、伤感小说和说教小品的新闻编辑和政党斗争基层活跃分子，怎么会忽然写出《草叶集》这样的诗集来呢？这里面当然也有个"背景"问题，我们除了从他前半生的经历去寻找答案外，更重要的是听诗人自己的说明，尽管那是他直到晚年才做出的交代。

惠特曼在《回顾过去走过的道路》（1888）中写道："我没有赢得我所处的这个时代的承认，乃退而转向对于未来的心爱的梦想。"接着又说："经过矢志不渝的个人雄图和努力之后，作为一个年轻小伙子与旁人一道进入包括政治、文学等方面通常有奖的竞赛，并为那些理想而追求和斗争多年后，我发现自己在31岁到33岁时仍然醉心于一个特别的愿望和信念……这就是要发愤以文学或诗的形式，将我的身体的、情感的、道德的、理智的、审美的个性，坚定不移地、清楚地说出和忠实地表现出来。"诗人在这里既概括了自己30岁以前的坎坷经历，又阐明了30岁以后的雄心，即以诗歌表现自己的"个性"，这当然与从前那些直接干预社会乃至配合政治斗争的文学诸如说教、警世、讽喻性的作品不同。或者说，尽管最终的目的依旧，但途径则完全变了。关于这个新的途径，惠特曼在另一处说得更清楚："在我的事业和探索（我怎样才能最好地表现我自己的特殊时代和环境、美国、民主呢？）积极形式的时候，我就看到，那个提供答案的主干和中心必然是一个彼此同一的肉体与灵魂，一个个性——这个个性，我经过多次考虑和深思之后，审慎地断定应当是我自己——的确，不能是任何别的一个。"

从客观世界的观察，社会理想的追求，特别是从政治斗争的实践中回过头来，回到诗人认为是一切之"中心"的个性，回到这个个性的代表者"我自己"，而写"我自己"又是为了"最好地表现我自己的特殊时代和环境、美国、民主"。这便是惠特曼总结了过去30年的经验，吸收了近几年在哲学、文学乃至科学领域中探索的心得之后，主观而又明确地提出的自己文学事业的纲领，即后来整部《草叶集》所体现的主旨和基本内容，当然也就是这本诗集诞生的个人背景。

应当指出，《草叶集》的写作既是惠特曼一生事业中一个重大的转折，也经历了一个相当的酝酿时期，即他自己所说的"准备与充实"时期。从1850到1855年，他没有发表任何新的诗作，只写了大量的读书笔记，包括在英国《北不列颠评论》《爱丁堡杂志》《威斯敏斯特评论》等报刊的边沿上写下的批注在内。这些笔记和批注，如K. M. 普赖斯教授在他的《惠特曼与传统》中说的，证明了诗人在《草叶集》中展示的那种"独创性艺术造诣"部分地归功于他在"40年代和50年代早期所吸收的种种营养"。但是，由于惠特曼在《草叶集》初版及其序言中却完全以一个"粗人"和反传统的形象出现，加之这部诗集的形式和内容都新颖到令人惊骇的程度，批评家们便不从它的背景来理解其诞生的由来，而认为是诗人身上产生的一次"突变"或奇迹。他们中间许多人从一开始，尤其是到惠特曼逝世以后，对这个问题进行了广泛深入的调查研究，提出了种种不同的看法，其中主要的有三种：

一是"天启"说，它从一种类似顿悟的带有宗教意识和神秘主义色彩的观点来解释，说惠特曼突然变成了"巨人"，犹如释迦牟尼、圣保罗和穆罕默德那样，受到了宇宙间那个"至高主宰"的启迪，赋有一种"宇宙意识"的功能，从而可以看见物象背后那个"精神实体"，等等。诗人晚年的好友巴克博士甚至指出惠特曼是1853年6月，即他进入35岁时获得这种"天启"的，并引用《草叶集》出版中一些描写诗人的"恍惚"神态的节段来加以证实。这一理论与惠特曼哲学思想中的神秘主义成分有关，主要为历来的惠特曼崇拜者所尊奉，但也有一定影响。

二是"性爱"说。与20世纪初（1902）由惠特曼传记作者之一亨利·宾斯提出。他从性心理学观点出发，以所谓"新奥尔良罗曼司"为契机，并引证诗人1860年写的一首诗（《有一次我经过一个人口众多的城市》），说惠特曼是在爱情启发下"加速形成了自我意识"并从而成了天才诗人，像一条蛹蜕变成蝴蝶似的。这个说法后来被一些研究家所否定了。不过，由于《草叶集》中到处流露的性意识的确带有神秘主义色彩，加以诗人自己在性爱经验上暧昧不明的态度，这一理论就显得并非毫无根据。

三是"补偿"说。20世纪中叶以来，许多专家从社会心理学的角度来进行研究，从中提出一种比较一致的看法，即惠特曼是由于自己在身体、性爱、家庭和社会关系等方面存在缺陷，或遭遇了挫折或损害，为了到艺术想象中去寻找精神补偿而写《草叶集》的。例如，从凯瑟琳·莫林诺夫人的《惠特曼家庭状况》到哈罗德·阿斯匹兹的《惠特曼与身体美》，都详细列举了惠特曼一家多数人身体不健康的记录，包括惠特曼本人1876年的一张照片在内，用以证明《自己之歌》中那个"身体完全健康"的"我自己"和稍后出现的那位"完美的母亲"在很大程度上都是出于虚构。同时，对于《草叶集》中那么频繁而露骨地写想象中的性爱经验，对于诗人公认自命为民族主义的导师等，也都从这一观点来进行解释。这种考证和论断，其用意似在否定早期那些崇拜者和传记家对诗人的美化乃至神话，也就是与"天启"论唱反调，不能说毫无意义；但是要用来解释惠特曼50年代初在创作思想和实践上发生的转变，则显得十分勉强甚至无力了。

以上三种关于《草叶集》诞生背景的解说都难以成立，不过它们又都与惠特曼及其作品有关，可供参考。这里要补充谈谈的是惠特曼与传统的关系，因为这个问题我们还很少探讨，应当有一个比较清楚的概念。

前面提到，惠特曼在《草叶集》初版中以一个"粗人"和彻底反传统的角色出现，批评界和读者的印象也是如此，并且就这样长期留在美国文学史中。但是这些年来有些专家对此提出了异议，其中K. M. 普赖斯教授的《惠特曼与传统》一书更作了充分的研究和论证。普赖斯认为，惠特曼与任何一个作家一样没有也不可能脱离传统。不过他与传统的关系主要体现在拒绝和反抗传统的方面。这就是说，他是以反传统为战略起家来创立自己的新文学事业，并且通过与传统的辩论和抗衡，形成了他自己的创作实践和诗学纲领。从这个意义上看，如果没有了传统作为对立面，惠特曼也就不成其为惠特曼了。当然，这里所说的传统包括英国文学和从中派生出来的美国文学的历史发展在内。本来美国文艺复兴便是对英国文学传统采取防卫的立场上产生的，因为当时英国文学界有一个欺人的观点，即认为"民主与艺术水火不相容"，这迫使美国作家起而保卫自己。当然，美国作家也知道英国文化已经衰疲，对自己的威胁不大，并且他们在艺术上对它仍采取倚傍的态度。连爱默生对英国文学的评价也是模棱两可，甚至认为自己还是在英国传统中写作的。只有惠特曼走在最前面，他坚决拒绝英国的"封建文学"，包括弥尔顿和莎士比亚这样的大师在内。到 1855 年他公然攫取反对派的角色，将当时流行的英美诗歌当做一个整体的靶子，一个独一无二的"正统派"加以批判。他说英美诗人写的是一种不能与民主新时代相适应的英文诗歌。但我们可以看到，他批判中的论点和他自己的艺术特征却大都是从那些批判对象如济慈、华兹华斯、柯勒律治、雪莱、丁尼生等人身上汲取来的，只不过他从相反的方面做了改造，使之适合于"新世界"和"现代民主"需要罢了。最明显的事例是 1851 年前后惠特曼受到了丁尼生的《艺术之宫》的启发而写出的长诗《图片》，它在许多方面都与《艺术之宫》相仿佛，就像惠特曼是在回答丁尼生似的。这首诗充分显示了作者酝酿《草叶集》时的许多想象和构思，同时说明丁尼生对惠特曼诗歌创作的发展很有影响。但是惠特曼知道，丁尼生这位英国桂冠诗人是他心目中自命的那个"时代歌手"的主要对手，他只有从反面批评他的"苍白的思想"和"无聊情绪"才能与之抗衡，尽管到了 1859 年以后他开始从技巧上向其靠拢了。最明显的是对爱默生，虽然他早期受过爱默生不少的启发，曾承认自己是在他的触动下最终"沸腾起来"的,《草叶集》出版后又获得了爱默生的高度赞赏,但他仍将爱默生摆在自己的对立面,直到晚年没有肯定他的"老师"地位。至于华兹华斯、柯勒律治、雪莱、济慈等浪漫主义巨子,惠特曼虽然直接或间接吸收过他们的营养,但都一样把他们作为反面陪衬,用来为他自己的事业服务。

以上阐述的是惠特曼与英美文学传统的关系。这不意味着他对传统的拒绝和否定态度是虚假的或不必要的,只是说他并没有脱离那个传统,并不是作为一个真正的"粗人"白手起家,凭空建立了自己的诗学并创作了《草叶集》,实际上他是一个有批判有继承的伟大创新者,在前期如此,在后期更加明显,只不过他自己始终没有完全承认,同时代和后来的许多批评家也没有深入探究罢了。而且惠特曼的确在英美诗歌史上开辟了一个新的流派,形成了自己的传统,这便是他勇于批判和反对旧传统的结果。

对于《草叶集》的命名,也是批评家们历来有不同理解的一个问题,至今仍然如此。例如,洛文撰写的《沃尔特·惠特曼》一书中说:"草"本来是印刷工人口头的行话,意指那种不见得有什么价值的文字;"叶"即"书页",印刷工口语中也用来指一捆捆的纸张。由于《草叶集》初版是惠特曼与印刷界朋友罗姆在后者的印刷间一起排版的,所以这可能是诗集命名的一个由来。不过,洛文也觉得这一解释与"草叶"作为自然的一个超验主义象征比较起来,未免太不雅致。而且"草叶"在诗集出版之前几年就在诗人心目中与他的创作意识相结合了,那时惠特曼在一个笔记本中写道:"将世界上所有的艺术科学取来,用一支草叶把它们击败。"所以,关于超验主义的这种解释更符合作者的思想和诗集本身的精神。惠特曼本人在《自己之歌》中也说，"草叶"是诗人天性的标志，是由"洋溢着希望的绿色素质所组成"的，是"上帝的手绢"，角上还有他的签名；它甚至还像是"坟头未曾修剪过的美丽的头发"。说的庸俗一些，草是自然界最朴素、最平凡、最普遍、最大量的植物，它生生不息，象征着生命——死亡——新生的不断循环，永世长在。他最多能代表人民大众的品质、精神和情操，因而对惠特曼来说也最能概括他自己其人其诗的精神实质。梭罗说过，"惠特曼就是民主"。"民主"是《草叶集》的重大主题之一，惠特曼本人更普遍被称为"民主诗人"，所以"草叶"又是"民主"的象征。詹姆斯·埃德温·米勒进一步指出："草"有多种象征的含义，但由于它既是单片又是丛生的植物，便成了诗人关于民主的中心概念，即个人与群众相对称、单一与集群相协调的意思。

《草叶集》有19世纪美国史诗之称，同时也可以说是惠特曼个人的史诗，或者说是两者的结合。而且诗人就是抱着这样的雄心壮志来写作的。他说过，他的目的是要通过"我自己"这个作为"主干和中心"的"个性"来表现他的"特殊时代、环境、美国和民主"，只不过这里的"我自己"已超出个人范畴成了戏剧化了的典型的美国人，或者甚至是那个"宇宙诗人"了。当然，惠特曼并非一开始便有一个《草叶集》的明确轮廓，他只能随着时代和国家的发展，结合本身的主观感受来一步步规划和实践。他在每次编辑新的《草叶集》时，总不断地将那些诗篇从内容到标题反复修改，调整序列，划分专辑，让自己理想中的那个"生命"渐次成长丰满起来，直到1881年第七版才基本定型。因此，《草叶集》从诞生、成长到最终结果是一个那么奇特的历史发展，它既绵密而又曲折，既完整而又复杂；它同它的作者是那么呼吸与共，生死相连，这在世界文学史上还找不出另一个范例。

《草叶集》从1855年初版的12首诗发展到1891—1892年"临终版"的401首，这些作品中有相当一部分曾先后以《擂鼓集》《向印度航行》①《双溪集》《十一月的树枝》和《再见了，我的幻想》为题分别出版过，然后，陆续并入《草叶集》中；而《草叶集》本身，在作者逝世前共计出版了9次。有些批评家将《双溪集》和《惠特曼诗文全集》作为《草叶集》的重印，因此认为《草叶集》只出版了7版，这也不无道理。至于1868年和1886年在英国出版的那种惠特曼诗选，则不在此列。

在《草叶集》的各个版本中，1855年的初版最为批评家所重视，到20世纪中叶还重印过。大家认为这个版本最能代表那个"在世界屋脊上发出粗野的喊叫声"的惠特曼，充分体现他的"原始"意识，以及那种"无意识的灵性流露"。而后来，诗人对那些诗篇作了修改，并在经过第二版"最大失败"以后，开始注意艺术修养，吸收旁人的技巧，渐渐向传统靠拢，那个"粗人"便似乎不复存在了。不过，这一新的趋势实际上在第二版的《横过布

① 《向印度航行》是为庆祝世界三大工程即大西洋电缆、北太平洋铁路和苏伊士运河而写的。这首诗，首先是惠特曼实践自己的夙愿，歌颂了他所处的伟大时代，其次也是他的宗教意识与现代科学技术发展前景的探索相结合的产物。从这首诗中可以看出，惠特曼经历了内战和战后重建时期的切身体验，他对物质文明的估价已有所保留，同时对道德力量的信心进一步提高，并与宗教意识交相糅合、愈益密切，并开始强调"宗教主题"的重要性。

鲁克林渡口》即已初见端倪，只是到第三版的《从那永远摇荡着的摇篮里》①才进一步明显，而且惠特曼的好几首最受欢迎的名作都是后来产生的，因此那个"粗人"的逐渐消失并非那样令人遗憾。当然，第二版的"失败"也是相对的，因为其中的几首，除《横过布鲁克林渡口》以外，如《大路之歌》②《大斧之歌》③《向世界致敬！》等，毕竟体现了蓬勃向上的时代精神和诗人自己一往无

---

①《从那永远摇荡着的摇篮里》通篇写波光月色恍惚迷离之美，海魄童心两相契合之情；当年旧梦与现实情况的合流，鸟的哀鸣与诗人渴望的呼应，以反复咏叹之调，抒缠绵悱恻之心，情景与气氛交融烘托，这标志着惠特曼在艺术上不但有了新的开拓，而且创造了自己的高峰，以致历来许多批评家称之为诗人一生中最佳杰作之一。此外，从那些反复、重叠而又朴素自然的咏叹中，可以看出惠特曼受到了民歌，特别是印第安民歌的影响。

②《大路之歌》，是《草叶集》第二版（1856）推出的20首新作中的佳篇之一，它是美国诗歌中首次将人生和人类的发展比作旅程，从而为以后许多写"走在大路上"的美国人的作家开了先河。这首诗以诗人在大路上愉快地迈步走去为开端，创造了一个任意漫游大地的流浪者形象。它歌颂流浪者生活的两个方面：一是漫游，包括行走本身的高度快感和各式各样的经验；二是与大自然在其天真的自然性和原始单纯的状态下的直接接触。其写法与《我自己之歌》有相似处，但结构上没有流入后者那样的松散，而是一段紧跟一段，彼此间有内在联系，读起来觉得愉快轻松，就像走在宽广的大路上似的。

③《大斧之歌》写人类劳动从物质文明到精神文明的创造能力和成就。反映出19世纪中叶美国蓬勃向上的建设事业，特别是向西部开发的势头以及诗人对于民主建设的思想。这首诗以开拓者的工具斧头作为中心象征，巧妙而略带诙谐地把斧头写成一个有血有肉的生命，或者枝叶齐全的植物，同时体现着它的特性和功能。这是一篇主要以主题思想取胜的名作，诗歌本来还有一大段描写诗人自己的诗行，但到1860年《草叶集》第三版问世时就给删掉了。

前的锐气，不能从某种艺术角度着眼一律予以抹杀。

　　一般来说，惠特曼诗风的转变体现在《草叶集》中大致有三，并且主要是以思想为基础的。首先是第三版的《亚当的子孙》和《芦笛集》，即1859年诗人在他自己所说的那些"死皮"下挣扎的产物。那时惠特曼由于受到批评界的冷落，加以经济、人事方面的窘困干扰，突然从《草叶集》第二版中体现的那种民族扩张与自我扩张相融合、显得过分傲慢和武断的情绪高潮中，堕入了"危机"或"黑暗时期"，便写起以"性"和所谓"男人友爱"为主题的诗来。这两组诗在内容和艺术方面都有突出的特点，是《草叶集》中受到批评家特别重视和研究的一部分。《芦笛集》中最初的12首写于1859年春夏，当初题为《带苔的活橡树》，抄在笔记本上，注明只"适宜在临近死亡时仔细阅读"。这组诗诗人称之为"十四行体"，说是写男性友谊的。

　　惠特曼50年代后期在一篇关于语言问题的讲稿《语言入门》中说过，美国的青年男人们之间能够保持一种"惊人地牢固的友谊和热爱"，可是"很少有字眼或名称可用以表达这种友爱之情"。后来他从颅相学中才找到"黏着性"这个与"性爱"相对的用语，并赋予它以"伙伴之爱"的意思，并以芦笛作为这类诗的象征。芦笛是一种草，在原文中与香菖蒲同名。惠特曼1867年为英国出版诗集而对此作过解释，说"挑选这个词的微妙之处，可能在于它那大而硬的叶片"。对于这个问题当时批评界没有异议，例如英国教授爱德华·道登便很欣赏那个组诗，说他不含性的意思，完全是写的男性友爱。而且从1860年《草叶集》第四版付印时爱默生劝惠特曼删掉《亚当的子孙》，到1882年非常"不良书查禁协会”宣布《草叶集》第七版“有伤风化”，都未涉及《芦笛集》。甚至有批评家指出，它在“诗人生前都从来没有被公开怀疑过”。当然，这里所说的“公开”，就意味着实际上并非完全如此。因为诗人逝世前几年，英国作家约翰·西蒙兹曾数次写信向惠特曼询问《芦笛》组诗的真正意义，老实人1890年8月19日回信说：“《芦笛》居然容许可以作如来信的那种解释，真太可怕了。我真希望这些作品本身不要再被叹气，以免产生这样毫无理由的、当初做梦都没有想到过也从未证实过的病态的推测，而这些已经我否定过，并且显得糟糕透了。”西蒙兹后来在他的专著《惠特曼研究》中肯定了惠特曼的本意，并说他自己是“作为一个终生研究希腊和拉丁文学以及意大利、法国、德国文学的人，以一个批评家的名义这样说的”。然而，到诗人逝世以后，随着“同性恋”一词在英语中的出现，同性恋在美国逐渐兴起，批评家们便相继提出《芦笛集》写的是同性爱，香菖蒲花穗是男性生殖器的象征，并且断言惠特曼本人就是同性恋者。他们从惠特曼生平和《草叶集》中寻找证据，言之凿凿，仿佛这成了研究惠特曼的中心问题之一。例如英国作家卡朋特，他先在《与惠特曼在一起的日子》中说，《芦笛集》原组诗第8首《我长期以为……》与作者本人关系最为密切也最带“暴露性”，后来索性把它当作惠特曼同性恋的证据了。惠特曼研究者竟追溯到1843年惠特曼写的短篇小说《疯人》，说那是惠特曼从异性爱向男性“黏着性”转移的先声，而小说的主人公巴科尔便是后来《草叶集》作者的“投影”。这就是说，惠特曼早在25岁之前即有这种怪癖的意识了。批评家们断定，诗人在编《草叶集》第三版时，将本来写于《亚当的子孙》之前的《芦笛集》故意挪在后面，目的是要冲淡人们的注意，甚至说《亚当的子孙》是作为《芦笛集》陪衬而写的。这明里穿凿附会，因为按照惠特曼的"有机"说，人的一生中男女生育本来就应当重于和先于朋友交往，有什么可奇怪的呢?

　　《亚当的子孙》是一组写男女性爱和生殖的诗。惠特曼一反基督教教义中的"原罪"说，认为亚当在伊甸园里吃了"禁果"，与夏娃婚配根本不是罪过；他们赤身裸体过着的性爱生活本来很纯洁，值得歌颂。至于他们的后裔将性爱看成一种只能讳莫如深的行为，将裸体视为可耻，这是对自然法则的歪曲，更是伦理观念强加的束缚，前者必须予以纠正，后者必须大胆冲开。惠特曼还认为性的冲动是产生宇宙万物的原始动力，是生命不断发展和永远延续的保证。他经常用两性关系来表达事物两个方面的结合，如肉体与灵魂的结合、现实与理想的结合，等等。据说他童年时在海滩上看到海水向陆地涌进时，就幻想是"固态的与液态的结婚了"。后来在《草叶集》初版《自己之歌》和《我歌唱带电的肉体》①，以及第二版的《一个女人等着我》，便有关于性的露骨描写，到《亚当的子孙》才正面地展开这个主题，大大丰富它的内容，调子更高，手法也更多样了。由于《草叶集》初版后诗人招致的批评主要集中在这方面，第三版付印前爱默生曾建议将这组

_____

① 《我歌唱带电的肉体》，惠特曼自称"既是灵魂的诗人也是肉体的诗人"，这首诗就是后一方面的集中体现，但它同时阐述了肉体不能与灵魂分离，是灵魂寄托之所在。"电"在诗歌中意味着一种"强烈的情感"，也可以引申为精神、灵魂，是属于灵魂范畴的东西，因此诗歌的标题就表达了灵肉结合的意思。

诗抽出，惠特曼没有同意，因此它带来了一个"性诗"的恶名，为此诗人在 1865 年被内务部长哈伦无理解雇，1882 年《草叶集》第七版被波士顿地方检察官禁止销售。但是惠特曼除了在英国先后两次出版他的选集时，出于权宜之计，曾同意对《草叶集》作了些筛选外，他在国内始终坚持不让删消这些"性诗"，因为他觉得："假若我把性的内容砍掉，我就把一切都给砍了。"他后来正式承认："《草叶集》就是写性和色域，甚至是写兽性的。"不过，《草叶集》中那些性的描写和渲染，有的也确实过于大胆，它们给诗人带来的麻烦和损害是惠特曼当初没有充分估计到的，因此他有时也感到苦恼。譬如他晚年与一位朋友谈起参议员卡彭特的关于一件强奸致孕案的信中牵扯到《草叶集》时，曾感叹地说："我总是迷惑不解，为什么人们以为我写了《亚当的子孙》，我就必然要同卑鄙心灵的色情文学牵连在一起……成为那些鄙视或者攻击的目标呢？"不过，认真看看，《亚当的子孙》中那些诗篇尽管有几首写得很暴露，却不觉得有多少热情，好像是"理论化或哲学化"了。难怪梭罗批评惠特曼"根本没有歌颂爱情，而仿佛是畜生在说话似的"。英国作家 D. H. 劳伦斯甚至认为惠特曼的女人"只是肌肉和子宫罢了，她们根本不需要面貌"。这种批评当然是就部分的诗而言，而且是片面的，因为没有看到这些诗就是在写性和生殖，像一个哲学家、科学家或优生学家那样，它不能包括诗人在男女问题上的社会观点。从社会伦理观点来说，惠特曼十分尊重妇女，尤其尊重母性，这是《草叶集》主题思想的另一个部分，也可以从诗人一生的行为操守得到证明。至于爱情，惠特曼把它作为"旧世界诗歌中的传统主题"之一，早已"抛弃"掉了。因

此有的批评家指出，《草叶集》的主要意向中只有"性"而没有
"爱"，这是不无根据的。

《草叶集》成长的另一个重要阶段是美国内战时期，即《擂鼓
集》的诞生。《擂鼓集》出版于1865年秋天，原来包括50首新作，
从内容看可以大体分为三个部分。第一部分是写于1861年4月
战争爆发到翌年12月诗人赴前线寻找受伤的弟弟乔治这段时期，
那时惠特曼还在布鲁克林，所写诗篇主要反映战争带来的震惊和
兴奋情绪，诗人对这一正义战争的歌颂，以及由此引起的回忆等
等。第二部分是1862年在弗吉尼亚战地及以后访问战地的产物，
记录了诗人对军营生活和战场情景的实地观察和体验。第三部分
是写医院、伤病员、凯旋队伍和送葬行列的作品，以及一些关于
战争的沉思、回想、自白的篇幅。此外还有少数题材与战争无关
但主题思想有相通之处的，如《开拓者啊，开拓者！》《青春不属
于我》等，后来《擂鼓集》编入《草叶集》时大都转移到别的专
辑里去了。

《擂鼓集》的全部内容和精神实质表明，在整个内战时期，诗
人的心同他的国家、同他视若生命的统一联邦是紧贴在一起的，
而他饱含着柔情和爱的眼光又始终倾注在那些战斗者、受伤者和
牺牲者的身上。他同联邦军队血肉相连、他的命运同他们在前线
的胜败息息相关。可以说，他在精神上始终歌唱着他们，歌唱着
跟他们一起出发，一起行军、追击、撤退；歌唱着抚慰和鼓舞他
们在病床上同死亡搏斗，歌唱着同他们交换最后的一瞥，然后送
他们出殡，直到掩埋好他们的尸体，在月夜仍然守护着他们。他
还歌唱着欢迎他们的凯旋，共享他们的胜利、和解、向往乃至回

忆的梦幻。而所有这些，都来自他两次上前线访问和长期在医院服务的实际体验。

惠特曼在50年代后期经历了一次"精神危机"。后来虽然渐渐摆脱，写出了《从那永远摇荡着的摇篮里》这样的杰作，但实际上到60年代初还没有完全走出它的阴影。恰好这时内战爆发，给他的生活和创作带来了新的、也许一生中最重大的一个转折点。诗人自己对这一转折也充分肯定，譬如他晚年在《回顾过去走过的道路》中谈到了自己早期对文学事业的种种设想和抱负之后写道："可是这些以及许多别的想法都可能落空，如果不是一个突如其来的、巨大可怕的、直接与间接的冲击使我进而向全国发言的话。我这里说的是南北战争的爆发，以及它像闪电般地让我看到的一切……"这个转折点，首先是在思想情感上，它将诗人从宣泄个人积郁的那片沼泽地推向远眺民族命运的高峰；将他的注意力从生、死、不朽、宇宙这些缥缈的幻想、特别是接着而来的"爱与死亡"这一主题的纠缠中，转移到了血与火的现实；以战争生活的考验取代他的主观人格修养，以"裹伤者"崇高感填充和抚平了那个空虚、惶恐而精彩受憾动的心。更重要的是他一贯追求的个人的爱已扩展到对士兵、对人民的爱，并成为一种社会力量。同时，他在战争经验中发现了作为人民群众性格的重要组成部分的英雄主义和爱国精神，从而坚定了他对美国和人类未来的信念，相信他的民主理想是完全能够实现的。由于这种新的认识，他成功地摆脱了长期以来的个人孤独感，走进了到处是朋友的天地。

惠特曼在战时完成的这一思想感情的转变反映在创作中，便是唯心主义玄想的内容和神秘主义的色彩少了，而风火交加般的现实主义激情和有血有肉的描写多了；冗长单调的列举和漫无边际的浮夸之谈少了，而简洁朴实的速写和平易近人的抒情多了。这样，《擂鼓集》从思想到艺术作为一个健康的新生儿，便首先赢得了诗人自己的欣赏。1865年1月6日惠特曼致老友奥康纳信中谈到这部诗集的感受时写道："我之所以满意，可能是由于它表达了我经常想着的那个创作雄心，即在诗中表现我们所处的这个时代和国家，连同他们在绝望和希望之间的斗争和起伏，连同那鲜血淋漓的一切。"这便是《擂鼓集》的历史意义所在。它通过对内战时期广大士兵和人民精神面貌的反映，让读者从中感受到美国历史上这个伟大时代的脉搏，从而加重了《草叶集》作为19世纪美国史诗的分量。

从艺术上看，《擂鼓集》的形式比较接近传统格律，其中有些甚至采用了抑扬格的音步，这显得与惠特曼的理论主张不符，但诗人可能是有意为之的。因为前面说过，从《草叶集》第二版以后，惠特曼在逐渐淡化自己的"粗人"面目，注意艺术修养。现在既然是在一次全面内战这样的大合唱中"向全国发言"，便有必要采取能为大家所接受并与众人合拍的格调，而且与题材适应形势发展的即兴式需要亦有关系。不管怎样，这种形式使他更好地唱出了自己的心曲，引起了读者的共鸣，成为时代的最强音。这一点，诗人在给奥康纳的信中也表示过：他觉得《擂鼓集》"作为一个艺术品，肯定比《草叶集》更加完美"。不过，当时及后来的一些批评家却认为这是一种"倒退"，说它使惠特曼成了一个"比较驯顺的诗人"，并对此深表惋惜。平心而论，《擂鼓集》在精神面貌上与《芦笛集》和《亚当的子孙》形成强烈的对照，而在艺术上却沿着它们继续向精美、凝练的方向发展，诗人在这里以更加明快的笔调和朴素的语言写出了不少即景而歌、随兴以赋的活泼自然的佳作，这只意味着诗人在艺术方面的进步，在《草叶集》的成长过程中也是一个可喜而重要的转折。

至于《擂鼓集》续篇，主要是那几首悼念林肯总统的名作，后来编入《草叶集》时另辟专辑，其中《当紫丁香最近在庭院开放时》是诗人在内战时期紧紧追随林肯，与他息息相通地艰苦战斗的情感结晶。它作为诗人中期的最高成就，后来被批评家们推崇为惠特曼创作生涯的第三个高峰，其艺术成就是不朽的，百余年来一直拥有最广大的读者，并且配有几种乐谱，至今仍在大众口中流传。

南北战争以后，随着1868年《草叶集》第四版和英国威廉·罗塞蒂编的《惠特曼诗选》相继问世，1869年《暴风雨的壮丽乐曲》在《大西洋月刊》上发表，惠特曼的声望在英国和国内都显著提高。可是就在这几年，他面对战后常见的种种迹象，愈来愈感到道德力量和宗教信念的重要，他想以生命、死亡和不朽为题出一本诗集，主要是强调宗教的作用。可以说这本心目中的诗集是以《神圣的死的低语》为开篇，《向印度航行》为主体，而洋溢着精神净化感的《暴风雨的壮丽乐曲》则是其中的冠冕了。这是惠特曼创作思想的又一转折，也是《草叶集》成长中又一个阶段的开端，其历史背景就是美国战后"重建"初期的混乱情况。那时美国生活中某些一贯提倡的东西，如人道的标准，人与人之间的相互信任都不复存在。在联邦政府及地方机关内，共和党和民主党竞相卖官鬻爵，贪污受贿，一片乌烟瘴气。在惠特曼心中，他那一贯神圣的"民主"已沦落为一个"还昏睡未醒"的字眼，"它的历史还没有写出，因为那历史还有待扮演。"这些都反映在他的著名论著《民主展望》中，它是惠特曼思想转折的最好见证，也可以说是《向印度航行》的对应篇，因为前者由政治而道德，后者由物质而精神，都是诗人从当时的现实出发向人类进化的远景进行展望的探索。《向印度航行》被称为惠特曼文学事业的"高原上"最后一个峰峦，从此以后便逐渐下坡了。

70年代是惠特曼在美国文坛上受到排斥的时期，那时由爱默生、布莱恩特和惠蒂尔相继编辑的全国性诗选中惠特曼被完全拒之门外。至于惠特曼本人，他经历了疾病、母丧、被解雇等严重挫折，渐渐懂得了"顺其自然"的必要。他从前喜欢劝士兵的那句话：生活就像天气，无论它怎样变化你都得接受，现在他自己也只好这样做了。这样，到1881年的《草叶集》第七版，人们看到的那20首新作便大都是些旅游即兴、死亡预感和老年冥想之作了。这时候他已逐渐成为一个"自然作家"，不复有以前那种充满幻想色彩的独创性了。新版开辟的专辑《从正午到星光之夜》以"夜晚、睡眠、死亡和星星"结尾，正好说明了诗人当时的心境。而且从整个结构来说，这实际上是《草叶集》的最后定本，它到1888年出版第八版和1891年出"临终版"时，只是将新作编为附录而已。1888年单独出版的《十一月的树枝》，正如书题所标示的，是惠特曼暮年的一幅全面写照，他的诗只是些"恋恋不舍的疏叶"。不过，诗集的序言《回顾过去走过的道路》却十分重要，它与《草叶集》初版序言首尾呼应，总结了诗人文学思想的发展和几十年实践的经验，其中最引人注意的是诗人承认，"在语言节奏美以及一切传统的诗歌技巧上"，当今许多"最佳作品都超过了我说达到或能够达到的成就"。这说明他愈到晚年愈注意艺术琢磨。绝不是偶然的事。譬如《草叶集》最后一辑《再见了，我的幻想！》中《一个来自死神的声音》和《致傍晚的风》①就被批评家誉为两颗晶莹的宝石，尤其后者，庞德 1909 年读到后，曾抱怨"美国批评界至今还没有来得及欣赏惠特曼的精雕细琢的艺术"。可以说，诗人晚年的转变也给《草叶集》增添了不少光彩。

---

① 《致傍晚的风》，诗人向傍晚倾诉自己的衷情，说它给自己带来了清凉，像一种"神秘的药物"鼓舞了他这个病残孤独的老人，给了他亲切的抚慰，它还给他带来了魔幻般的信息，让他感觉到了大自然的草原、森林和湖海，以及"在太空急速游泳的地球"本身。这首诗不但写出了诗人暮年困居斗室时对大自然的向往和对来自大自然的一点点信息的感激之情，也再次重申了他的旷达的生死观。

《草叶集》初版前言

　　美国不排斥过去，或过去在各种形式下，在其他政治形态、等级制观念、古老宗教中形成的东西——它平静地接受这门教益——绝不因为腐肉仍粘连在各种观念和文学风气之上，尤其当过去的顺其自然的生活已经过渡到新形式下的新生活时——她领悟到尸体要慢慢地从餐厅和卧室中抬走——领悟到尸体要在门边停留上一会儿——它曾经是与自己的时代相得益彰的——它的事业已经传递给那正在靠近的健壮美丽的后代，他到来了——而他也将是与自己的时代最为合宜。

　　在全世界古往今来的所有民族中、美国人也许是最具有诗人气质的。合众国本身就是一首最伟大的诗篇。在迄今为止的历史中，与美国广大的幅员和生物性相比，最为巨大的生物和事物都显得驯良顺服和墨守成规。这里终于有了与日与夜所传播的行为相一致的人的事业。这里不只是一个民族，而是一个多民族相容的庞大民族。这里的事业已从必定无视特点和细节的束缚中解放出来，在广大群众中声势浩大地展开。这里的慷慨大度永远象征着英雄人物。这里有粗野和大胡子、有灵魂喜爱的空旷、崎岖和冷漠。这里，对琐碎的蔑视，无与伦比地体现在它的群体和集团的惊人鲁莽，以及对前景的追求之中，以变动不居的幅度展开、沐浴在灿烂繁茂的光华之中。你看它一定要拥有四季的富饶，一定不会破产，只要地里生长谷物，果园落下苹果，海湾会有鱼虾，男人能让女人怀上孩子。

其他国家靠选出的议员来彰显自身——但是合众国精神的最佳之处不在于它的行政和立法，不在于它的大使、作家、大学、教堂和客厅，甚至不在于它的报纸和发明家……而始终是它的普通民众。他们的举止、言谈、衣着、友谊——他们面容上的清新直率——他们多姿多彩而又轻松自如的举止——他们对于自由不息的执着——他们讨厌失礼、软弱和卑鄙——所有各州公民都彼此认可——他们被激怒时，也会大发雷霆——他们的好奇心和对新鲜事物的欢迎——他们的自尊和奇妙的同情心——他们对于怠慢的敏感——他们的神态表明从来不觉得谁会高他们一等——他们畅所欲言——他们对音乐的陶醉，那是男子气的温柔和灵魂固有的优雅的确实表现……他们的好脾气和豪爽大方——他们的选举的意义极其重大——是总统向他们脱帽而非相反——这一切也是不押韵的诗。它在等待与之相配的天才来大书特书。

广博的自然与国家的规模，如果没有相应的公民精神上的伟大与慷慨，便会显得非常荒谬。无论是自然，还是人群蜂拥的各州、街道、汽船、繁荣的商业、农场、资本、学问，都不可能满足人们的理想——诗人也不能，回忆亦不能。一个精力充沛的民族总能留下深刻的印记，能以最低的代价拥有最高的权威——

即发端于它自己的灵魂。这就是对个人或国家、对当下的事业、对诗人们的题材的有益使用的总和——难道非得要一代代地退回东方的故纸堆里！难道显而易见的美和神圣一定会落后于那些神话？难道任何时代的人们都无法榜上有名？仿佛西方大陆由发现而来的开放，在北美、南美洲发生的一切，难道还比不过古代小剧场上演的戏，或是中世纪漫无目的的梦游！合众国骄傲地把城市的财富和技术、商业与农业的全部收益、辽阔的国土和对外胜利的成果都留下来，去培养一个或一群发育完整的、不可征服的、单纯的人。

美国诗人要囊括新旧，因为美国民族众多的国家。他们的诗人要与人民匹配。对于这样的诗人、其他大陆都是供奉品……他以他们的名义和自己的名义接受供奉。他的心灵回应他国家的心灵……他是国家的平原山川、自然生命、江河湖泊的化身。密西西比每年的洪水和多变的急流，密苏里河、哥伦比亚河、俄亥俄河、多瀑布的圣劳伦斯河、雄美壮丽的哈德逊河，它们注入海洋，同样也流入他的心里。在弗吉尼亚与马里兰内海之上，在马萨诸塞和缅因附近，在曼哈顿湾、查普林湖、伊利湖、安大略湖、休伦湖、密执安湖和苏必利尔湖上，在得克萨斯、墨西哥、佛罗里达和古巴的海上，在加利福尼亚和俄勒冈附近的海上，浩瀚的蓝天，与下面的茫茫蓝海相得益彰、也与他上下相得益彰。当大西洋沿岸向前延伸，当太平洋沿岸向前延伸，他也便利地随它们向北方、向南方延伸。他从东到西横跨它们之上，彰显着它们之间的万般风情。在他身上也实实在在地生长着万物，完全抵得上那些松树、雪松、铁杉、槲树、刺槐、栗树、柏树、山核桃树、菩提树、白杨、百合树、仙人掌、野葡萄树、罗望子、柿子树……像藤丛与沼泽那样纠结在一起纷乱复杂……覆盖着透明的冰、枝头垂挂着冰凌、在风中咯吱作响的树林……山腰和山峰……热带草原或高地或大草原那样甜蜜而自由的牧场……他这里也有什么在伴飞翔、在歌唱、在鸣叫，回应着野鸭、啄木鸟、黄鹂、黑鸦、海番鸭、红肩鹰、鱼鹰、白鹭、印度鸡、猫头鹰、水雉、牢狱鸟、杂色鸭、乌鹅、嘲鸫、秃鹰、秃鹫、夜鹭和鹰隼。他世袭的面貌来自母亲和父亲。真实的事物亦即古今事件的本质根植于他的内心——是多变的气候、繁多的农业和丰富的矿产——红色土著人的部落——饱经风雨的船只进入陌生的港口、在多岩石的海滨靠岸——北方或南方第一批定居点——快速的发展和干劲——1766 年遇到的巨大的挑衅，战争、和平与宪法的制定……经常被胡说八道所包围又总能冷静自持的联邦政府——移民源源不断地到来——码头林立的城市，精良的船舶——未经勘察的内地——木屋、空地、野兽、猎人、捕猎的陷阱……自由贸易——捕鱼、捕鲸、淘金——不断孕育出的新州——每年十二月召开的国会，从各地、从最边远的地方风雨无阻赶来的议员……青年技工和所有自由美国的男工和女工的高贵品格……到处洋溢的热情、友善、进取心——女性和男性的完全平等……旺盛的情欲——涌动的人群——工厂、商业生活、节省劳力的机器——北方的贸易——纽约的消防队员、目标明确的短途旅行——南方的种植园生活——东北部、西北部和西南部的人们的性格——蓄奴制和颤抖着伸出庇护它的手，对它的严厉反对永不会停歇。只要它还没有终止，或者说话的舌头和移动的嘴唇绝不会停歇。对于上述这些，美国诗人的表达将超越前人而新颖。它会是简洁的，而非直接的、描述性的或史诗性的。它的品质贯穿其中并有所扩展。让人们歌颂别的国家的时代和战争，让它们的纪元和性格得到描绘，由此完成他们的诗歌。美利坚合众国的伟大圣诗可不是这样。在这里，主题是创造性的、富有远景。在这里，从备受喜爱的石匠当中出现了一个人，他带着果敢而科学的计划，在今天还没有任何坚实之处，看到了未来坚实而美丽的形象。

在所有国家中，合众国的血脉里充满了诗的素材，它最需要诗人，无疑会拥有最伟大的诗人，并最大限度地使用他们。作为共同的裁决者，他们的总统还不如他们的诗人来得重要。伟大的诗人是人类中平静的人。凡不在其内、反在其外的事物才变得古怪反常或有悖理智。任何偏离自身的事物都不会好，任何固守本源的事物都不会差。他为每一种事物或品质赋予合适的比例，不多又不少。他是纷繁事务的仲裁人，他是关键人物。他是他的时代和国家平衡者……凡有所需的，他提供；凡需检验的，他检验。如果在和平年代，他宣扬和平精神，即宏大、富裕、节俭，建造庞大、人口众多的城市，鼓励农业、艺术、商业——启迪对人类、灵魂、不朽的研究——联邦、州、市的政府，婚姻、健康、自由贸易、海陆交通……一切既不太近，也不太远……星星也离得并不遥远。在战争时期，他是最致命的战斗力。招募他就等于招募了骑兵和步兵……他带来大批最为精良的火炮……如果时代变得怠惰沉闷，他知道如何激发它……他能让他的每句话都鼓舞人的勇气。在习俗、顺从和法规的平庸环境里，伟大的诗人都不会裹足不前，权威不能控制他，是他控制权威。他站得高不可及，转动聚光灯……他用手指转动枢纽……他站着就能挡住那些跑得最快的人，轻易地赶上他们，围住他们。当时代迷失信仰，日趋背信、玩世不恭时，他依然坚守自己的信念……他摆出自己的菜肴……他提供让男人和女人得以生长的美味而富营养的肉食。他的大脑是顶尖的大脑。他不是雄辩家……他是审判者。他不是作为裁判的法官去裁判，而是像阳光那样普照无助者。他看得最远，他同样拥有最强大的信念。他的思想是赞美万物的圣歌。他对讨论灵魂、永恒和上帝的话题时永远沉默不语。在他看来永恒并不像一出有头有尾的戏……他在男男女女身上看到了永恒……他不把男人和女人看得虚幻或微不足道。信念是灵魂的防腐剂……它渗透在普通人当中，使他们受到保护……他们从不放弃信仰、期待和信赖。不通文墨者身上有种难以描绘的清新自然，足以让最高贵的艺术天才汗颜，并使之变得谦卑。诗人能明确地看到，一个并非伟大艺术家的人也能和最伟大的艺术家一样神圣与完美……伟大的诗人自由地使用毁灭或改造的能力，但绝不使用攻击的力量。过去的成为过去。假如他没有显露出优秀的典范，凭他采取的每一步证明自己，他就不合乎需要了。伟大的诗人的存在即征服……不是谈判、斗争或任何有备而来的意图。现在他已走过了那条路，从后面看他吧！他没有留下一丝一毫的绝望、厌世、狡猾、排他、有不体面的出身或肤色，对地狱的幻觉或需求……从此再没有人因为无知、缺陷或罪过而遭受惩罚。

最伟大的诗人不会在意琐碎与浅薄。如果他赋予以往被认为渺小的东西以关注，那这东西便具有了宇宙般的庄严和生命，随之会得以成长。他是先知——他是独特的——他是完人——别人和他一样好，但只有他认识到这一点，别人却认识不到。他不是合唱队里的一员——他不为任何规则而束缚——他是规则的总管。视力揭示给别人什么，他也给别人揭示什么。谁知道视力那神秘奇特的奥秘呢？其他感官都能证实自身，但视力没有任何证据，只有它本身，并预示了心灵世界的特质。对它瞥上一眼就足以展示人们的所有调查、世间所有的设备和书籍，以及所有的推理。还有什么是不可思议？什么是靠不住？什么是不可能、没有根据、模糊不清？——一旦你睁眼看看远近、看看落日，让万物以电一样的速度，轻柔而及时地进入，就可以了。

陆地海洋，走兽鱼鸟，天空星宿，深林草木、山峰河流，都不是小主题……人们期待诗人来揭示出这些暗哑实物的美与尊严之外更多的意义……他们期待他来指明现实与他们灵魂之间的路径……男人和女人都能充分地感知到美……也许和他一样。猎手，伐木者，早起者，在花园、果园和田野里的收割者，都韧性十足；健康女性对于阳刚体态、航海者、马车夫的爱慕，对光与户外空气的酷爱，所有这些都是一种既传统又有变化的迹象，表明了对美的一贯感受，表明在户外生活的人们身上固有的诗意。他们从来不能凭借诗人的帮助去感知美……有些人也许可以，但他们绝不能。诗的特性不在韵律、均衡，不在于对事物的抽象表述，也不在于忧郁的抱怨或俊秀的格言，而在于这些以及更广泛的生活和体验，在于灵魂。韵律的益处，是它为一种更为甜蜜与丰富的韵律播下种子，均衡的好处在于它将自身深入到看不见的土地中的根。完美的诗的韵律和均衡展示出音韵规律的自由增长，蓓蕾萌发就像灌木上的紫丁香和玫瑰一样精确且自如，形态紧凑又如同栗子、橘子、甜瓜和梨，散发出难以抗拒的芳香。最美的诗篇、音乐、演说或朗诵所具备的流畅和装饰，不是独立，而是有所依赖。所有的美来自美的血液、美的大脑。如果这两种美结合在一个男人或女人身上，那就足够了……事实就会在整个宇宙中流行……可玩世不恭、声张虚势即使过一百万年也不会流行。谁要是为装饰或流畅来困扰自己，那就是迷途。你要做的是：爱这大地、太阳和动物，轻视财富，给予任何需要的人以救济，敢为傻子和疯子直言，为他人贡献你的收入和劳动，憎恨暴君，不要争论有关上帝的事，对人们怀着耐心和宽容，不对任何认识或不认识的事物、不对任何人脱帽致敬——与没有受过教育却有能力的人同行，与年轻人、与家庭主妇们同行，在你生命的每年每季，去户外阅读这些诗歌，重新审视学校、教堂和书本上曾告诉你的一切，驱散任何有辱你灵魂的东西，你的肉体将成为一首伟大的诗篇，拥有最为富丽的流畅，不仅在它的词句中，更在它的嘴唇和面孔那沉默的线条中，在你双眼的闪烁之间，在你身体的每一个动作和关节之中……诗人不会在不必要的工作上浪费时间。他知道大地已经翻耕过、施好了肥，别的人可能不知道，但他懂。他直截了当去创造。他的信念将掌控对他所接触的一切事物的信念……还要掌控相关联的一切。

已知的宇宙有了一个完美的情人，那就是最伟大的诗人。他燃烧永恒的激情，漠然于会遇到什么机遇，和可能给他带来财富或不幸的偶然事件，说服自己每天每时地做出贡献。阻碍或妨碍别人的东西，反而刺激他奋勇向前，非触碰一下不可，并带着迷人的欢乐。别人接受乐趣的容量和他相比就缩减成了乌有。当他置身于日出或冬天树林的景象时，或有儿童的嬉戏时，或是他的手臂环绕在一个男人或女人的脖颈时，他就亲切地感受到来自天堂、来自上帝的幸福。他的爱超乎所有的爱，从容、宽广……他预先为自己留有余地。他不是优柔寡断或满腹狐疑的爱人……他靠得住……他鄙视反复无常。他的经验、激情并非徒然。没有什么能震动他……苦难和黑暗不能……死亡和恐惧亦不能。对他而言，抱怨、嫉妒和艳羡是埋葬、已经腐烂在地下的尸体……他眼见它们被埋。他相信他的爱、极致和美好都必有结果，如同大海对于海岸、海岸对于大海那样相信。

美的果实不是偶然失去或遇见的……它像生命一样必然出现……它像万有引力一样精确而绝对。从一个视野过渡到另一个视野，从一个听力过渡到另一个听力，从一个声音过渡到另一个声音，事物与人类的和谐永远让人好奇。人们都懂得潜藏在大千世界里存在着尽善尽美的法则……美的完成要归于为其自身，并从自身向前发展……它是慷慨而公正的……每一分钟的光与暗、每一亩的陆地与海洋，它无所不在——周天四极、商贸百业、世事变迁，它无所不在。这就是美的恰当表现具有精确性和均衡性的原因……一个部分无须超越另一部分。最好的歌手并不是声音最圆润、最洪亮的人……诗歌的愉悦并不在于它们里面那些最漂亮的格律、比喻和声音。

最伟大的诗人毫不费力、不着痕迹，就把所写事件、激情、景象、人物的精神揭示出来，当你听到、读到时，或多或少影响到你的个性。要做好这一点就是与遵循时间的法则竞赛。目的必须明确，相关的线索也要明确……最不明显的迹象就是最好的迹象，它会变成最清晰的迹象。过去、现在、未来彼此分开的，而是互相结合的。最伟大的诗人把将要发生、已经发生和当前存在的事物联结成统一体。他将死者拖出棺材，让他们再次站立……他对过去说，起来吧，在我面前走走，那样我就可以认识你们。他接受教训……他把自己置身于未来成为现实的地方。最伟大的诗人不仅仅以其光芒照耀在人物、景象和激情上……他最终将提升和完成一切……他展示的高峰，无人能讲出是为了什么、其后还有什么……他在最遥远的边缘短暂闪现。他最后的半遮半掩的微笑或是最为美妙……在那个分离时刻的闪光中，看见这些的人过多年仍会为之鼓舞或害怕。最伟大的诗人不会说教或运用道德……他深谙灵魂，灵魂拥有无限的自豪，除了它本身，从不承认任何教训或推断，但是它拥有与自豪同样无限的同情、两者互相平衡，相伴扩展，哪一个都不会走得太远。艺术最深的秘密是与两者同眠，最伟大的诗人紧贴着躺在两者中间，它们在他的风格和思想里不可或缺。

艺术的艺术——表达手法的卓越和文字的华彩——在于朴素。没有比朴素更好的东西了……过度的无节制或是缺乏确切性皆无法弥补。要贯彻起伏的冲动并透入心智深处，使所有主题得以清晰的表达，这样的本领既不平常，也不稀罕。但是，在文学中能以像动物行动时的完美精确而又漫不经心和森林树木、路边野草的无可指责的情感来对话，那便是艺术完美无瑕的成就。如果你见过已经抵达这一目标的人，你便看见了一个属于所有国家和时代的艺术大师。这时，你会注视他，思考他，由此带来的愉悦会胜过你注视海湾上灰色的海鸥的飞行、纯种马精神抖擞的奔驰、高高茎秆上歪着头的葵花、太阳行经天空或月亮随后涌现。他更是思想、事物的通道，不增不减，同时他也是自我的通道。他宣誓效忠自己的艺术，我不会多事的，在写作中，我不把任何高雅、效果、新奇的东西像帷幕一样悬挂在我和别人之间。哪怕是最富丽堂皇的帷幕，我也不用它来挡路。我要讲述的就会讲述得一清二楚。让人们去提升、震惊、迷惑、安慰吧，我的目的将和健康、热度、白雪一样，毫不顾忌别人的看法。我所经历或描绘的东西将来自我的作品，带一丁点斧凿的痕迹。你将站在我身边，和我一起看镜子。

伟大诗人的古老血统和高贵气度将通过他们的无拘无束予以证明。英雄人物将从容地穿越和摆脱那并不适合他的习俗、先例和权威。一流作家、学者、音乐家、发明家和艺术家这些同道中，最好的莫过于以新的自由形式进行默默挑战。在对诗歌、哲学、政治、技术、科学、工艺、艺术手段、一种合适本土的大歌剧、造船业或别的工艺时，他永远是最能贡献具有原创性和实际作用的楷模。最纯粹的表达是那种找不到与他相称的领域，于是他自创一个。

伟大的诗人们给每个男人和女人的信息是，以平等地位来我们这里吧，那样你才能理解我们。我们并不比你们优秀，我们拥有的你们也拥有，我们欣赏的你们也能欣赏。你设想过只能有一个上帝吗？我们确认可以有无数个上帝，而且一个并不与另一个相抵消，就像一道目光并不抵消另一道目光……人们只有意识到自己也至高无上，他们才能至善、崇高。你认为风暴、国家的破碎、残酷的战斗、遭难、狂怒、海洋的威力、大自然的运动，以及人类由欲望产生的剧痛、尊严和爱憎，其中的伟大之处何在呢？灵魂中的什么东西在说，愤怒吧，旋转吧，我到处践踏着统治者——天空的震怒与海洋的破碎的统治者，自然、激情与死亡的统治者，以及一切恐惧与痛苦的统治者。

美国诗人将以宽宏大度、富有情感及鼓励对竞争者而闻名……他们将包罗万象……没有垄断或保密，乐于将一切传给别人……日夜渴求着对手。他们不会看中财富和特权……他们就是财富和特权……他们会看出谁是最富有的人。最富有的人就是从他更为强大的财富中拿出等价物来对待万般炫耀的人。美国诗人不会专门描绘一个阶级的人或一两个利益阶层，他们不会偏重爱、真理、灵魂或肉体，不会是领会或者身体……不会偏重东部各州甚于西部各州，或北方各州甚于南方各州。

精密科学及其实际运动不会成为最伟大诗人的阻碍，反而是他永远的鼓励和支撑。那里有起始和回忆……那里有最初将他举起和给予他最大支撑的手臂……每次碰壁后他都要返回那里。航海家和旅行者……解剖学家、化学家、天文学家、地质学家、骨相学家、通灵学者、数学家、历史学家和辞典编撰者，他们不是诗人，而是诗人的立法者，他们的工作为每一首完美诗歌的构成打下了基础。无论诗歌里发生或说出什么，都是他们送来了构思的种子……可见的灵魂的证明都来自他们，并站在他们身边……从他们的精液里产生出各种类型强健的诗人，且永远如此。如果父子间存在爱和满足，如果儿子的伟大来自父亲的伟大，那么在诗人与真正的科学家之间就会有爱。从此以后，诗的美就是科学的繁荣和其后的喝彩。

保有丰富的知识和对于品质与事物的深刻考察是极为重要的。诗人的灵魂在这里穿过、徘徊，壮大，但它永远主宰着自我。深不可测，趋向平静。天真和赤裸的状态恢复了……它们既不谦虚也不骄傲。那个关于特殊的和超自然的理论，以及与之纠缠或从中引申出来的东西像梦一样消失了。曾经发生的、正在发生的和必定要发生的，都包容在生命法则中，它们足以胜任任何情况和所有情况……没有一个会被加快或拖延……在那个巨大清晰的设计里，任何事物或人物的特定奇迹都不受承认的，那里的每个动作、每片草叶、男人和女人们的肉体和精神，以及与之相关的一切，都是不可言说的完美奇迹，一切相互关联，又彼此区分，各在其位。承认在已知世界中有什么比男人和女人更为神圣的东西，这个想法与灵魂的实际情况并不相符。

　　男人、女人、大地及其所承载的一切，只有按其实际予以接受，对它们的过去、现在和未来的考察不应中断，将以完全公正来完成，在这个基础上，哲学沉思始终面对诗人，始终关切着一切朝向幸福的永恒的趋势，永远不会与各种感官与灵魂所清晰了解的东西相矛盾。因为一切朝向幸福的永恒趋势能为合情合理的哲学作证。但凡内涵单薄的一切……但凡逊色于光与天体运动的法则……或任何比不上那些掌管小偷、骗子、饕餮者、酒鬼的此生来世的法则……或任何比不上时间的漫长推移、物质的缓慢形成、地层的漫长隆起的东西——都是无关紧要的。凡把上帝放在一首诗里或一个哲学体系里，以抵抗某种存在或影响的也同样毫无价值。明智和整体性是大师的特点……一条原则搞砸了，就全部搞砸了。大师无关于奇迹。他作为群体一员而更理解自己的健康……他在非凡的卓越中看到缺陷。完美的形式来自于普通的土壤。服从于普遍的法则是伟大的，那意味着与法则相符。大师知道他具有不可言说的伟大，知道一切都是不可言说的伟大……例如没有什么比孕育孩子，并将他们抚养长大更为伟大……知道生存就如同感知、说话一样伟大。

在杰出大师的形成中，政治上的自由理念是不可或缺的。无论男人和女人们置身何处，自由都为英雄们信奉……但没有任何人比诗人更信奉和欢迎自由。他们是自由的呼声和展现。无论哪个年代，他们都配得上这个庄严的理念……自由信赖他们，而他们必须维护它，没有任何事情比它更重要，从不歪曲它、贬低它。伟大诗人的态度是鼓舞受奴役的人，让暴君震惊。他们一回头、一挥手。他们的脚步声、对暴君充满了威胁，给奴隶带来希望。仅仅是接近他们片刻，即使他们什么也不说，也没有任何建议，你也能学到值得信任的美国知识。有些人由于一两次失败或多次挫折，或由于人们偶然的冷漠与忘恩负义，或由于权力偶尔展露的锋利獠牙，或由于从小就被灌输了要忍受士兵、大炮或任何的威胁，他们的良好意图从此削弱了，那么这样的人是不可能为自由效劳。自由独立不倚，不求人，不许诺，它沉静地坐在光明之中，积极而镇定，从不沮丧。战斗进行时，充满了响亮的警报声，频繁的前进、后退……敌人胜利了……监狱、手铐、铁枷、脚镣、绞刑架、绞索和铅弹派上了用场……事业在沉睡……响亮的喉咙被他们自己的血窒息……年轻人擦肩而过时都垂下眼帘，望着地面……那么，自由离开那个地方了吗？不，它从未离开。自由离开的时候从来不是第一个离开……它是最末一个……

当所有过去的殉道者已被彻底遗忘……当爱国者的大名在会堂的演说家嘴上遭到奚落嘲笑……当少年们在接受洗礼时不再用圣者的名字，而用暴君和叛徒的名字……当人们不愿接受自由的法律，而告密者和血腥钱的法律让人民倍觉甘甜……当我和你们在世界各地漫游，看到无数兄弟回报给我们以同等的友谊，不向任何人臣服，我们为这样的怜惜之情所激动——当我们怀着崇高喜悦，深受鼓舞地看到奴隶们时……当灵魂退入凉爽的静夜，省察它的经历，那将一个清白无助之人推入掌权者的手中或是推入残酷的卑下境地的言行而叫它欣喜若狂时……当全国各地的人本应更为容易地体现真正的美国性格却还没有体现时——当成群的奉承者、傻瓜、不反对奴隶制的北方人、政治小人、为了自己在市政府或州立法机关或法院、国会、总统府获得晋升的而策划诡计的人，无论他们是否得逞，却得到人们的爱戴和惯常的顺从……当拿着高薪、饱受约束坐在办公室里的呆子和流氓，反而好过了自由却最为贫穷的机械师或一个可以不用脱帽、目光坚定、心地正直、慷慨的农夫时……当市、州、联邦政府的或任何压迫者能够以或大或小的规模测试人民的奴性，而它本身不会在事后受到及时且无法逃避的惩罚时……也就是说，当所有男人和女人的生命和灵魂从整个地球被全部清除——到那时，自由的本能才会从地球被清除。

宇宙的诗人的属性集中在真实的身体和灵魂，集中在对各种事物产生的乐趣中，因此它们在真实性上要优越于一切虚构和浪漫的文学。在他们自我表现时，事实就沐浴在光雨之中……白天被更为变化无常的光线所照亮……日落与日出之间，大海也被加深了很多倍。每一个确切的物体、状况、组合或进程都展现出一种美……乘法运算表……老人……木匠的生意……大歌剧……乃至那艘庞大而漂亮的"纽约"号快船在海上满帆全速行驶时都闪耀着无与伦比的美……美国各界与政府的巨大和谐、最普通而明确的意图和行动，也都闪耀着它们的美。宇宙的诗人们穿过所有的干扰、掩盖、混乱和计谋，向着最初的原则挺进。他们是有用的……他们消除贫困的匮乏，消除富有的自负。他们说，你这个大财主不会比别人知道或感受得更多。图书馆的所有者不是购买了它并有合法权利的人。任何人、每一个人都是图书馆的所有者，他们只要能读遍各种语言、主题、风格的书籍，这一切便会轻松地进入他们的内心，在那里生根发芽，并努力培养出成熟的人性，从而变得灵活、强壮、丰富、博大……这些美国各州是强大、健康而完善的，它们不会以违背自然美获取乐趣，也决不允许此类事情发生。在绘画、建筑或木石雕刻中，在书籍、报纸的插图中，在任何喜剧或悲剧的书籍中，在纺织品或任何美化房间、家具、服装中，在飞檐、纪念碑、船头船尾上，或放在人们的眼前户内户外的任何地方的饰物图案中，但凡扭曲真实形象，或者创造出世上没有的东西、地方或异事的，都是令人讨厌的背叛。尤其有关于人类的形体，它如此伟大，决不允许搞得荒谬可笑。对于一件作品的装饰决不允许有荒诞的元素……但有些装饰是可以被允许的，它们与自然中的完美事物相一致，或出自作品本身的特质，不可阻挡地迸发出来，并成为作品的完整性的需要。大多数没有装饰的作品都是最为美丽的……夸张会在人类生理上得到报复。只有在自然的形体每天公开出现的社会里，干净而活泼的儿童才会孕育、出生……合众国伟大的天才和人民永不会被贬低成浪漫传奇。一旦历史得到恰如其分的陈述，浪漫传奇便不再被需要了。

伟大诗人让人一目了然，他们个人品质的正直、完美有据可查。于是人民从心底发出的一种新的快乐和神圣的声音：正直是多么美啊！完美正直的人，他的所有错误都会得到原谅。从此让我们中没有一个人说谎。因为我们已经看见，光明正大赢来了内在和外在的世界，这无一例外，并且自从我们的地球凝聚成形，欺骗、诡计、谎言从没有吸引过一颗微粒或一丝一毫的光彩——通过一个州或整个共和国的宏大的财富和繁荣，鬼祟狡猾的人一定会被发现，遭到鄙视……灵魂从来不曾遭到愚弄，也永远不会遭到愚弄……灵魂不喜欢、不赞赏的繁荣仅仅是一股臭气……无论是在地球的哪块大陆上，或者是在哪个行星、卫星、恒星、小行星上，或者是太空的任何部分，或者在任何具有密度的事物当中，或者在海流之下，或者在婴儿出生之前的状态中，或者是在生命变化期间的任何时刻，或者是以后活力的任何一个停顿或活跃时期，或者是在任何地方的形式或变形的过程中，一个凭本能就憎恨真理的家伙就从来没有出生过。

极端的谨慎和精明，最全面的官能健康，对于女人和儿童的巨大希望、赞赏和喜爱，巨大的滋养性、颠覆性和因果性，以及对自然的同一性的完美感受，对人类事物中相同精神的适应性……这一切都是从世界的智能的漂浮物中召唤起来的，成为最伟大诗人的要素，来自出生他的母亲的子宫和她母亲的子宫。小心谨慎几乎是怎么都不过分的。人们认为，一个谨慎的公民就是那些致力于务实、善于为自己和家庭打算、既无债务也不触犯法律的人。最伟大的诗人看到并承认这些经济上的精明，正如他看到食物和睡眠一样重要，但是他对精明有更高的见解，而不仅仅留意一下门闩就够了。生活智慧的前提不在于它的殷勤好客或它的成熟、收获。除了存留一小笔丧葬费以便自立，除了在美国拥有一片立足之地，周围有几块护墙板、头上有几片木瓦，以及有支撑每年吃穿必花的钱就足够了，令人沮丧的精明是为了赚钱，抛弃作为人这样一种伟大生命的尊严，只顾着赚钱而虚度岁月，不舍炎日寒夜，令人窒息的欺诈和阴险诡计，或起居室里鸡毛蒜皮的小事，或在别人挨饿时不知羞耻地大吃大喝……彻底丧失了享受大地、鲜花、空气、海洋的清香，错过享受青年、中年时期遇见或打交道的女人、男人的真实味道，在一个缺乏崇高或天真的一生终结时引发病态和不顾一切的反抗、缺乏宁静或尊严的死亡那恐惧的唠叨——这些都是对现代文明和远见卓识的极大亵渎，玷污文明勾画的那无可非议外观和秩序，用泪水打湿那在灵魂之吻面前迅疾展开的美好面貌……有关精明还有待做出进一步的解释。备受尊敬的人生如果只在乎健康和尊严上的精明，那也会黯然失色，根本不值一瞥，想起还有适合于永恒的精明，大大小小的人物都会悄悄地站在一旁，那种在短短一年或七八十年里施展的聪明算得了什么呢？大智慧是隔了很久后，在某个时辰又回来了，带着强劲的力量、丰厚的礼物，满面春风的婚庆嘉宾们从你目力所及的各个方向朝你欢乐奔来。只有灵魂是它自己——其他一切都与其结果相关，一个人的所做所想都会产生后果。一个男人或女人的一举一动不但会在一天、一个月或任何时候以及死亡之时对他们产生影响，而且同样会在来生继续影响他们。死亡之后永远和在世之时同样出色和真实。精神从身体所接收的和它给予身体的同样多。任何一种言论或行为的名称……得性病或玷污自己……隐秘的手淫……贪吃贪杯的人腐败的血脉……贪污、诡计、背叛、谋杀……那些引诱妇女的毒蛇……妇女们的愚蠢服从……卖淫……年青人的堕落……不择手段的获取……肮脏的贪欲……官员对民众、法官对犯人、父亲对儿子、儿子对父亲、丈夫对妻子、老板对学徒的粗暴……贪婪的表情、恶毒的希望……人们的自作自受……所有这些都永远不是或永远不会印在节目单上，可到时候它就会上演，得到报应，得到报应还会再上演……而这些实现了的则再次获得报应。博爱的动力或个人的力量永远莫过于最为深刻的理智，无论它是否会带来争论。对它不必细说……增减和区分都是徒劳的。无论大小、有无学问、黑人或白人、合法或非法、疾病或健康，从吸入气管的第一口气到呼出最后一口气，每个男女的充满活力，仁慈，清洁的行为，在宇宙不可动摇的秩序中，在它整个的领域中，对他或她永远大有裨益。如果野蛮人或重罪犯是聪明的，那很好……如果最伟大的诗人或学者是聪明的，那很好……如果总统或者首席法官是聪明的，那也一样……如果年轻的技工或农夫是聪明的，那也差不多……如果妓女是聪明的，那也恰如其分。总会有所收益……一切都会来。战争与和平的一切最好的作用……给予亲属、陌生人、穷人、老人、不幸的人、幼儿、寡妇、病人和所有被冷落的人以帮助……所有给逃亡者和奴隶以支持……所有在遇险的船只上坚定地远远站在一边看着别人上救生船的自我克制……所有为了崇高事业或为朋友、为信念献出财产和生命的人……所有被邻居嘲笑的热心人的种种痛苦……母亲们所有巨大甜蜜的爱和承受的艰辛……所有在有记载或无记载的战斗中受挫的老实人……若干古代民族的所有崇高和美德，他们残缺的历史由我们继承……所有我们不知其名称、时代、地域的许多古代民族的美德……所有曾经的宏业骏开，无论成功与否……那无论何时出自人心的神圣思想、高尚言词或巧夺天工给予的一切启示……所有今天在地球表面的任何部分，或在任何行星、任何运动或固定的恒星上，那里的人跟这里的我们一样，很好地想过、做过的事情……所有今后你或任何人很好地想过、做过的事情——这一切单独地和全部地在当时、现在和将来都永远适合那些从它们中已经或将要产生的个体……你可能猜想它们只是昙花一现？然而世界不是这样运行的……其摸得着、摸不着的部分也不是这样运行的……现存的结论无不来自于长久以前的结论，后者亦如此，这样追根溯源，就无法说哪个最远的点比任何别的点更接近开端……凡使灵魂满足的东西都是真理。最伟大诗人的智慧最终应和了灵魂的渴望与贪欲，它不轻视任何小聪明，如果它们遵从它的方式，它不排斥任何东西，不允许自己的或任何别的缘故而停顿，它没有特定的安息日或审判日，它不把生和死、正义与非正义相区分，它对现实感到满意，对任何一种思想或行为都从自己这方面加以配合，它不知道可能的宽恕或替代性的补偿……它知道那从容冒险并献出生命的年轻人此生无憾，而那从不冒生命之险而是在富有舒适中活到老年的人则一无所成，不值一提……它知道只有学会了选择真正长久的事物的人，对身体和灵魂同样喜爱的人，并领悟到来世必然跟着现世，他所做的事情无论善恶都将一起向前，等待着与他再次相遇……只有那样的人才无须学习伟大的智慧，这种人的精神在任何紧急关头都从容镇定、不惧死亡。

将成为最伟大诗人的人，直接的考验就在今天。如果他不把当今的时代当作巨大的海潮来冲洗自己……如果他不将自己国家的机体和灵魂全都吸引，用无可比拟的爱搂住它的颈项，将自己闪米特人的力量投入它的精华与糟粕……如果他自己就不是理想化的时代……如果永恒没有向他打开，那么，就让他消失在茫茫人海，等待他的成长。是永恒将相似性赋予了所有时代、地域、进程、有生命和无生命的形体，永恒是时间的纽带，以今天漂浮不定的形状从时间的不可思议的模糊和无限中升起，被柔韧的生命之锚抓住，让现在这个点成为从过去通向未来的通道，并代表了这一个钟头的时间之波，代表这一波的六十个美丽儿女之一……对于诗篇、任何作品或作品中的角色，还有最终的考验。有先见之明的诗人会为自己作出未来几个世纪的规划，依据时代的变迁判断表演者或表演。他的作品能经受住这些变迁吗？那时它们仍在不知疲倦地坚持下去吗？同样的风格和类似的才能那时还能让人满意吗？难道不会出现新的科学发现，或思想、判断和行为达到更高的层面，使得他及其作品被人轻视吗？难道千百年时间的进程愿意为了他的缘故而绕路而行？在他死后很久很久还会被人爱戴？小伙子们会时常想起他吗？姑娘们时常想起他吗？中年人和老年人会想起他吗？

一首伟大的诗是为世世代代所共有，是为了所有阶层和各种肤色的人们所共有，为所有部门和宗派所共有，为了一个女人就像为一个男人那样，为了一个男人就像为一个女人那样所共有。一首伟大的诗对于男人或女人都不是终结，而更是一个开始。有人幻想过他最终能在某种适宜的权威下坐下来，他能满足于一些解释，实现自身，他能大彻大悟吗？最伟大的诗人不会带来这样的终点⋯⋯他既不会带来停滞，也不会助长肥胖和安逸。他在行动中表露他的风格。他把他抓住的人紧紧掌握在手里，带入以往从未抵达过的生活领域⋯⋯此后更无休息可言⋯⋯他们看见空间和不可言喻的光辉将以往生活过的地方和光线转变成死灰的真空。他的同伴目睹群星的诞生和运行，并领悟到某种意义。现在将有一个人升华出来⋯⋯年长的鼓励年轻的，并向他展示⋯⋯他们两人将一同开启无畏的旅程，直到新世界适应了它的轨道，并泰然自若地看着那些群星的小轨道，迅速飞过没有终点的圆环，永远不再休闲。

牧师很快就不复存在了。他们的使命已经完成，他们会等上片刻⋯⋯也许一代或两代人⋯⋯然后逐渐减少，一种更优秀的人将取代他们的位置⋯⋯各种思想体系和新思想的信奉者会一同取代他们的位置。一种新秩序即将崛起，他们将成为人类的牧师，每个人将成为他自己的牧师。在他们的庇护下建造起的教堂将是男人和女人们的教堂。通过他们自己的神性，新思想体系和新一代诗人将成为男人和女人们以及所有事件和事物的解释者。他们将在今天的真实事物中、在过去与未来的征兆中发现自己的灵感⋯⋯他们将不屑于维护永恒、上帝、完美的事物、自由、精致的美和灵魂的真相。他们会在美国崛起，并得到世界各地的响应。

英语特别有助于表现庄严的美国⋯⋯它足够强壮，有足够的柔韧和完整。它在一个历尽世事变迁而从不缺少政治自由思想的种族中扎根，这种环境是一切自由精神的根基。它汲取了更加精致、更加鲜明、更加微妙、更加优雅的词汇。它是一种有耐力的强大语言……它是富有常识的语言。它是那些既骄傲而忧郁的民族以及一切有追求的民族的语言。它是用来表达成长、信念、自尊、自由、正义、平等、友谊、丰富、智慧、果敢和勇气的语言。它是一种能够最恰当表达不可表达之物的工具。

没有哪种伟大的文学，也没有哪种类似风格的行为、雄辩、社交、家政、公共机构、雇佣关系，或行政细节、陆海军的细则，或立法、司法、治安、教育、建筑学、歌曲、娱乐、青年人的服装，能够长期逃避美国标准那敏感而热情的直觉。这些东西要么就消逝了、要么就立足留存下来，不管人们嘴上说还是不说，它总是在每个自由男人和女人的心中生成疑问。它与我的国家一致吗？它的安排是否存在屈辱的性质？它适合那些日益增长的由兄弟和恋人所组成的庞大、团结、比旧的模式更豪迈、比所有模式更丰富的不断成长壮大的社团吗？它是从田野里新长出来的，是从海里采撷出来的，此时此地为我所用的吗？我知道凡是适合我这个美国人的，也必定适合每一个人和整个国家，他们都是我的一部分。它适合吗？或者它无关乎普遍的需要？或者它出自于那些不发达的特定等级的社会需要？或者出于被现代科学和社会形态压倒的老式乐趣的需要？它是否明确且绝对地承认自由、废除奴隶制是与国家命运休戚相关的？它有助于培养一个健美结实的男人，还有一个女人作为他完美独立的伴侣吗？它会移风易俗吗？它适合哺育共和国的青年人吗？它易于和那有着许多孩子的母亲乳房上的香甜奶汁相融合吗？它也有那些古老而常新的克制和公正吗？它以同等的爱对待新生儿？看待那些正在成长的人？看待那些误入歧途的人？看待除了自己的力量，而蔑视一切外界攻击力的人吗？

从别的诗中提炼出来的诗可能会消失。怯懦者肯定会被淘汰。对活力和伟大的期待只能由富有活力和伟大的行为来满足。那多数圆滑的批评、应景和文雅的作品将漂浮而去，留不下任何记忆。美国满怀镇静和好意准备迎接那些送出话来的来访者。他们受欢迎的理由不是才智。有天赋者、艺术家、有原创精神的人、编辑、政治家、博学之士……他们无不受到欣赏……他们各得其所，各尽所能。国家的灵魂也履行它的职责。它不放过任何伪装……任何伪装都瞒不过它。它什么都不拒绝，它什么都容许。它只迎合与它一样优秀和与它同类的民族。当一个人具有构成第一流国家的品格时，他也就同这个国家一样出色。最伟大、最富裕和最自豪的国家的灵魂便自然会去迎合它的诗人们的灵魂。这样的迹象应验了。不要害怕它会犯错。如果一方是真实的，另一方也必定真实。一个诗人的证明在于他的国家深情地吸纳他，就如同他吸纳了自己的国家。

1855 年，纽约市布鲁克林区

《草叶集》名篇节选欣赏

《自己之歌》（节选）

我赞美我自己，歌唱我自己，

我所承担的一切你也得承担起来，

因为属于你的每一个原子都同样属于你。

我闲游着，邀请我的灵魂一起，

我悠闲地俯身观察一片夏天的草叶。

我的舌头，我血液中的每个原子，都由这泥土这空气所构成，

我生在这里，我的父母生在这里，他们的父母也生在这里，

我如今三十七岁，身体完全健康，开始歌唱，

希望不停地歌唱下去，直到死亡。

教条和学派先不去管，

暂且退回来，满足于它们的现状，可是决不能忘了，

我一味怀抱自然，我允许无所顾忌地述说自然，
以原始的活力，谁也不能阻拦。

……

我相信你，我的灵魂，那另一个我决不向你屈就，
而你也决不屈从另一个，

跟我在草地上闲游，把你喉咙里的塞子拔掉，
我要的不是言语，不是音乐或旋律，不是习俗或演说，
哪怕它们最好也不要，
我只喜欢宁静，你那有节制的声音的低吟。

我记得有一回在这样一个明媚的夏天的早晨，我们躺着，
你把你的头横搁在我的大腿上，在我身上轻轻地滚动，
然后把我胸脯上的汗衣解开，将你的舌头伸入我那赤裸的心，
直到你摸触到我的胡须，直到你把我的双脚抱住。

一种无可争议的平静和认识迅速地在我周围升起和扩展，
我知道上帝的手便是我自己的诺言，
我知道上帝的精神是我自己的兄弟，
所有出生过的男人也都是我的兄弟，女人是我的姐妹和情侣，
而造化的一根龙骨是爱，
无穷无尽的是田野里那些挺直或低垂的叶子，

它们底下那些小洞中的褐色蚁群，

以及乱石堆、接骨木、毛蕊花、牛蒡草和曲栏上的苔痕。

……

一个孩子说：草是什么呢？他两手捧一大把递给我；

我怎么回答这孩子呀？我知道的并不比他多。

我猜想它是性格的旗帜，由充满希望的绿色质料所织成。

我猜想它是上帝的手帕，

一件故意丢下的芳香的礼物和纪念品，

我们一看便注意到，并说：这是谁的？因为它的某个角上带有物主的姓名。

我猜想或者草本身就是个孩子，是植物产下的婴儿。

我猜想或者它是一种统一的象形文字，

它意味着，在或宽或窄的地区同样繁殖，

在黑人或白人中间一样成长，

凯纳克人、塔克荷人、国会议员、科甫人，我给他们同样的东西，我对待他们完全一样。

如今在我看来它好像是坟墓上没有修剪过的美丽的头发。

这草叶颜色很深，不会是从老母亲的白头上来的，

比老年男人的无色的胡子也暗黑些，
黑得不像来自淡红色的上颚。

哦，我毕竟看见了这么多说话的舌头，
我看出它们不是无缘无故地从那些上颚来的。

我但愿能够译出那些关于已死的青年男女的暗示，
还有关于老年男人和母亲以及很快离开他们怀抱的婴儿们的
暗示。

……

你，大海啊，我也把自己委托给你——我猜得出你的心意，
我从海岸上看见你那远去的手指在召唤我，
我相信你没有触摸到我便不愿回去，
我们只得在一起周旋一番，我脱下衣服，赶忙离开陆地，
你轻轻地托着我吧，摇着我在大浪上昏昏欲睡，
用多情的水波冲刷我，我会报答你。

波涛向陆地滚滚而来的大海呀，
呼吸粗犷和阵阵喘息的大海呀，
供人以生命之盐和无需挖掘而随时准备好了坟墓的大海呀，
叱咤风云、任性而又文雅的大海呀，
我与你合在一起，我也是既简单而又多样的。

我分享你的涨落，赞颂仇恨与调和，

我赞颂爱侣和那些睡在彼此怀抱中的同伙，

我是同情心的作证者，

（难道我将清点房子里的东西，而把安放这些东西的房子漏

掉？）

我不单是善的诗人，我也并不拒绝做一个恶的诗人。

……

沃尔特·惠特曼，一个宇宙，曼哈顿的儿子，

狂乱，肥硕，多欲，能吃，能喝，善于繁殖，

不是伤感主义者，不凌驾于男人和女人之上，或远离他们，

不谦恭也不放肆。

把门上的锁拆下来！

把门也从门框上撬下来！

谁贬低别人就是贬低我，

无论什么言行最终都归结到我。

灵性汹涌澎湃地通过我奔流，潮流和指标也从我身上通过。

我说出原始的通行口令，我发出民主的信号，

上帝啊！如非所有的人在同样条件下所能相应地得到的东西，我决不接受。

通过我发出了许多长期哑默的声音，

病人和绝望者以及盗贼和侏儒的声音，

准备和生长轮转不息的声音，

链接群星的线的声音，子宫与精子的声音，

还有那些被别人践踏的人的权利的声音，

畸形者、渺小者、呆板者、愚蠢者、被蔑视者的声音，

天空的浓雾和转着粪丸的甲虫的声音。

通过我发出的被禁止的声音，

性的和情欲的声音，原来被遮掩而现在让我揭开了的声音，

由我澄清并转化了的淫秽的声音。

我没有用手指堵住我的嘴，

我对于腹部周围像对于头和心脏周围那样保持高洁，

性交对我并不比死亡更为淫邪。

我赞成种种的欲念和肉感，

视觉、听觉和感觉是神奇的，我的每一个部分和附属品都是奇观。

我里外都是神圣的，我使我所接触的及接触过我的一切都变得圣洁，

这些腋窝里的气味是比祈祷更美的芳香，

这个头比教堂、圣经以及所有的信经更美。

如果我崇拜一物胜过另一物，我更崇拜的就是我自己的横陈
着的身体或它的任何一部分，

我的半透明的模型，那就是你！

阴凉的棚架和休憩处，那就是你！

坚硬的男性的犁头，那就是你！

凡是来到我的耕地的，那就是你！

我的丰富的血液，那乳状的流体，我生命的灰白的奶汁，那
就是你！

紧压在别人胸脯上的胸脯，那就是你！

我的脑子，那奥秘的回旋啊，那就是你！

洗涤过的像菖蒲的根子呀！胆怯的池鹨呀！被守卫的双生鸟
卵的小窠呀！那就是你！

在头上混杂和纠缠着的干草，胡子，肌肉，那就是你！

枫树流淌着的叶汁，刚毅的小麦秆纤维，那就是你！

多么慷慨的太阳，那就是你！

使我的脸时阴时暗的蒸汽，那就是你！

你出汗的溪流和露水，那就是你！

用柔软而逗弄人的生殖器摩擦着我的和风，那就是你！

宽阔健壮的田野，活橡树的叶子，我那曲径上的爱恋的游
客，那就是你！

我所握过的手，我所吻过的脸，我曾经抚摸过的生灵，那就

是你！

……

我看不见的某种东西高举着色欲的尖头工具，
海洋般明亮的液汁喷洒着天宇。

大地紧倚着天空，它们每天都连接起来，
那时我头上升起了从东方涌现的挑战，
嘲弄而威吓地说，看你能不能充当主宰！

……

苍鹰在上空掠过并斥责我，它怪我饶舌和迟迟不走。

我也一点不驯顺，我也是一个不可解说的人，
我在世界屋脊上发出我的粗野的喊叫声。

白天的最后的日影为我流连，
它把我的在其余一切后面并像任何事物那样真实的影子投掷
在多影的荒原，
它劝诱我走向雾霭和昏暗。

我像空气一样走了，我向正在消逝的太阳摇晃着我的绺绺白

发，

我把我的血肉抛入旋涡，像包在花边样的皱襞中飘泛。

我将我自己馈赠给秽土，让它再生长在我所爱的草丛里，

如果你想再得到我，请到你的靴后跟底下去寻觅。

你很可能不会知道我是谁或我有什么意义，

但是我仍然会有益于你的健康，

并将滤净和增强你的血液。

如果你一时找不着我，请仍然保持勇气，

一处不见就到另一处寻觅，

我总会在某个地方等着你。

《横过布鲁克林渡口》（节选）

在我下面的浪潮啊，我面对面看着你！

西天的云——太阳在那里还有半小时的行程——我也面对面
看着你。

穿着平常衣服的成群的男女，你们对我显得那么新奇！

渡船上成百上千过河回家的乘客对我来说比你们所想象的还
要新奇，

而你们，那些在今后岁月中还要从此岸到彼岸的人，对我来说更加新奇，比你们所想象的更加在我的沉思默想里。

　　……

　　时间或空间都不起作用——距离不起作用，
　　我跟你们在一起，你们这一代或今后许多个世代的男人和女人，
　　就像你们望着河流和天空时的感觉一样，我也曾这样感觉，
　　就像你们每个人或者是人群中的一员，我也曾是人群中的一员，
　　就像你们为河上与清流的欢乐所感染，我也曾受到感染，
　　就像你们在这里凭栏站立，但与急流一起神游，我也曾这样站着神游，
　　就像你们注视这无数的船桅和汽轮的粗大烟囱，我也曾这样望着。

　　以前我也许多次横渡过这条河流，
　　看着十二月的海鸥，看着它们在高空平稳地滑翔，抖擞，
　　看见它们身体上那些黄色的被照得发光的部分，而其他的部分在浓重的黑影中，
　　看见它们缓缓地盘旋并渐渐向南边移动，
　　看见夏季天空在水中的反映，
　　一道道忽闪的光辉让我感到了眩晕，

望着照亮的水中我那头影周围的美丽的辐射光柱，

望着南边和西边那些小山上的薄雾，

望着那些染上黄色的羊毛般的蒸汽，

望着远处的海湾，注意到抵达的船只。

……

那一片片黑影不仅落在你身上，

黑影也曾一片片地降临于我，

我所达到的最大成就据我看是空虚而可疑的，

我所自认为伟大的思想，实际上不是很贫乏吗？

也并非只有你才知道什么是邪恶，

我这个人也知道邪恶是什么，

我也曾编过古老的矛盾之结，

我曾胡说过，脸红过，怨恨过，欺骗过，偷盗过，嫉妒过，

有过诡诈、愤怒、淫欲和不敢明说的念头，

曾经刚愎自用，爱好虚荣，贪婪，浅薄，狡猾，恶毒，怯懦，

身上并不缺少豺狼、毒蛇和蠢猪般的东西，

以及骗人的面孔，轻佻的言语，淫邪的欲望，

拒绝、仇恨、拖延、卑鄙、懒惰，应有尽有，

和其他的人一起，有着其他人一样的日子和运气，

当年轻人看见我走近或经过时都以最亲昵的名称和响亮的声音打招呼。

……

向前进吧，河流！与涨潮一起奔涌，与落潮一起退走吧！

继续嬉戏吧，你们这些头戴花冠的扇贝形波涛！

日落时瑰丽的云彩啊！用你的光辉浸透我活着我以后若干世代的男人和女人吧！

从此岸横渡彼岸，数不清的过渡的人群啊！

站起来吧，曼哈顿的过渡的人群啊！站起来吧，布鲁克林的美丽的群山！

跳动吧，困惑而又好奇的大脑，把问题和回答抛出来啊！

在这里和无论哪里暂停吧，液体的永恒漂流！

凝望吧，可爱的焦渴的眼睛，在室内或大街上或公众集会的场所！

……

飘扬吧，所有国家的旗帜，日落时一定得降下！

把你们的火苗高高燃起吧，铸造厂的烟囱！入夜时把黑影抛下！把红光和黄光抛掷到屋顶！

你们这些表面现象啊，无论现在或今后，请标明你们是什么，

你这必要的薄膜啊，请继续把灵魂包着，

情为了我在我的身体周围，为了你在你的身体周围，飘起最圣洁的香气，

繁荣起来吧，都市——带着你们的货物，带着你们的产品，

宽广而丰沛的河流，

扩张吧，也许比一切别的东西都更加富于灵性的存在，

保持你们的地位吧，比一切别的东西都更能持久的物体。

你们曾经等候过，你们永远在等候，你们这些哑口无言的美丽的使者，

我们终于怀着自由的感觉接待你们，并且从此永不会满足，

你们再也不可能使我们迷惑或拒不接近我们，

我们使用你们，不把你们抛掷在一旁——我们永远将你们栽植于我们心中，

我们不揣度你们——我们爱你们——你们身上也有的是完美，

你们对永恒尽到了你们的责任，

无论伟大或渺小，你们对灵魂尽到了你们的责任。

《当紫丁香最近在庭院开放时》（节选）

当紫丁香最近在庭院开放，

而那颗巨星晚上很早便在西天陨落的时候，

我曾经哀悼，而且还要在今后年年回来的每个春天哀悼。

年年回来的每一个春天，你一定会带给我三件东西，

一年一度开放的紫丁香和西天陨落的星星，

以及对我所爱的他的思念，三位一体。

......

在古老的农舍前面的庭院里，靠近白色栅栏的地方，
生长着一丛高高的有着心形翠绿叶片的紫丁香，
它开着许多美丽的尖尖花朵，散发着我心爱的芬芳，
它的每片叶子都是一个奇迹——极不平凡，
我摘取一个开满鲜花的小枝，从这庭院，
这有着娇艳花朵和心形绿叶的灌木丛里面。

......

棺材穿过大街和小巷，
穿过白天黑夜有大片乌云遮盖的地方

这里，缓缓经过的灵柩啊，
我把我的丁香枝先给你，连同上面的花朵。

......

唱吧，在那边，在沼泽地里，
啊，羞涩而温柔的歌手，我听见你的曲调，我听见你的呼唤，
我听见了，我就要来，我了解你，
但是我要延迟一会儿，因为那炫亮的星星留住了我，
那星星，我的告别的伙伴，他抓住我不让我分离。

......

唱下去吧，唱下去，你这灰褐色的鸟儿，

从沼泽地那隐秘的地方，从丛林里，倾泼出你的歌声，

让它无休止地漫出黑夜，漫出杉林和松林。

唱下去吧，最亲爱的兄弟，悠扬地吹奏你的芦笙，

那响亮的人类之歌，用极端悲切的声音。

啊，流畅、自由而温柔！

啊，给我的灵魂以狂热纵情的感受——啊，奇妙的歌手！

我只听你——可是星星留住我（不过将很快分离，）

可是那芬芳迷人的紫丁香留住我。

......

幻象在过去，夜已深了，

伙伴们抓着我的那些手松开了，也过去了。

在过去的还有那只隐蔽的鸟儿的歌和我的灵魂与之相唱和的

歌，

胜利之歌，死亡的出路之歌，可也是多样的、永远在变动的

歌，

它低沉而哀婉，可是又清晰流畅，时高时低地弥漫于黑夜，

接着便悲戚地下沉和渐渐低微，好像在再三警告，但随即又

欢乐地爆发了，

这时它笼罩大地，充塞着辽阔的天空，

就像那天晚上我从隐蔽处听到的那支雄壮的圣歌，

我经过时留下你带有心形叶片的紫丁香，

我留下你在那儿前院里，好年年与春天回来，年年开放。

我要停止我对你的歌唱了，

我将不再面对西方注视着西天的你，与你交谈，

啊，有着银白脸盘的在夜里灿灿发光的伙伴！

不过我要把这一切都保留下来，不容许它们被黑夜吞没，

这歌声，这只灰褐色鸟儿的奇妙的歌声，

这和唱，从我心灵中唤起的反应，

连同那颗低垂的灿烂的满脸悲戚的星星，

连同那些正在向鸟儿的呼唤接近的握着我的手的挽留着，

我的伙伴们和当中的我，以及他们对于我所热爱的死者的永
久记忆，

对于我这时代和国家的最可爱、最睿智的灵魂的记忆，——
正是为了亲爱的他的缘故，

紫丁香、星星和鸟儿与我的灵魂的歌交缠在一起，

在那儿，在芬芳的松树和昏暗的杉林所在的幽深处。

《啊，船长，我的船长！》

啊，船长，我的船长！我们的可怕的航程已经终了，

船只渡过了一个个难关，我们追求的目的已经达到，

港口就在眼前，我听到了钟声，听到了人们狂热的呼喊，

无数的眼睛在望着坚定的船。它威严而又勇敢；

但是，心啊！心啊！心啊！

鲜红的血在流淌！

我的船长在甲板上躺着，

他倒下死了，已经冰凉。

啊，船长，我的船长！请起来听听这钟声，

起来啊——旗帜在为你招展——号角在为你哀鸣，

花束和花环为你赞礼，人群为你挤满了海岸，

他们向你呼唤，这些晃动的人群，朝你高仰着急切的脸；

在这里，船长！亲爱的父亲！

请把你的头枕着这只臂膀，

在这甲板上，真像一场梦，

你倒下死了，已经冰凉。

我的船长没有回答，他的嘴唇惨白而僵冷，

我的父亲感觉不到我的臂膀，他已经没有脉搏和神经，

船只安全而稳定地下锚了，它的航行已宣告完毕，

胜利的船只从可怕的旅途中走来，达到了目的；

欢呼啊，海岸，敲响啊，巨钟！
但是我悲痛地跟跄，
行走在甲板上，在那里我的船长躺着，
他倒下死了，已经冰凉。

沃尔特·惠特曼年表

1819 年 5 月 31 日　沃尔特·惠特曼诞生于纽约长岛亨廷顿区的西山村。父亲是建筑木工；兄弟姐妹共八人，沃尔特排行第二。

1823 年　惠特曼一家迁到布鲁克林，最初住在渡口附近的前街。

1825 年　法国革命活动家、美国独立战争志愿参加者拉法耶特访问布鲁克林，7 月 4 日在一公共场所偶尔拥抱了沃尔特一会儿，诗人终生引为荣耀。

1825—1830 年　在布鲁克林公立学校上学。

1830—1831 年　先后在一家律师事务所和一家医院诊所当勤杂工。

1831—1835 年　先后在《长岛爱国者》报，沃辛顿印刷公司和《长岛之星》报当印刷工学徒和排字工。

1833 年　惠特曼一家迁回乡下，但沃尔特继续留在《长岛之星》报。

1835 年 5 月 12 日至翌年 5 月　在纽约市一些印刷所工作。

1836—1838 年　先后在长岛的东诺威奇、汉普斯特德、巴比伦、朗斯瓦普、史密斯镇等地的乡村学校教书，在史密斯镇时积极参加当地辩论协会的活动。

1938—1839 年　在亨廷顿编辑《长岛人》周报。

1839—1840 年　在长岛贾梅卡《民主党人》报当排字工，并在该报发表诗歌和小品文。

1840—1841 年　参加民主党人范布伦竞选总统的活动，同时继续在《民主党人》报发表诗作。

1841 年 5 月　赴纽约，在《新世界》当排字工；6 月在市府公园一次民主党人集会上发表演说；8 月开始在《民主评论》发表短篇故事。此后数年常给纽约几家著名报刊如《百老汇日报》《美国评论》《纽约太阳报》《哥伦比亚杂志》等投稿，到 1845 年已经发表 15 篇以上的短篇故事和速写，以及中篇《富兰克林·伊凡斯》。

1842 年　先后在《曙光》和《闲谈者晚报》当编辑。

1843 年　在《政治家》当编辑。

1844 年　在《纽约民主党人》当编辑，10 月到《纽约晚报》工作。

1845—1846 年　在《长岛之星》报工作。

1846—1848 年　任布鲁克林《每日鹰报》编辑，成为歌剧爱好者。

1848 年 1 月　离开《每日鹰报》，2 月 11 日与弟弟杰夫赴新奥尔良，就任《新月》编辑；5 月 24 日辞职返回北部，沿密西西比河经大湖区和哈德逊流域，6 月 15 日抵布鲁克林。

1848—1849 年　主编"自有土地"派的《布鲁克林自由人》报，

1849 年 9 月　被迫辞职。

1849 年 6 月　由颅相学家劳·福勒看了颅相；在家开办印刷所和书店。

1850—1854 年　在布鲁克林经营房屋建筑，参加木工劳动。1850

年与父亲重访西山村故居；发表《起义之歌》等短诗四首。1851年3月31日在布鲁克林艺术协会发表演讲。

1855 年 5 月 15 日 申请《草叶集》出版许可；6月4日左右《草叶集》第一版自费出版。7月11日父亲去世。7月21日爱默生发来祝贺诗集出版的"感谢信"。9月17日蒙·唐韦来访。12月11日爱默生来访。

1856 年 2 月 在布鲁克林再次会晤爱默生。8、9月间《草叶集》二版自费出版。11月奥尔科特和梭罗来访。《论第十八届总统选举》于是年写成，但未能出版。

1857—1859 年 任布鲁克林《时代日报》编辑。1859年夏天失业，常去纽约浦发夫餐馆访问，陷入"第一次精神危机"，写组诗《芦笛》和《亚当的子孙》。

1860 年 《草叶集》三版由塞耶和埃尔德里奇出版社出版。3月诗人赴波士顿看清样，与爱默生讨论"诗性"，拒绝后者关于撤销《亚当》组诗的建议。在波士顿时结识奥康纳和特罗布里奇。

1861 年 塞耶和埃尔德里奇出版社破产，《草叶集》印版落入一个不法出版商手中，被不断偷印盗卖。是年4月内战爆发，诗人立誓要"锻炼出一个纯洁而强壮的身体"；开始访问纽约医院的伤兵，并志愿参与伤兵的康复工作。

1862 年 12 月 14 日 得到弟弟乔治受伤的消息，立即赴弗吉尼亚前线寻访；年底回到华盛顿，与奥康纳重逢。

1863—1864 年 定居华盛顿，成为陆军医院的义务护理员，同时在军需处做抄写工作以维持生计。1863年结识巴勒斯。1864年夏因病回到布鲁克林，在家休养半年。

1865 年 1 月　被任命为内务部印第安纳事务局办事员。4 月林肯总统被刺杀，诗人着手写挽诗《紫丁香》。6 月底被内务部长哈伦无理解雇，随即转为司法部长办公室任职员。10 月《擂鼓集》及续编《林肯挽诗》出版。

1866 年　奥康纳为抗议哈伦对诗人的解雇而写的《白发好诗人》出版。

1867 年　《草叶集》四版问世，威廉·罗塞蒂发表评论文章。巴勒斯的第一本传记《略论作为诗人与人的惠特曼》出版。《民主展望》第一部分《民主论》在《银河》发表。

1868 年　威廉·罗塞蒂编选的《惠特曼诗选》在伦敦出版。奥康纳出版《木匠》，隐约地把惠特曼写成现代基督。《民主展望》第二部分《个人人格至上论》发表。

1869 年　安妮·吉尔克里斯特夫人读到惠特曼的诗。

1870 年　吉尔克里斯特夫人的文章《一位英国妇女对惠特曼的评价》在波士顿的《激进者》月刊发表。《民主展望》初版出书。

1871 年　《草叶集》五版及小册子《向印度航向》问世。收到斯温伯恩的一首颂诗、丁尼生的一封表示友好的信和吉尔克里斯特夫人的求爱信。在"美国学会"展览会上献诵《毕竟不只是创造》（即《博览会之歌》）。《民主展望》丹麦文文本出版。

1872 年　在达特茅斯学院毕业典礼上献诵《像一只自由飞翔的大鸟》（即《母亲，你与你的一群平等的儿女》）。因黑人选举权问题与奥康纳发生严重争吵。在经历了一年多的症状后终于发病；写下第一个遗嘱。

1873 年 1 月 23 日　晚上中风，得偏瘫症。2 月间弟媳玛莎病逝。

5月母亲去世。6月离职到新泽西州卡姆登休养，从此寄居在弟弟乔治家长达十年之久。结识青年作家特劳贝尔。

1874 年 7 月 被解除政府机关职务，陷入贫病交困之境。发表《红杉树之歌》和《哥伦布的祈祷》。

1875 年 结识青年印刷工哈利·斯塔福。在斯塔福的农场度过夏天，健康状况好转。11 月与巴勒斯访问华盛顿，参加爱伦·坡的公葬仪式。

1876 年 由于《新泽西新闻》1 月 26 日的一篇文章，英美两国文化发生关于惠特曼在美国是否受歧视的争论。建国百周年纪念集出版，包括上下两卷，即《草叶集》第六版和《双溪集》。罗塞蒂与吉尔克里斯特夫人在英国推销两卷集，予诗人以有力支援。9 月，吉尔克里斯特夫人全家到达美国，寓居费城，惠特曼常往访问。

1877 年 1 月 在费城托马斯·潘恩纪念会上发表演讲。2 月，纽约朋友们为诗人举行招待会。赴纽约埃索浦斯访问巴勒斯家。5月—7月，英国作家爱德华·卡朋特、加拿大医生理查德·巴克博士先后来访，后者成为诗人晚年最亲密的朋友。

1878 年 夏末，诗人朗费罗来访。

1879 年 4 月 在纽约发表纪念林肯的演说。6 月 7 日吉尔克里斯特夫人一家动身返英，行前在纽约与诗人单独晤谈一次。9 月赴西部旅行，所到之处包括托皮卡、洛基斯、丹佛、犹他、内华达；归途在圣路易斯弟弟杰夫家滞留三个月，翌年 1 月返抵卡姆登。

1880 年 6 月 赴加拿大访问巴克博士，并乘船往圣劳伦斯旅游，10 月回到卡姆登。

1881 年 4 月　赴波士顿发表纪念林肯的讲演，回访朗费罗。7 月与巴克博士访问长岛故乡。8 月再赴波士顿，看《草叶集》第七版清样，访问康科德，受到爱默生夫妇款待。11 月《草叶集》七版由奥斯古德出版公司在波士顿出版。

1882 年 1 月 19 日　王尔德来访。2 月费城"不良图书查禁协会"宣布《草叶集》七版"有伤风化"，5 月奥斯古德出版社决定停止出版，印版交作者处理，后由大卫·麦凯重印，并出版《典型日子》。3 月—4 月朗费罗和爱默生相继去世，惠特曼撰文悼念。

1883 年　巴克博士在诗人自己的协助下写成并出版了《沃尔特·惠特曼》。

1884 年　春天，用《草叶集》新版版税收入购得卡姆登米克尔大街 328 号住宅，随即迁入。6 月卡朋特再次拜访。

1885 年　英国文学评论家埃德蒙·戈斯来访。朋友鉴于诗人外出艰难，捐赠一辆小马车和一匹马。

惠特曼雕像，位于美国纽约

1886 年 5 月　收到英国朋友们捐赠的 850 美元；不久，波士顿朋友捐来 800 美元，供诗人购置避暑别墅。年底又收到《蓓儿美尔》报送来的 80 英镑新年赠礼。

1887 年 4 月　纽约麦迪逊广场歌剧院发表纪念林肯的演说，门票收入 600 美元。艺术家托

马斯·埃金斯等为
诗人画像。

1888 年 6 月　初
瘫痪症再次发作。
开始受到特劳贝尔
的经常照顾并逐日
记录谈话，同时在
他帮助下编辑出版

《十一月的树枝》　惠特曼之墓，位于美国新泽西州卡姆登哈里公墓
和《诗文全集》。

1889 年　经过一年的蛰居后开始坐轮椅外出。6 月奥康纳去世，
后不久诗人为其小品故事集作序。

1890 年 4 月　在费城做最后一次纪念林肯的演讲。8 月写信答复
西蒙德斯，驳斥所谓《芦笛》有同性恋情绪的说法，并声称自己
有过非婚生子女。10 月开始营建自己的陵墓。

1891 年 5 月　在米克尔大街 328 号举行最后一次生日晚会。12 月
17 日感冒，得肺炎；24 日立最后一次遗嘱，指定巴克博士、哈内
德律师和特劳贝尔为遗作负责人。出版《再见吧，我的幻想》和
《草叶集》临终版。

1892 年 3 月 26 日　去世，30 日葬入哈利公墓自建的墓穴。

1898 年　惠特曼散文全集在波士顿出版。

1902 年　《惠特曼全集》十卷由遗作负责人监督在纽约和伦敦出版。

1921 年　《惠特曼编余诗文》两卷由埃·哈罗威等人编辑出版。

名人传记系列

《查理·卓别林自传》

《赫伯特·胡佛传》

《亨利·福特传》

《尤利西斯·辛普森·格兰特传》

《安德鲁·卡内基自传》

《托马斯·爱迪生传》

《沃尔特·惠特曼传》

《伊萨多拉·邓肯自传》